L'AMOUR CONDAMNE
Esquisse d'une psychothérapie des toxicomanes

PSYCHOLOGIE ET SCIENCES HUMAINES

Docteur Jacques Baudour

l'amour condamné

Esquisse d'une psychothérapie des toxicomanes

Commentaires de J.J. DEGLON, D. LUMINET, G. KELLENS

PIERRE MARDAGA, EDITEUR
2, GALERIE DES PRINCES - 1000 BRUXELLES

© Pierre Mardaga, éditeur
12, rue Saint-Vincent, 4020 Liège
2, Galerie des Princes, 1000 Bruxelles
D. 1987-0024-38

> « *N'amoindrissez pas le sens
> de ce que vous ne comprenez pas* »
>
> Giacinto Chelsea

Francine, je te remercie d'avoir si passionnément accompagné mes années de lutte.

Toi, Madeleine, et toi, Roger, les aînés, je suis heureux que vous ne m'ayez jamais menti, et ainsi tant aidé à pardonner les vilenies de tous.

A la mémoire d'Albert Camus qui, par la ferveur de «L'Eté» et de «L'Homme révolté», a dissipé mes découragements éphémères et mes heures de désespérance;

A Françoise, à Madeleine D., à Nadia,
et à Eric B., à Manuel, à Alain, à Eric D., à Luc, à René, à Bruno,
qui, lorsqu'ils vivaient, m'ont appris à les aimer, à deviner que la drogue leur offrait fugacement ce que la vie et les êtres leur refusaient: l'amour;

Ce livre est témoignage afin que leur mort ne reste pas vaine, mais devienne conscience qui balaie l'indifférence mortifère de ceux qui se disent sains.

Et que ceux qui vivent, drogués ou non, soient d'avance remerciés de l'aide qu'ils m'apportent afin que cesse le temps du mépris et de la répression, ivraie germée des ténèbres de la peur, fille de l'ignorance.

Avant-propos

L'ouvrage que l'on va lire sort sans doute des «normes» d'une collection ouverte cependant, dès son origine, aux courants les plus divers et aux genres les plus différents — du texte de vulgarisation à la monographie technique. Le texte de Jacques Baudour est un récit personnel relatant une tranche de vie marquée par des démêlés avec la justice et même une incarcération. Il s'agit donc d'un document, d'un témoignage, à certains égards d'une apologie.

Il n'est pourtant pas dans notre intention de rouvrir l'«affaire Baudour», plaidée et jugée à Bruxelles en 1984, ni d'appeler à la revision d'un procès. Ce qui importe ici, c'est de maintenir ouvert un débat dans une de ces nombreuses sphères où l'évolution des mœurs et l'évolution des savoirs ont suscité récemment des questions éthiques auxquelles nos sociétés n'étaient pas préparées. La drogue, l'interruption de grossesse, la fécondation *in vitro*, le génie génétique bousculent l'éthique médicale, amènent les médecins à se mettre délibérément en infraction avec la loi, ou, ce qui est peut-être plus douloureux, en opposition avec l'autorité morale ou religieuse que par ailleurs ils reconnaissent. L'éthique médicale n'est, évidemment, qu'une facette de l'éthique tout court, une facette facile à éclairer des feux des projecteurs médiatiques, tout en laissant dans l'ombre les problèmes plus généraux dont elle n'est que le révélateur.

Jacques Baudour, formé par des psychanalystes belges et vaudois, a été médecin-directeur de deux centres de guidance pour enfants et adolescents à Bruxelles et, durant douze ans, assistant à l'Ecole de Santé Publique de l'Université Libre de Bruxelles. Psychiatre, psychothérapeute engagé dans le traitement des toxicomanes, Jacques Baudour a pris des options qui se sont heurtées à la loi. La question n'est pas de lui donner tort ou raison, mais de faire comprendre que les interrogations qui découlaient de sa pratique ne sont pas de celles que lève une fois pour toutes la clôture d'un procès, que le désarroi de nos sociétés devant la toxicomanie illicite ne se coule pas en «chose jugée». C'est pourquoi, en accord, faut-il le dire, avec l'auteur, quatre textes ont été joints à celui de Jacques Baudour. L'un est d'un patient, je n'en dirai rien. Les trois autres émanent de spécialistes de disciplines concernées par la pratique et l'aventure professionnelle de Jacques Baudour: le Docteur Deglon, psychiatre genevois, connu pour sa compétence dans le traitement substitutif à la méthadone; le Docteur Luminet, psychiatre, Professeur à l'Université de Liège, que sa compétence psychanalytique autorise à commenter l'approche thérapeutique de l'auteur, largement enracinée dans la réflexion analytique; le Professeur Kellens enfin, juriste de la Faculté de Droit de l'Université de Liège, qui s'est penché en pénaliste et en criminologue sur le détail des arrêts rendus. Je les remercie d'avoir répondu à ma sollicitation avec une finesse qui contribuera à mettre le problème dans la perspective qui convient. C'est en effet de finesse, de jugement, d'objectivité dans l'examen des faits, de sérénité dans l'appréciation des attitudes que l'on a besoin, si l'on veut, au problème des drogues, trouver des solutions.

Les pays européens sont, depuis quelque temps, en alerte. L'Europe elle-même est officiellement en alerte. Le rapport Stewart-Clark traduit bien la préoccupation des milieux politiques. Ce rapport signale clairement les divergences de vues entre ceux qui, à un extrême, prônent une complète libéralisation et ceux qui, à l'autre extrême, se disent partisans d'un renforcement de la pénalisation. Le choix précipité de l'une ou de l'autre de ces deux positions radicalement contraires déboucherait sans doute sur un désastre. Il faut lui préférer une voie plus nuancée, qui prenne résolument en compte tous les éléments du problème, qui n'exclue aucune source d'information ni de réflexion. Nous avons pensé que le récit de Jacques Baudour pouvait constituer l'une de ces sources. C'est pourquoi nous en avons recommandé la publication.

Marc RICHELLE

Avertissement

Ce travail est le résultat de l'auto-analyse d'une pratique de psychiatre. Résultat de l'examen permanent des mouvements perceptibles et des stagnations désolantes des toxicomanes dépendant des drogues dites dures. Cet examen révèle l'inéluctable partialité du thérapeute engagé, dont l'œil et l'oreille ne réussissent pas toujours à prendre l'exacte mesure de l'évolution du phénomène humain qu'il tente d'appréhender.

Cet examen reflète la persévérance d'une volonté, la mienne, qui œuvre au cœur des drogués, dans la voie d'un réapprentissage progressif d'une vie sans drogue.

Les raisons, multiples, de la nécessité de ce très lent processus seront largement exposées au cours de ce travail. Elle surgissent spontanément d'un regard critique sur la vie des toxicomanes: une approche compréhensive révèle en effet le bien-fondé d'aider l'homme à renaître avec persévérance et longueur de temps.

Cet essai est sans prétention. Il tentera cependant, à l'occasion, de tracer quelques grandes lignes directrices sur les chemins thérapeutiques. Ce travail décante un très long effort de prise de conscience du vécu des toxicomanes. Il a, et l'originalité, et les limites de l'approche toute personnelle d'un psychothérapeute entre ses 40 et 45 ans. La substance de cette approche, si elle trouve sa source dans la formation de l'auteur par un psychanalyste vaudois et quelques psychanalystes bruxellois, doit surtout son originalité à la nature même de l'intelligence et de la sensibilité du praticien, à sa capacité d'accueil et d'écoute empathique.

Ce qui fera scandale, et qui risque bien de rester l'unique originalité apparente du traitement, est le respect de la dépendance à la seringue. Il est si universellement admis qu'il faut d'emblée supprimer l'aiguille, la seringue et son contenu que ce texte n'aura pas l'heur d'être lu par les thérapeutes sûrs de leurs préjugés ou de leurs convictions. Ils s'arrêteront à cet avertissement et m'enfermeront une seconde fois sous le verdict médical d'hérésie* thérapeutique.

Une seconde fois, car les six premiers chapitres de ce texte ont été écrits en octobre et novembre 1983, à la cellule 277 de la prison de Forest à Bruxelles.

Puisse cet essai aider les thérapeutes, les parents, tous ceux qui ont charge d'âmes et créent l'opinion, à fonder une approche compréhensive des drogués grâce à laquelle ceux-ci puissent s'aimer, se respecter après avoir été suffisamment respectés, aimés, ...

Prison de Forest, le 27 octobre 1983

---

* Etymologiquement parlant, un hérétique, c'est un chercheur, chercheur de vérité en l'occurrence (Lacarrière J., *Sourates,* Paris, Fayard, 1982, p. 26).

Parole de David

Je me souviens y avoir goûté un peu comme un apprenti-sorcier, au creux de la vague, vers mes dix-sept ou dix-huit ans. Mis à part le goût de l'interdit et le doux sentiment de s'encanailler, elle s'est inscrite comme quelque chose d'assez anodin dans la vie que je menais alors; je veux dire, n'allez pas croire que je lui accordais une importance particulière, perdue qu'elle était parmi les faits et gestes de mon adolescence révoltée, exaltée, débridée, tout ce que vous voudrez enfin, puisque j'imagine que vous avez dû connaître, vous aussi, cette époque bénie entre toutes.

Ainsi, je préférais de loin, avec les amis, écorcher les oreilles des voisins en malmenant guitares et tam-tams, ou encore écrire, toujours en collaboration, d'ailleurs, de laborieux poèmes à la louange des belles auxquelles je n'osais guère adresser la parole, ou bien partir en pèlerinage à Taizé, en Ardèche ou ailleurs, voyages au cours desquels nous nous arrangions à peu près inmanquablement pour nous retrouver sans le sou, quitte à nous faire voler notre porte-monnaie, d'une manière ou d'une autre enfin, histoire de goûter aux joies des longues nuits passées à attendre sous la pluie le chauffeur compatissant au sort des pauvres auto-stoppeurs que nous étions, et dont le véhicule avait grandement intérêt à être équipé d'un système de canalisations et de trous pour l'évacuation de l'eau que nous dégorgions presque littéralement.

Soit. Vint un jour (j'allais presque écrire: «un beau jour»!) où l'automobile du chauffeur en question était tant et si bien équipée desdits trous d'évacuation d'eau — ce devait être le dernier cri en la matière — que nous fîmes l'objet de ce qu'on appelle, en termes de gendarmerie, un contrôle de routine. Manque de bol, mon bras présentait deux traces de piqûre que les fins limiers ne semblaient pas vraiment décidés à vouloir attribuer aux moustiques, à plus forte raison que mon généreux chauffeur avait déjà été fiché auparavant pour autres faits du même genre. Et c'est ainsi que j'eus tout le temps de méditer sur la teneur véritable du proverbe «Dura lex, sed lex», pendant que nous nous vîmes embarqués sans ménagement, mis séparément en cellule, tour à tour interrogés comme de véritables terroristes, transférés, après perquisition à nos domiciles respectifs, au palais de justice, et enfin présentés au juge d'instruction, qui me libéra contre promesse expresse de ma part d'aller me faire couper les cheveux.

L'effet dissuasif de la justice ayant parfaitement fonctionné, je me rendis chez le coiffeur (certifié authentique: je craignais avoir été mis sous surveillance spéciale, mon juge d'instruction ayant paru attacher bien plus d'importance à la longueur de mes cheveux qu'au dixième de gramme d'héro qui avait été trouvé chez moi), et je poursuivis mes études, pépère, à l'univ, sans plus prendre de poudre, ce qui ne présenta aucune difficulté: je n'étais guère accroché à l'époque.

Un changement important, par contre, fut que je m'étais vite rendu compte que la rocambolesque histoire de cette arrestation était nettement plus efficace auprès des jeunes filles que les poésies écrites en cachette — c'est qu'elles aiment aussi avoir l'impression de s'encanailler, les bougresses! J'avais donc dix-neuf ans, et j'étais toujours célibataire, lorsque mon fils est né. Un accident? Oui et non: L'avortement se pratiquait fort couramment à l'époque. Il est vrai que nous ne lui avions jamais demandé de naître, mais lui semblait nous le demander avec tant d'insistance que nous avons jugé plus délicat de le laisser faire. Mes parents, un peu lassés par cette dernière facétie, jugèrent bon de me couper les vivres, afin que je prenne un peu de plomb dans la cervelle, disaient-ils. Comme je leur rétorquais que je ne voyais absolument pas comment le fait de me vider les poches pourrait bien me remplir la tête, mon père tenta de me l'expliquer en assenant un grand coup de poing à ... la jeune maman! je comprenais de moins en moins, mais devant la véhémence de cet argument, je partis chercher du boulot.

J'eus vite fait d'en trouver: en équipes et à la chaîne. Je dois dire que j'en fus vite lassé, malgré un certain côté instructif (par exemple, si je savais que le contraire était possible, j'ignorais encore que certains hommes pussent n'être que des machines...). Et arriva ce qui devait arriver : l'héro, que je prenais pour mieux supporter le boulot. Une baguette magique, qui vous assène vite de grands coups de bâton sur le dos. Après trois mois, j'avais besoin d'environ un demi-gramme par jour pour rester présentable et garder le contrôle de mon corps. Après six mois, viré du boulot, sans droit au chômage, gentiment éconduit par le C.P.A.S., besoin de plus en plus d'argent CHAQUE JOUR, vols, petite délinquance, ennuis avec la justice (trahi par un compagnon d'infortune que j'avais hébergé pendant deux mois : laissez-moi en profiter pour lui casser cordialement la gueule, en passant), plus qu'une seule idée en tête : remplir ma shooteuse, fût-ce de 5 cc de vin rouge quand je ne trouvais pas mieux.

Après deux ans de ce régime, je fus bien obligé de recourir à l'aide des médecins : souvent éconduit, parfois dépanné («se faire dépanner», dans notre jargon, signifie se voir accorder une prescription en s'entendant dire qu'il est inutile de revenir, qu'on ne s'en verra pas accorder une seconde), je mis plusieurs mois avant de trouver un médecin qui veuille me prendre en charge. Quel soulagement, mes frères ! Une consultation hebdomadaire à 800 francs, plus environ 100 francs de produits pharmaceutiques quotidiens, cela vaut mieux que de devoir trouver 5.000 francs tous les jours ! Les choses commençaient à aller mieux, quand, les instances du conseil de l'ordre des médecins se faisant de plus en plus pressantes, et devant la perspective d'un procès en justice, le docteur P. dut arrêter de prescrire de la méthadone injectable. Nous n'avions plus droit qu'à des cachets, que nous devions piler, dissoudre et filtrer avant de nous les injecter. Bien sûr, cela coûtait toujours moins cher que l'héro., bien sûr nous ne risquions plus de nous injecter de la mort-aux-rats, comme c'est toujours le cas avec l'héro, néanmoins chaque shoot nous mettait une sérieuse dose de talc dans les veines, ce qui se soldait, une fois sur vingt, par ce que nous appelions pudiquement une «poussière» : imaginez une douleur lancinante, suraiguë, en un point précis de la cervelle, agrémentée d'abondantes suées, tandis qu'un grand froid s'empare de tout votre corps, et vous fait frissonner, sans interruption pendant une heure, ou parfois toute la nuit... Il paraît que cela peut être mortel, quoique je ne connaisse personne qui en soit mort à ce jour. (Notez que ce phénomène se produit également avec l'héro., mais une fois sur cent ou deux cents seulement ; notez également que cela ne se produit jamais avec la méthadone injectable).

Il fallut bien que je me rende à l'évidence : cette situation ne pouvait plus durer, et il n'y avait plus, à ma connaissance, qu'un seul médecin qui prescrivît de « l'injectable » à Bruxelles. Son nom ? Jacques Baudour. Je savais que sa consultation affichait « complet » depuis plusieurs mois, mais je décidai malgré tout d'aller le trouver. Je le vois encore débarquer du vieux bahut qui lui servait de voiture. A neuf heures du matin, il y avait déjà une dizaine de toxicos qui l'attendaient. Je ne sais plus ce que je lui ai dit. Je me souviens par contre que lui a commencé à m'expliquer que la situation était intenable — ça, j'en savais quelque chose ! —, qu'il était obligé de refuser plusieurs demandes par jour, qu'il fallait absolument que nous, toxicomanes, nous fassions quelque chose pour faire comprendre notre situation aux autorités médicales, judiciaires, légales, et autres, et à l'opinion publique en général. Alors je lui ai demandé quoi, quelle était cette chose qu'il fallait faire pour nous faire entendre, et comprendre ? Il m'a répondu : « Commence par rédiger une pétition où tu expliques la situation dans laquelle tu te trouves, je la ferai signer par tous les types que je suis obligé de refuser ». Il avait l'air d'y croire. Alors j'ai rédigé la pétition en question, bien que j'aie interprété son attitude comme un refus de me prendre en charge. Il n'en était rien. Nous avons eu, ce jour-là, notre premier entretien, qui a duré à peu près quarante-cinq minutes. Je suis sorti de chez lui avec une prescription de 60 mg de méthadone injectable par jour. Ouf !

Je l'ai revu toutes les semaines, pendant neuf mois, de janvier à septembre 1983. Le quinze de ce mois-là, je reprenais mes études, sans seringue, sans méthadone, sans héro, sans aucun opiacé, sans rien. Ca m'a fait un drôle de choc de le revoir, deux mois plus tard, les menottes aux poings, puis sur le banc des accusés, et de lire les articles facilement diffamatoires écrits par des gens qui ne savaient pas de quoi ils parlaient, et publiés par des torchons, quotidien et hebdomadaire à grand tirage.

Quant à moi, mon intime conviction est que ceux qui sont responsables de son arrestation, et de l'interdiction de prescrire de la méthadone injectable, sont également responsables de la mort de Madeleine, des deux Eric, de Luc, de tant d'autres que j'oublie ou que je ne connais pas.

Encore deux mots. Certains prétendent qu'on ne peut pas s'accrocher à la seringue, que c'est impossible. Dieux du ciel ! Leur est-il donc impossible de reconnaître qu'ils ne comprennent pas quelque chose, sans que pour autant ils décrètent que cette chose est fausse, ou impossible, ou inexistante, ou encore sans valeur ? L'Homme aurait-il donc découvert tout ce qu'il a à découvrir ? Où en serions-nous aujourd'hui si ceux du quatorzième, du seizième ou du dix-huitième siècle avaient pensé de la sorte? Mais il semble que cela soit dans l'ordre des choses. Galilée aussi a été forcé d'abjurer par ceux qui ne comprenaient pas, qui ne pouvaient pas concevoir... quelque chose que tout le monde conçoit aujourd'hui. «Eppure si muove!!!»...

Et pourtant, moi qui l'ai vécu, je comprends qu'on puisse ne pas le comprendre. J'ai tant de mal à le comprendre moi-même! Et j'ai d'autant plus de mal à l'expliquer... si ce n'est par les faits: je me suis personnellement injecté des mélanges divers, composés entre autres d'eau de robinet, d'eau de cuvette de w.c., d'eau de gouttière, de vinaigre, de citron, d'acide citrique, de talc, de caféine, de vin rouge, de gin... Quand je m'injectais des cachets de Wellconal (= nom commercial d'un produit pharmaceutique morphinique), pilés et dilués, le mélange obtenu était de couleur rose bonbon, ne laissait pas transparaître la lumière, et l'on pouvait y voir flotter des dizaines de petites particules solides, composées d'un je-ne-sais-quoi que je n'arrivais pas à diluer. Des centaines d'autres toxicomanes l'ont fait à Bruxelles. Et ça, c'est quoi, alors, si ce n'est pas être accroché à la seringue?

Un dernier exemple, et la fin de mon histoire. J'ai poursuivi mes études sans anicroche, et sans «accroche» jusqu'en janvier 19.., date à laquelle j'ai hélas rechuté. Je me suis fait prescrire de la méthadone en sirop de février jusqu'au 5 janvier suivant exactement. Durant toute cette période, j'ai continué à me faire en moyenne une injection d'héro par semaine, bien que l'héro ne fasse AUCUN effet à quelqu'un qui est sous méthadone. J'ai continué ces injections hebdomadaires jusqu'au 15 février, date à laquelle Baudour accepta de me prescrire du Valium injectable. Cela m'a permis de ne pas prendre cette semaine l'injection d'héro à laquelle je m'étais réaccoutumé depuis plus d'un an! Et cela ne m'a coûté aucun effort; au contraire, j'ai ressenti un soulagement. Mais je suis quoi alors, si je ne suis pas accroché à la seringue?...

David, 27 ans

Chapitre 1
Le tumulte des débuts

> « Celui qui se souvient d'une chose dont il s'est une fois réjoui, désire la posséder avec les mêmes circonstances que la première fois qu'il s'en est réjoui ».
>
> Spinoza[1]
> Ethique, 1677

Lorsque je reçus, en juillet 1978, mon premier toxicomane grave, un des plus fameux de la ville, fameux par sa mauvaise réputation, les overdoses de camarades dont on le disait responsable, par son absence de scrupules moraux, je n'imaginais pas à quel point j'aurais à éponger pendant des années une immense détresse humaine.

Je m'efforce, plus de cinq ans plus tard, dans ma cellule de prison, de recomposer le visage et le discours de ce très grand jeune homme, alors âgé de 24 ans. Il donnait d'emblée une impression de fourberie, tant par ses dires que par son allure. Il avait le visage émacié, une démarche nonchalante, disloquée, mise en branle par un corps amaigri qui avait pu être puissant autrefois. Il a immédiatement, comme tout toxicomane, envahi mon espace d'écoute par une vibrante plainte : « Je suis toxicomane depuis 10 ans. Je ne peux plus rester comme ça. J'ai envie de me suicider. Je n'en peux plus. Je veux crever. Mon père veut m'interner. Ma mère est dépassée. Je suis tout à fait seul. J'ai déjà fait des tonnes de bêtises. J'ai été en prison. J'en ai marre. Je veux m'en sortir. Je ne peux plus compter sur personne. Je ne vaux plus rien... Si vous pouviez me donner du Méphénon, ... ».

En quelques minutes, l'essentiel était dit. Inexpérimenté comme je l'étais alors dans l'approche d'un grand drogué, je m'attachai à susciter une plus longue confidence sur sa détresse, sa solitude et son désir de suicide. Il se dérida un peu. Ses traits et son cou se détendirent, constellés de cicatrices de brûlures (de mégots, de joints de haschich tombés des lèvres dans les moments de «défonce» aux opiacés). Il ébaucha un sourire. Il semblait (c'était mon impression) qu'on ne l'avait plus, depuis des années, écouté évoquer, dire, dégorger son malheur d'être.

C'était mon choix, dans ce premier dialogue, de faire affleurer la vraie souffrance, d'élire, parmi toutes les plaintes en vrac, celle où cet homme pourrait d'abord se situer face à moi par son authenticité, son désespoir. Je perçus ainsi très vite un immense besoin d'écoute, de compréhension, d'amour. Il ne dialoguait plus avec son père, commerçant, qu'à travers des scènes hebdomadaires où ce dernier, en colère, menaçait de flanquer à la porte ce fils inerte, incapable, parasite. La mère, coincée par son «contre-œdipe», gardait un amour viscéral à son fils voyou et tentait de le préserver de la haine paternelle. Mais désespérée, elle aussi, disait-il, de voir qu'il restait drogué et qu'il ne donnait pas l'impression de vouloir «s'en sortir». Les amis, aucun. Rien que des toxicos comme lui, toujours prêts à une magouille pour obtenir le plus de came ou de médicaments possible, au meilleur prix. Sans cesse traqué par les policiers, et passant sans cesse de sa cellule de prison à sa chambre de «junkie»[2].

Comme je m'étais intéressé à son misérable univers, tant extérieur qu'intime, il en vint, humblement, à me redemander sa méthadone, son salut quotidien. A l'époque, je ne savais de ce produit que son emploi la thérapeutique dite de «maintenance» en usage depuis 1965 pour les héroïnomanes des Etats-Unis. Une notion fort élémentaire, mémorisée dans l'espace de la culture générale du psychothérapeute d'enfants que j'étais (et désire rester).

Charles se mit alors à m'expliquer les bienfaits du «fixe» (injection) de méthadone, le soulagement immédiat de son «manque»[3], l'évanouissement instantané, certains jours, de ses incessantes envies suicidaires, le bien-être de l'injection, le calme, la paix momentanément retrouvée, jusqu'à ce que le manque conduise à l'impérieuse nécessité d'un nouveau fixe.
— Et ainsi sans fin?
— J'en ai toujours besoin, toujours envie. Je ne sais pas décrocher. Ce n'est pas que je ne veux pas. Mais avec la vie que je mène pour le moment, c'est impossible. Je n'en peux plus. Je ne vaux rien. Tout le monde me le dit. Et je finis par le penser. Croyez-vous que je m'en sortirai jamais?
— Si tu décides de le vouloir.

Nous convînmes de 100 mg de méthadone intra-veineuse en délivrance quotidienne. Je rédigeai l'ordonnance. Son visage se rasséréna, s'épanouit.
— Alors, vous voulez bien vous occuper de moi ?
— Je veux bien, j'essaierai. Nous continuerons la semaine prochaine.

C'était la veille des vacances de l'été 1978. Dès mon retour, Charles était là, bientôt suivi de 5, 10, 20, 30 toxicomanes (30 à la fin de l'année). Nous eûmes beaucoup d'entretiens d'approche empathique de sa solitude. Charles reprenait un peu de vigueur physique de semaine en semaine. Mais son indolence, son manque d'intérêts sociaux, d'énergie, son manque de scrupules moraux à l'égard des jeunes ou des vieux toxicomanes, son manque d'auto-estime et d'estime réciproque de lui à autrui firent que l'entreprise de résurrection morale que je tentais échoua. Charles ne vint bientôt plus me voir. J'imaginai qu'il devait avoir trouvé bien plus de méthadone ailleurs et que son désir de défonce l'emportait sur sa volonté à peine renaissante de guérison.

Charles avait répandu la rumeur : « Il y a du Meph[4] chez Baudour ». Ils vinrent de plusieurs communes de la ville, tant bourgeoises que misérables. Mais eux, c'était toujours la misère morale, la solitude, la déprime, le désintérêt de toutes les valeurs humaines, sociales, culturelles. L'amour était bafoué par la came. Les couples s'entre-déchiraient, s'entre-volaient l'héroïne ou la méthadone, s'unissaient par la drogue, se bagarraient, se séparaient et rabibochaient leurs minables amours à la faveur de nouvelles injections.

Les toxicomanes ont afflué dès septembre 1978. J'ai rapidement dû refuser de nombreux patients. Je souhaitai d'emblée en guérir quelques-uns, bien choisis, et les amener à devenir responsables d'en traiter d'autres. Belle illusion, toujours pas réalisée en 1983.

Guillaume, un des vieux de la vieille, et son amie m'amenèrent peu à peu les plus fines crapules de la ville. Guillaume, lui, y mettait quelque délicatesse. De semaine en semaine, il m'adressait des « cas » de plus en plus graves, des psychopathes avérés, des sociopathes invétérés, casseurs de pharmacies, voleurs d'ordonnances, menteurs permanents. Tous, cependant, prétendaient vouloir « décrocher ». J'ai compris plus tard qu'ils s'étaient donné — consciemment ou non — le mot de passe pour être admis « en cure chez Baudour ». Tous ces grands « accrochés » ne quittaient plus l'héroïne, la morphine ou les produits de substitution prescrits par les médecins, depuis cinq ans et plus. D'emblée aussi, chacun, sans exception, revendiquait l'usage de la seringue. Pour les plus solitaires, la seringue était ressentie comme l'unique compagne quotidiennement fidèle : les objets ne peuvent vous tromper. C'était pour eux l'apaisement du manque au bout de l'aiguille et l'interminable alternance manque - « normalité » - manque - « normalité » au long de laquelle le toxicomane solitaire égrène ses jours moroses, inertes, inintéressants, glauques, lents, sans travail, chargés d'abattement moral, de misère, de manque de nourriture, de manque d'amitié, de manque de chauffage, de manque d'amour. De manque, quoi !

Ceux-là déclaraient qu'ils ne quitteraient jamais la seringue, qu'ils en étaient prisonniers, qu'ils passaient parfois plusieurs heures la nuit à trouver la veine complice qui veuille laisser pénétrer le liquide salvateur.

Néanmoins, à eux comme aux moins misérables, je déclarais lors du premier entretien qu'il leur faudrait tôt ou tard abandonner la « manie » de leur injection, que la guérison était à ce prix et que je prendrais avec eux le temps d'analyser, de percevoir toute la valeur investie dans « le fixe » jusqu'à ce que la décision puisse être prise en commun de renoncer à la piqûre. Ce beau projet était bien noble et utopique à leurs yeux. Ils semblaient bien l'avoir entendu, l'estimer, mais le croire irréalisable. Rien n'était si important que d'être assuré d'avoir sa dose quotidienne de méthadone.

Je la leur assurai donc, à tous, ainsi qu'une écoute permanente, une assistance morale à tous leurs déboires. Déboires de couple, de justice, de famille, de métier, et plus encore d'eux-mêmes, face à l'épouvantable image que l'esclavage à l'héroïne leur avait donnée d'eux au fil des ans.

L'énumération de centaines d'anecdotes sordides, ignobles, de mensonges toujours renouvelés (laissant croire que la méthadone était perdue, donnée à un copain, que le fixe était raté...) serait fastidieuse. Dès qu'un tour pour me berner était éculé, l'ingéniosité des toxicomanes créait une nouvelle ruse. Mais fidèle — bien avant de connaître tous ces forbans — à l'un de mes vieux principes thérapeutiques, je m'acharnai tout de suite, avec chacun d'eux, à démultiplier la part d'énergie, d'honnêteté, de respect de soi-même, d'autrui et de moi, afin que cette part-là pût lutter contre la turpitude, la misère humiliée, la veulerie, la jalousie, la cruauté, la simple méchanceté, la désolation solitaire. Emergence ainsi d'un travail moral, autothérapeutique.

L'un de ces principaux « préceptes » est vite devenu : « Aussi longtemps que tu rechercheras la défonce par le fixe, tu ne t'en sortiras pas ». Je le répétai à tous.

«Mais tu ne sais pas de quoi tu parles! Tu n'as jamais fixé. La défonce, il n'y a que ça de bon. Oublier. S'évader. Ne pas être en manque. J'ai tellement d'emmerdements avec mes vieux, avec ma bonne femme. Tout le monde me fait chier. Alors je me défonce».

A cette époque-là, c'était un déversement permanent de lamentations, de moches misères, que je n'arrivais pas à prendre en estime. Est arrivé un jour un fils de médecin, en pleine héroïne, me dire:
— Tu es comme mon père, tu me fais chier.
— Ne chie pas sur moi, je ne suis pas ton père, jette ta merde par la fenêtre, pas dans mon bureau.
Il s'est calmé.

Peu à peu, ils et elles surent que je ne m'intéressais profondément qu'à la vérité de leur détresse, de leur manque d'amour toujours béant, que l'héroïne avait illusoirement comblé pendant la très lointaine époque de la lune de miel chère à tous. Je les interrogeais avec soin, intérêt, patience, sans brusquerie; j'appris ainsi à mesurer l'ampleur du gouffre de leur manque à être. La majorité d'entre eux avaient été chassés d'une maison familiale pleine de discorde, avaient vécu une scolarité bousculée auprès de l'un des deux parents. Dès l'âge de 12 ans parfois, 15 souvent, l'adolescent s'était cru capable, dans l'élan irraisonné d'une fugue impulsive, d'un coup de tête, de se débrouiller seul ou de tenter la vie en «communauté». Et de plonger ainsi de l'amour précaire de l'un des deux parents dans une solitude plus douloureuse où les points de référence sociale et morale étaient plus fragiles encore. L'un ou l'autre retour nostalgique ou paumé auprès d'un parent, mais dans un état de santé morale déjà amoindri.

Apathie, inertie, haschich, un peu de cocaïne ou d'amphétamines. Un trip à l'acide, selon les disponibilités des copains d'infortune. Inactivité scolaire. Manque de repères familiaux. Alors s'accentue l'inclination vers les drogues pour oublier l'indisponibilité réelle ou fantasmée du parent malheureux qui travaille ou du couple en désunion. Discorde largement nourrie de l'angoisse et du désarroi des parents au sujet de leur enfant: que faire? Il fugue, il vole, il ne va plus à l'école et il se drogue. (Je n'ai guère connu de parents de drogués qui fussent unis).

Bref, retour de l'adolescent, tensions, rejet, nouvelle fugue... police... juge de la Jeunesse... placement... apprentissage de la discipline sans chaleur, parfois un attachement privilégié à un éducateur. Fugue, juge, placement nouveau, re-fugue, retrouvaille des copains et de la drogue. Vol d'argent, masqué par le besoin d'un achat de vêtement, volé lui aussi. Vol pour de la came. A 17-18 ans, l'adolescent commence à sniffer (priser) de l'héroïne...

Alors débute l'apaisement très fallacieux de tous les maux moraux, une impression d'énergie invincible, d'audace, brisant toutes les inhibitions névrotiques, mais aussi une indifférence à l'égard des émotions d'autrui, la naissance d'une étrange sensation de puissance, une «énergisation» trompeuse. Une force jamais connue.

Une impression merveilleuse de facilité à réaliser toute tâche pratique ou intellectuelle (la mise en pratique ne suit guère!). Un soulagement de toutes les angoisses, de tous les stress, un miraculeux apaisement des conflits. Une fuite, en vérité, de toute difficulté existentielle, mais couplée à un tel plaisir, à une telle sensation de décuplement de l'énergie psychique qu'il y a bien de quoi leurrer et séduire un adolescent en révolte, ou paumé, ou malheureux, ou déjà gravement insatisfait, ou suicidaire, ou «simplement» en pleine «crise d'originalité juvénile» (Maurice Debesse).

La poudre, en cette période d'expérimentation, d'avant la dépendance, fait dire à chacun, sans exception: «Moi, je ne m'accrocherai jamais. Je décroche quand je veux». La dépendance physique n'est en effet pas encore instaurée pendant cette période où le jeune sniffe de l'héroïne pendant les week-ends d'oisiveté, d'errance, de solitude, de vagabondage et d'expériences collectives: haschich ou héroïne, chacun «prend son pied» pour soi, avec l'illusion du partage. Comme la drogue ne manque pas d'apporter un plaisir fugace, brièvement sublime, est ami d'un jour celui qui vous en file.

Peu à peu, le désir d'ivresse envahit toutes les heures de la semaine. L'intérêt pour les cours, si l'école existe encore, s'effondre; de même pour l'apprentissage professionnel. De l'argent, il en faut, pour la came. Emprunté, troqué, volé à la mère, au père, obtenu par vente d'objets précieux des parents. Ceux-ci commencent à s'essouffler. Le jeune nie toujours sa drogue, aussi longtemps que l'adulte ne lui en apporte pas la preuve formelle. Cette preuve apportée, la drogue creuse son sillon empoisonné avec perfidie, tandis que le jeune s'en croit toujours maître... Il commence à ne plus désirer que sa came, à tout négliger: intérêt pour l'avenir, les amis, la petite amie, intérêts sociaux, culturels, politiques, scolaires; bref, dédain ou désintérêt généralisé, repli narcissique. L'héroïnomanie débutante suscite un comportement de plus en plus fuyant, inattendu, mensonger, brusque, susceptible, agressif, revendicateur; alternant avec des périodes d'abattement, de prostration, d'accablement suspect.

Nouveau vol, nouvelle course vers la poudre. Regain fallacieux d'énergie. Nouvelle extinction. Nouveaux vols, magouilles, Amster-

dam, Breda, partage de came avec les copains... jusqu'au jour où l'un d'entre eux plus vieux de 2 à 3 ans, et qui fixe, lui, régulièrement, encourage[5] :
— Fais comme moi, fais-toi un fixe, j'en ai de la bonne, tu verras, le flash c'est super !
— Jamais. J'ai trop peur. Je me suis juré de ne jamais fixer. Un de mes meilleurs copains est mort d'overdose. Je ne veux pas mourir.
— T'en fais pas. Regarde, moi, il y a deux ans que je fixe tous les jours. Y a pas de danger. Je vais te faire ton fixe.
— Non...
— Regarde-moi.

Et le novice, qui crève d'angoisse, de manque, de besoin de plaisir, de désir d'éprouver la détente, le bien-être, le calme qui envahissent l'aîné dans la minute de sa piqûre, finit par le prier :
— Fais-moi aussi un fixe.
Et il tend son bras à l'aîné sans oser regarder la veine...

Ce premier fixe m'a été raconté des dizaines de fois, presque toujours avec les mêmes termes de crainte puis de ravissement. Aucun d'entre eux n'a manqué de me dire : « Je n'osais pas regarder le type qui m'a fait mon premier fixe. J'avais trop peur. Ah! que j'ai été bien. Quel flash! Jamais plus depuis lors je n'ai connu cette chaleur, ce bien-être, cette euphorie, ce détachement de tout. Plus d'angoisse pour rien. Je n'ai jamais tant joui de ma vie. C'est meilleur que faire l'amour. Et tu planes pendant des heures. Tu es fort. Plus rien ne compte. Tu es bien. Tu planes. Le monde peut s'écrouler à tes côtés, tu t'en fous ».

Avec une infinie diversité de variantes individuelles se déroule ainsi le canevas du début de la liaison amoureuse avec la came.

Qu'on me pardonne la simplicité du schéma : il n'est que le reflet de la simplicité du piège où le futur toxicomane s'engouffre avec la plus complète inconscience du drame de la seringue, et de toute la misère morale, physique, matérielle qui en découlera dans les années qui suivront, inéluctables, s'il « s'accroche ».

Le premier fixe est une des expériences-clé de la compréhension du drogué. Il incombe à tout thérapeute de mesurer l'ampleur des angoisses qu'il est venu gommer, la soif d'amour inassouvi qu'il est venu combler, la détresse d'enfant ou d'adolescent qu'il est venu apaiser, et pour tous, mais plus spécialement encore pour ceux que ne torturait pas auparavant l'angoisse de vivre, un immense plaisir, immarcescible, jamais soupçonné. Pour certains, un éblouissement plus éclatant que l'orgasme, pour d'autres, une totale et chaleureuse quiétude «fœtale», d'où toute tension de soi à soi et de soi à autrui est somptueusement anéantie, pour d'autres, plus simples (et c'est la majorité): «quel flash!, qu'elle est bonne, cette héro, ...».

Ainsi fis-je mes premières armes, avec de franches crapules, des types brutaux, voleurs de longue date, passés maîtres dans l'art de feindre la sincérité, et d'inventer mille prétextes pour ne pas régler leurs consultations. Je m'épuisais alors à faire émerger d'eux la part d'âme saine sur laquelle je fonderais la guérison du drogué par lui-même.

Illusions perdues, dans neuf cas sur dix, en ces débuts tumultueux. En quelques mois, le jargon des camés m'était devenu si familier que les nouveaux s'étonnaient que je fusse si vite capable de m'identifier à ce qu'ils vivaient depuis des années. J'apprends vite. Car j'écoute intensément. Je suscite la confiance par l'intérêt que je ne cesse de porter à l'authenticité de leur vraie souffrance. Tous ont senti, dans les moments où je les amenais à cesser d'être faux, la ferveur de mon écoute, la juste attention à leurs faiblesses, à leur mal de vivre, à leur spleen, à leur désir de mourir, à leur soif inextinguible de tendresse.

Cet hiver 1978-1979, j'ai connu le harcèlement des demandes, l'insatiabilité des exigences. J'étais épuisé le soir, essoufflé, vidé, le cœur gonflé de détresses épongées mais aussi de minables mensonges, de récits des misères de la prostitution rendue nécessaire par le besoin quotidien de drogue. Le cœur lourd, plein d'interrogations. Est-ce que je ne me donne pas en vain? Qui désire vraiment s'en sortir? Quelles ruses amorales ne déploient-ils pas pour chercher plutôt la «défonce» par la méthadone «légale» (prescrite) sous l'alibi du «Je veux décrocher»? Ames endommagées par tant de violences morales et de haines réciproques entre parents et enfants. Il me fallait alors écouter la longue confession des violences, manœuvres, vols, mensonges, fugues, éclats, agressions physiques qu'ils avaient fait subir à leurs parents avant que ceux-ci, toute patience et tout amour épuisés, renoncent à aider ce fils scandaleux, paresseux, parasite, voleur, cette fille prostituée, menteuse, roublarde, dégueulasse... Va-t-en, sale camé! Putain, je ne veux plus te voir.

Et de leur dire alors: «Tu en as fait voir pas mal à tes parents» n'amenait pas la crise de conscience du motif du rejet dont ils se plaignaient, car ils étaient depuis trop d'années déjà vautrés dans leur égotisme morbide: «Ils ne veulent pas me comprendre parce que je suis camé. Ils ne connaissent pas le manque, eux. S'ils savaient, ils ne me foutraient pas à la porte en manque, les salauds!».

La méthadone, dans tout cela, à dose utile (60 à 100 mg intraveineux par jour), faisait merveille. En quelques semaines, tous grossissaient de quelques kilos. Les visages se remplissaient. L'humeur s'équilibrait peu à peu. On pouvait cesser de faire des combines ignobles pour avoir 6 à 10 mille francs par jour. La méthadone coûtait 56 francs, 14 avec le remboursement de la mutuelle. On pouvait manger à nouveau.

Chance était donnée aux trente premiers que j'ai traités de s'en sortir. Très peu l'ont saisie. Outre leur effrontée et fausse «envie de décrocher», l'une des raisons des échecs de ce début a été ma conformité au mythe de la cure dégressive à la méthadone. Dix milligrammes en moins par jour, toutes les semaines. Tous se plaignaient de leur incapacité à «descendre» si vite, trop vite. D'où les abondantes falsifications d'ordonnances, méthadone perdue, volée, donnée aux copains, fixes ratés, etc., pour justifier le maintien jugé nécessaire par tous d'une dose adéquate pour éviter le manque. Devant la surabondance de ces scénarios mensongers et ma réticence (parfois mon incapacité, mon dégoût ou refus d'intérêt) à démêler le vrai et le faux, je tentai d'imposer des contrats thérapeutiques signés, précisant chaque semaine la dose convenue de méthadone, orale ou injectée. Nouveaux sabotages immédiats. Nouvelle tentative, du type: «Je m'engage à ne pas réclamer, ni donner, ni vendre de la méthadone à quiconque, patient ou non du Dr Baudour». Sabotage, complété d'aveux: «Comme on n'avait pas assez, on a dû faire un casse de pharmacie, mais on n'a pas trouvé grand-chose, juste un peu de morphine, et de Méphénon». Autre aveu: «Un copain est rentré du Pérou avec de la cocaïne. Il y a longtemps que je ne m'étais plus défoncé. Avec ton traitement, on n'est plus jamais défoncé».

Bref, pagaille, grabuge social, abus de confiance en cascade, mini marché de Méphénon entre toxicomanes. En raison de mon inexpérience, de l'attitude délibérée de confiance offerte à tous et du pardon des ignominies, je fus largement berné pendant ces tumultueux débuts. Les améliorations ou succès thérapeutiques de cette période furent minces. Il m'a fallu plusieurs semaines de prise de champ pour réussir à évaluer que les échecs incombaient surtout à la durée de la dépendance des patients, à leur fallacieuse motivation de pseudo-décroche, à leur désir bien plus vif de défonce que de guérison, à l'esprit retors et perfide de quelques grands pervers, plus sociopathes que malades.

Le 30 novembre 1978, j'avais été convoqué par trois confrères à la Commission médicale provinciale du Brabant. Je fus d'emblée sommé de justifier mes prescriptions. Je leur expliquai l'essentiel des pages qui précèdent. L'entretien dura vingt minutes. Je fus admonesté. Je m'en allai, puis revins sur mes pas et leur fis part de mon étonnement qu'ils ne m'eussent pas informé de la nécessité du respect des directives émises par le Conseil de l'Ordre des médecins en 1976. J'appris qu'ils ne les connaissaient pas, qu'ils n'avaient jamais rencontré de toxicomanes, qu'ils n'avaient aucune notion de la loi du 9 juillet 1975 (concernant les peines visant les consommateurs, les trafiquants et les médecins) que je les imaginais censés me faire respecter. Je m'entendis simplement dire: «Vous êtes psychiatre, faites votre métier». Et l'inspectrice des pharmacies du Brabant d'ajouter: «Mettez-les tous au sirop, et vous verrez la moitié de votre clientèle disparaître».

Navré de cet entretien, consterné par la débâcle thérapeutique, je décidai en février 1979 le passage partiel de la méthadone injectable à la méthadone orale pour les cas les plus difficiles. A peine le nouveau «contrat thérapeutique» signé, deux grands psychopathes mirent sur pied un coup ignoble.

Je conversais tranquillement avec un couple non toxicomane lorsque mes deux gaillards firent irruption dans le bureau tenant dans leurs bras, mi-consciente, agitée, délirante, hallucinée, une jeune toxicomane de dix-neuf ans que je traitais depuis dix semaines. J'interrompis sur le champ le dialogue et examinai la jeune fille dans une pièce voisine. Ils me prétendirent qu'elle avait fixé 14 cc de Méphénon. Je ne les croyais pas; la méthadone est anti-psychotique. Ils n'avouaient pas. Pour toute sécurité, j'injectai un antidote des morphiniques. Pendant ce temps, l'un d'eux pénétra dans mon bureau, saisit mon cachet et quelques ordonnances et me les remit quelques minutes plus tard, disant: «Tiens, Jacques, comme ça on ne te les volera pas». Ma main se souvenait d'un carnet d'ordonnances plus épais; je soupçonnai le vol sur le champ. Le type avait disparu. Huit jours plus tard, un pharmacien débarquait affolé dans mon bureau: «Je leur ai délivrai 60 vials (60 × 100 mg) en huit jours. Ils ont indiqué chacun leur nom, ils n'ont même pas essayé d'imiter votre signature...!» Bilan: défonce à deux pour quelques jours, quelques vials vendus, aucun décès, deux exclusions du programme thérapeutique. Et encore, exclusion différée de quelques semaines pour l'un d'entre eux, tant sa misère morale me faisait pitié.

Je signalai ces incidents en mars 1979 au Conseil de l'Ordre; il les qualifia de «particulièrement regrettables». La Commission médicale, elle, fut muette. J'avais écrit aux membres de cette dernière le 6 décembre 1978: j'expliquais en trois pages la lourde tâche thérapeutique que je tentais d'assumer. Il me fut répondu en une ligne le 6 janvier 1979 que mon dossier avait été transmis au Procureur du Roi. J'appris en 1980 que cette «transmission» avait eu lieu le 23 novembre 1978, soit une semaine avant mon trop sommaire interrogatoire. Incorrection déontologique, pour le moins.

27 octobre 1983

NOTES

[1] Spinoza, B., *Ethique,* traduction de Raoul Lantzenberg, Paris, Flammarion, 1908, p. 167.
[2] Junkie = déchet, dans l'argot des toxicomanes.
[3] Pour la description de l'état de «manque», lire le 3ᵉ chapitre et l'annexe n° 1.
[4] Meph: abréviation de MÉPHÉNON, appellation commerciale de la méthadone.
[5] Certains seniors de la came, moins irresponsables, devenus plus lucides à l'approche de la trentaine, se servent de leur prestige pour dissuader le novice: «Ne fixe jamais. Moi, ça fait dix ans que je suis accroché à ma seringue. Ne suis pas mon exemple». Mais la tentative de dissuasion peut être évincée par le puissant attrait du plaisir neuf...

# Chapitre 2
L'aurore thérapeutique

> « Notre tâche d'homme est de trouver les quelques formules qui apaiseront l'angoisse infinie des âmes libres. Nous avons à recoudre ce qui est déchiré, à rendre la justice imaginable dans un monde si évidemment injuste, le bonheur significatif pour des peuples empoisonnés par le malheur du siècle. Naturellement, c'est une tâche surhumaine. Mais on appelle surhumaines les tâches que les hommes mettent longtemps à accomplir, voilà tout ».
>
> Albert Camus[1]
> Les Amandiers, 1940

Aucun patient n'était mort dans la débandade des premiers mois. Aucun ne mourra non plus dans l'année suivante, aurore des authentiques traitements, de mars 1979 à février 1980.

Le 13 mars 1979, jour où la B.S.R. (Brigade de Surveillance et de Recherche) m'interrogea, puis m'abandonna quatre heures au cachot, sur ordre du Procureur du Roi, j'en étais à mon quarante-cinquième patient. Je fis une déclaration très longue à ces messieurs de la Gendarmerie. Insidieusement, ils m'incitèrent à avouer que, d'après les relevés en leur possession, il y avait peut-être entretien de toxicomanie pour certains patients. Qu'en pensez-vous, docteur ? Leur rôle, je le compris dès ce jour, était de traquer les drogués et leurs médecins, d'intimider, de menacer les uns et les autres. Il fallait que les cures fussent constamment dégressives quelle que fût la situation psychique, médicale ou sociale des patients. Je fis noter dans ma déposition que la pratique de la méthadone au long cours existait aux Etats-Unis depuis 1965, qu'elle avait d'innombrables avantages pour les patients et la société (stabilité personnelle, reprise de capacité de travail, abolition quasi complète de la délinquance et des incarcérations).

Ils firent leur métier, m'interrogèrent jusqu'à essoufflement commun, puis je fus « mis à la disposition du Procureur ». Après quatre heures de cachot, à vingt heures, j'eus l'honneur de le rencontrer.

Dégarni, la quarantaine, pointilleux, trop calme, quelque peu révérencieux. Nous envisageâmes les difficultés du traitement, la quasi-absence de solutions institutionnelles, la rareté des thérapeutes engagés. Il conclut en se dédoublant: «En tant qu'homme, je vous admire. Mais en tant que magistrat, je dois requérir à votre encontre une instruction judiciaire du chef d'entretien de toxicomanie. Je vous conseille de prendre un avocat». Il me quitta avec distinction, après m'avoir fait signer un engagement à rompre les traitements à la méthadone des patients qui ne respectaient pas le contrat thérapeutique. Je les en avertis tous dès le lendemain.

Je décidai d'exclure progressivement, un à un, les plus rusés, les plus menteurs, les plus voleurs, les plus manipulateurs, les plus mauvais payeurs. Après avoir abusé de ma patience pendant des mois, ils manifestaient plus d'appétence à la «défonce» que de désir de guérison. Je limitai l'acceptation des «nouveaux» aux patients les plus sincèrement motivés, ceux aussi dont la détresse morale et sociale me bouleversait le plus, fussent-ils au premier contact incapables d'oser désirer décrocher jamais.

Ainsi la sincérité de la personne et sa volonté d'engagement dans un long processus de cheminement de la servitude vers la liberté devinrent des critères de sélection... Cheminement que même les toxicomanes peu dotés de capacités introspectives, nomment tous «la désintoxication psychologique».

A cette époque s'affermit en mon esprit l'une des constatations cliniques les plus fondamentales de la compréhension des toxicomanes qui dépendent des opiacés. Il s'agit de l'extrême difficulté pour tous, dès qu'ils pratiquent l'injection intra-veineuse depuis environ six mois quotidiennement, de réussir à y renoncer.

Emergeant de la frénésie de piqûre de l'année 1978, je m'attachai à l'analyse de la dépendance à l'aiguille. Les plus intelligents de mes patients, les plus motivés à l'effort d'introspection n'ont pas cessé, au long des années depuis lors, de tenter de cerner avec moi les bénéfices narcissiques de l'injection intra-veineuse. Pour la comprendre, il fallait respecter, acquiescer et non supprimer ce qu'universellement tous les thérapeutes s'accordent à arracher de force.

Rien de ce qui sera dit dans les pages qui suivent n'aurait pu être écrit si je ne m'étais placé en situation de respectueuse écoute de mes patients. Ce respect, je le dois certainement à mes maîtres en psychiatrie, à Daniel Luminet dans les années 1960, à René Henny à Lausanne en 1969-1970, et à mes lectures de Freud, de René Spitz, de Winnicott, de Sacha Nacht. Tous m'apprirent le respect du symptôme en tant que résultante des conflits des instances intra-psychiques. L'acharnement compulsif à s'injecter un opiacé puissant, énergisant, euphorisant, apaisant et dissipateur du manque est-il un symptôme ? Je crois bien que l'analyse de ce fait clinique essentiel reste à faire sous l'angle des trois aspects psychanalytiques classiques d'Otto Fenichel: topique, dynamique et économique. L'hypothèse psychanalytique d'Olievenstein, dérivée du «stade du miroir» de Jacques Lacan, et baptisée «stade du miroir brisé» ne me paraît pas suffire à rendre compte de l'immense regonflage narcissique immédiat (aspect économique) que réalise l'injection salvatrice du manque. Manque où le toxicomane vit l'angoisse à l'œuvre dans la désintégration de son Moi, et lui fait frôler ou atteindre un état délirant persécutoire ou une profonde dépression par hémorragie narcissique. On gagnerait certes à tenter d'analyser ces deux visages du manque en termes kleiniens [2]. Mais ici, la compétence me fait défaut.

Ce respect, je le dois aussi à ma longue pratique de pédopsychiatre [3]. Ecoute attentive qui jamais ne brise le rêve, la parole, le fantasme, le désir, la terreur, l'amour qu'exprime un enfant, un adolescent ou un adulte. Ce respect émane aussi d'une constatation clinique sans cesse renouvelée qu'il m'incombait de ne pas éluder, dussé-je n'en jamais venir à bout: la dépendance à l'injection.

Respect enfin de l'immense investissement symbolique chez certains: seringue — objet d'amour privilégié, adulé qui véhicule un fugace, mais extraordinaire bonheur impartageable, pour soi seul, tel que nul ne puisse l'endommager. Investissement si intense parfois que les toxicomanes les plus authentiques décrivent leur seringue comme l'unique objet d'amour qui ne puisse les décevoir. Ils semblent vivre au delà de toute foi possible en une relation d'amour chaleureuse où de la tendresse puisse encore s'échanger.

En pratique, il me faut dire que ma prise de conscience rapide de ce qu'on vient de lire m'a permis d'instaurer avec tous une relation de confiance et de compréhension telles que la délivrance quotidienne de méthadone injectable, à dose étudiée selon l'état clinique de chacun, cessait de me poser un problème fondamental de thérapeutique, tout hérétique qu'elle pût paraître au consensus international des sommités. Je n'eus pas à me repentir de ce que certains considèrent comme une inqualifiable audace: en effet, *durant cinquante mois, de juillet 1978 à septembre 1982, aucun patient ne décéda d'une injection de méthadone*. Autre singularité inadmissible par les thérapeutes de tous pays: le patient s'injecte lui-même sa méthadone! Plaisir, ou soulagement d'angoisse, ou recherche de détente, ou vaine quête du flash des débuts de l'héroïne, ou «simple» évitement du manque qui s'annonce tenaillant: quel que soit son but, l'injection est un geste privé. Pour soi seul. Pourquoi ne pas le respecter?

Injection autorisée, encore un témoignage de confiance. Si les risques médicaux en avaient été évidents, j'eusse bien sûr interrompu cette pratique. Mis à part quelques dommages veineux superficiels chez de très vieux toxicomanes, je ne constatai pas de septicémies ou d'endocardites, chaque patient étant averti d'emblée des indispensables précautions de stérilité. Avec le recul actuel — plus de cinq ans — je n'ai eu à déplorer que deux endocardites, chez deux jeunes gens qui momentanément avaient quitté mes soins et n'avaient pu résister à l'incoercible désir de fixer des comprimés écrasés, insuffisamment filtrés.

Ainsi donc, en 1978-1979, élaborais-je peu à peu mes principes thérapeutiques sur les bases éthiques suivantes, fondées sur un triple souci permanent:

1. *Soulager la souffrance physique et la détresse morale des toxicomanes*

La plupart des drogués me sont arrivés criblés de trous dans les bras, parfois dans les pieds et les veines superficielles du cou; criblés de dettes aussi. Sales, livides, la mine creusée, le visage meurtri, le regard accablé, triste.

La majorité d'entre eux est sans travail, sans ressource financière autre que les vols, le chômage, l'assistance publique ou plus rarement une pension d'invalidité. Neuf fois sur dix, les liens avec les parents — si ceux-ci existent — sont médiocres et particulièrement mauvais ou redoutés avec le père. Lors des rares occasions de contact (hasard, besoin d'argent, rarement un vrai désir de rencontre), la toxicomanie est systématiquement niée: «Non, je ne prends plus rien, je te le jure». Très souvent, le toxicomane avéré réussit à donner le change, car il ne se présente pas en manque à son père ou à sa mère.

Socialement très aboulique, recroquevillé sous une avalanche d'idées suicidaires, désespéré, paumé, seul. Sans foi en personne. Déçu de toutes les pseudo-amitiés du milieu des toxicos, épuisé par l'exigence d'argent des petits trafiquants ou des consommateurs-fournisseurs, sans recours authentique auprès de quiconque.

Sans foi en lui-même, avec une très médiocre estime de soi, entretenue et aggravée par l'incompréhension de tous : autres junkies, petite amie (si elle existe), mépris ou mauvais traitements des autorités de police et de prison.

L'état physique est le plus souvent médiocre : hépatite ou ses séquelles, constipation chronique, maigreur par inappétence constante, délabrement dentaire et veineux.

Tous me sont arrivés après un à vingt ans de « carrière de toxicomane », le plus souvent « au bout du rouleau ».

Et, sans exception, implorante, désolée, pudique, chargée d'espoir, la demande : « Vous voulez bien me prendre en cure ? ».

La très longue anamnèse (une à deux heures) s'achève presque toujours par la prescription de méthadone.

Il est en effet très exceptionnel (2 à 3 %) que des jeunes me consultent non « accrochés », situation qui ne nécessite pas de support pharmacologique, et où les entretiens de mise en garde à l'égard des risques peuvent paraître momentanément suffire.

Presque toujours, la rédaction de l'ordonnance du premier jour libère un espoir, une partie de l'angoisse du manque psychologique. Un sourire émerge. « Nous continuerons la semaine prochaine ».

2. Rendre confiance au patient

C'est là une des tâches essentielles de la psychothérapie de soutien.

Il est très rare qu'une psychothérapie d'inspiration psychanalytique (au sens de René Held) soit indiquée. Peu de patients se présentent en effet avec une toxicomanie greffée sur une névrose classique qui justifierait l'indication d'analyse. Le clinicien expérimenté repérera dès la première parole les défenses névrotiques, mais constatera vite leur submersion par l'insatiabilité des « pulsions toxicomaniques » : appétence perpétuelle du fixe et du produit.

Rendre confiance, donc. C'est-à-dire rétablir peu à peu dans l'esprit et le cœur du drogué une estime de lui-même que les années d'héroïnomanie ont détériorée. Comment s'estimer, quand on a volé père et mère, amis et amies, pratiqué des quantités de violences physiques et morales au sein d'amours précaires où la came prend le pas, neuf fois sur dix, sur la tendresse échangée ? Comment s'estimer quand tous vous rejettent, vous méprisent, vous bafouent, ne comprennent rien, ne s'identifient pas? Sans compter l'amertume issue de la désillusion de l'héroïne elle-même : autrefois, en lune de miel, source de sentiments de toute-puissance, aujourd'hui, médiocre came, affreusement coûteuse que le junkie désolé ne fixe plus que pour pallier le manque, sans goût, sans espoir, avec horreur parfois. Déchéance de l'asservissement.

Leur rendre confiance, en les engageant à assumer peu à peu des responsabilités : travailler, « gagner sa vie », devenir responsable de soi, de quelque chose ou de quelqu'un... Lourd projet que certains rechignent des années durant à assumer. Mais direction de vie qu'il faut sans cesse leur recommander de suivre. Chacun découvre tôt ou tard que se porter responsable d'un travail ou d'un être assure solidement ses pieds dans l'existence.

Mais, dans les premiers temps des traitements, souvent marqués par de lancinants désirs suicidaires, issus d'une longue héroïnomanie, le thérapeute doit être bienveillant, chaleureux, encourageant, nourricier (au figuré, et au propre parfois). Il s'agit d'aller repêcher le drogué à la juste profondeur du gouffre de sa détresse, de son envie de mort. Cette tâche, quasi religieuse, m'a pris jusqu'à un an pour les plus éprouvés. Je parlerai longuement plus tard d'Angelo, long Italien décharné, à la silhouette donquichottesque, que j'ai mis un an à faire sourire.

3. Respecter la personne du toxicomane, c'est-à-dire :

- Accepter de l'écouter, sans réserves, sans limite de temps (des années). Le « flash » du dialogue thérapeutique s'engage dès le premier échange de regards. Je crois indispensable une très grande disponibilité d'accueil. L'aide offerte doit être garante d'un long « accompagnement », excellent mot de Serge Lebovici, qui définit ainsi l'une des fonctions de la psychanalyse d'enfants. Accompagner, c'est faire face avec le toxico à tout ce qui lui semble écrasant : rupture ou menace de rupture de couple, renvoi du lieu de travail, paresse et désolation aggravées par le chômage, vexations policières, tracas judiciaires, années de prison en perspective, échec des précédentes cures de sevrage hospitalières ou autres, rejets répétés de la part des médecins, sentiments d'impuissance face au monde « normal » du travail, de la justice, sans compter l'indélébile trace de l'isolement moral des années d'héroïnomanie : « je ne suis qu'un junkie » ;

- Respecter le « rituel de l'injection » qui est, comme on l'a vu, bien plus vécu comme un besoin vital essentiel que comme un « rituel » et moins encore comme un simple « réflexe conditionné » ;

- Ne pas forcer des décisions thérapeutiques que le patient se sent incapable d'accepter, d'assumer. Les justifications de ce principe thérapeutique seront largement développées plus loin;

- Rendre conscient le patient, dès le premier jour de la prise en charge, que «guérir» signifie arrêter de se piquer et d'user quotidiennement de drogues «dures» ou de médicaments de substitution;

- L'assurer de mon soutien permanent à travers toutes les vicissitudes de sa vie durant le traitement;

- L'avertir que «guérir», c'est quitter le thérapeute, après un cheminement d'une ou de plusieurs années; et quitter aussi, à un moment décidé ensemble, la méthadone dont le rôle essentiel reste pour moi, après plus de cinq ans de pratique, d'assurer la garantie du maintien d'un dialogue psychothérapeutique intensif, tout en favorisant indiscutablement le retour possible au travail et l'évitement des milieux sordides du trafic, des junkies et de la prostitution.

Tous ces principes de traitement ont leur bien-fondé dans mon expérience, quotidiennement remise en question, réexaminée face à moi-même. Ces principes sont — on le voit — des options issues d'une large pratique. Il est depuis longtemps nécessaire qu'elles soient soumises à discussion, confrontées à d'autres recherches et pratiques sur le terrain. C'est l'un des objectifs de cette Esquisse d'une psychothérapie.

Cette orientation éthique de mes psychothérapies s'élaborait donc en moi au début de ma deuxième période de travail, au printemps 1979.

Pratiquement s'imposait ainsi à mon observation l'irréductibilité des vieux toxicomanes (plus de cinq ans d'héroïnomanie quotidienne) quant à l'abandon de leur seringue. Après avoir analysé avec le plus de persévérance et de perspicacité possible cette longue dépendance, il me restait à décider — pour quelques patients — fût-ce provisoirement, d'accepter de maintenir la méthadone injectable à la dose minimale compatible avec la vie sociale et l'équilibre neuro-hormonal du patient. Il fallait aussi compter avec l'évitement de rechutes en période de stress affectifs ou sociaux, ou encore avec la fuite du patient vers d'autres médecins plus «généreux» dans leurs prescriptions temporaires. Cette même année, je décidai de tenter d'assumer les traitements, dans toute la mesure de l'humainement possible, jusqu'au sevrage de méthadone, et au-delà, selon le besoin ou le désir du patient. L'expérience m'apprit vite que le sevrage était d'autant plus délicat à atteindre — et très souvent redouté — que les années d'héroïnomanie avaient été longues, débilitantes, que les traitements avaient été grevés d'échecs, de rechutes.

Combien de médecins n'ont pas abandonné après de rapides «cures dégressives» mathématiques, croyant ainsi respecter un prescrit de la loi indéfini, mais négligeant de ce fait l'immense travail psychothérapeutique indispensable au drogué pour réussir à affronter la vie sans support pharmacologique.

Le narcissisme médical est d'habitude si avide de puissance qu'il doit régulièrement s'alimenter de succès rapides et brillants, succès que bien sûr le toxico n'offre qu'après des années de sang et eau sués ensemble.

Je sus très vite que le dialogue avec les toxicomanes n'améliorait leur moral (comme c'est le cas dans une relation d'aide à quiconque non drogué) que si le thérapeute attache un intérêt permanent à la personne entière, aux avatars actuels comme aux plus lointains de sa vie bousculée.

Il faut se pencher longuement sur l'enfance et l'adolescence du toxicomane pour réussir à faire émerger, au fil des mois d'écoute passionnée, une plainte pudique, sobre, reflet du manque de chaleur, de tendresse offerte par l'un ou l'autre parent[4]. Parfois, c'est une plainte tragique, une plaie toujours ouverte, comme Angelo ne cessera de me le dire pendant trois ans, comme Philippe s'acharnera à me prouver le non-amour de son père, et Françoise le non-amour de sa mère.

Je réalisai vite aussi qu'il était illusoire — et surtout sans impact thérapeutique concret — de «rechercher la cause», ou de démêler l'écheveau des circonstances de la vie et des traits de personnalité qui fussent responsables de l'éclosion du comportement toxicomaniaque.

En effet, sans incidence possible sur l'issue thérapeutique actuelle, le récit des débuts «dans la drogue», tourne autour d'un schéma assez stéréotypé: à la faveur de la «crise d'adolescence», de ses essais et erreurs d'identification à ses pairs, de la bravade des intérêts, des idéaux, des normes, des conformismes, des fonctions, des interdits des adultes, le jeune s'essaie au jeu du plaisir rapide: cigarette, haschich, sexe, alors que son armature psychologique n'a pas encore la consistance, l'orientation nécessaire pour l'avoir convaincu que le bonheur se conquiert dans le cadre tendu d'un usage auto-contraint de la liberté. Fallacieuse ruée dans le «tout, tout de suite».

Si l'équipement psychologique défensif (au sens psychologique, comme au sens moral: contrôle du Moi, face à la sollicitation du besoin de plaisir) du jeune est insuffisant, grande est la chance que le haschich en petit groupe vienne livrer trop vite une euphorie niaise, un bien-être facile à des jeunes en rupture de ban avec la famille plus ou moins dissoute et l'école plus ou moins rébarbative.

Tout cela a été largement dit, écrit depuis vingt ans, ainsi que la très faible proportion (5 %, avance-t-on rituellement) de fumeurs de haschich qui deviennent héroïnomanes. Ce qu'on sait moins, c'est la consommation très élevée de haschich entre quinze et dix-sept ans chez les futurs héroïnomanes genevois: 33 % d'entre eux fument une à deux fois par jour, et 19 % trois à quatre fois par jour[5].

Le schéma d'entrée dans la toxicomanie a déjà été évoqué plus haut. Les media témoignent assez, et parfois avec une pénible maladresse, du rôle des «mauvaises fréquentations». Tout cela, voulais-je souligner, est de l'histoire ancienne pour le toxico, sans incidence aucune sur son désir, ses motivations, ses possibilités pratiques d'en «sortir» à l'instant où il tente un traitement médical.

La mise en évidence des «causes» de la toxicomanie importe bien moins que la compréhension fine de la dynamique du jeune face aux événements qui l'ont meurtri, face aux engagements d'amitié ou d'amour qui l'ont désillusionné.

Ce sont des faits d'observation quotidienne que la pratique (consciente ou non) d'une injection supplémentaire, de quelques jours de «défonce» à l'occasion d'une rupture amoureuse, d'un échec brutal (très souvent causé par un «prêt» de drogue à un copain, non suivi de retour) d'une amitié parfois longuement soutenue.

Ces brisures à répétition, tous les toxicomanes les ont vécues amèrement. Ils se reprochent les uns les autres de ne pas s'identifier au manque que chacun vit, avec une douleur morale variable, au long des années. Ces brisures les percutent étonnamment vivement. Elles m'apparaissent — si j'ai la chance de connaître assez le patient — comme un rappel — réveil douloureux des blessures narcissiques anciennes: abandon d'amour ou d'attention des parents, rappel du deuil d'une personne très investie. En cette circonstance, le thérapeute doit sentir, comprendre, et, selon moi, se garder de dire quoi que ce soit.

Quant à l'administration de la méthadone en cette période de mars 1979 à février 1980, suite aux indications des médecins de la Commission provinciale, suite à mon entrevue avec le Procureur du Roi, suite à l'exclusion de plusieurs toxicomanes que j'estimais alors momentanément «irrécupérables», suite enfin à une sélection de cas moins «lourds», je tentai de plus en plus souvent l'instauration de traitements à la méthadone orale. Je ne disposais pas d'autres moyens techniques que ma force de persuasion personnelle, au cours d'un long entretien hebdomadaire. Tant et si bien que la contrainte: «Il faut cesser de te fixer tout de suite» n'amena que des échecs (le plus souvent, le patient ne revenait pas) chez ceux qui fixaient (s'injectaient) quotidiennement depuis six mois ou plus, trois fois au moins par jour. Echec sur échec. Comme le disait le pharmacien Gripekoven[6], «les sirops de méthadone que je prépare encombrent mes rayons; ils ne viennent pas les chercher».

J'avais en effet compris dès 1978 le caractère quasi incoercible pour tous de «l'envie d'un fixe». Les anciens m'avaient averti. L'aîné des toxicos, Roger, alors dans la quarantaine, me dit un jour: «Continue comme tu fais. Tu ne réussiras jamais à empêcher la piqûre d'un toxico qui veut se fixer. J'ai vécu tout cela pendant vingt ans. Je commence à peine à m'assagir». Roger, en effet, après une tentative de quelques semaines de «décroche» d'avril à juin 1979, s'éclipsait, recevait durant l'été deux Indochinois venus d'Amsterdam et s'offrait deux mois d'effondrement avec de la «bonne blanche». Il était si honnête, si malheureux d'avoir déçu mes espoirs qu'il fallut l'insistance d'un de ses meilleurs amis (Claude) pour le convaincre d'oser venir me redemander de l'aide. Je le reçus avec joie, mais attristé aussi de le voir physiquement si lamentable. Je reparlerai de lui, car je ne saurai jamais assez le remercier d'avoir été le seul — je dis le seul — toxicomane à ne m'avoir jamais menti, et à m'avoir, par son respect et la qualité de notre relation, encouragé chaque semaine, dans le non-dit, à faire confiance à tous, à pardonner les violences physiques et morales, les insultes, les tricheries, les vols, les mensonges, les manœuvres, les trahisons, les stupidités mythomaniaques. Merci à toi, Roger.

Ainsi, dans les conditions de ma pratique isolée, sans personnel infirmier, la méthadone orale fut dédaignée par ceux qui préféraient la piqûre. La phrase classique de tous, au premier entretien, se renouvelait: «Je vais décrocher de la seringue, mais pas tout de suite». Par contre, s'il se trouve des toxicomanes «accrochés» qui consultent alors qu'ils «sniffent» (prise nasale) ou fument de l'héroïne, de petites doses orales de méthadone, de l'ordre de 20 à 60 mg par jour, peuvent faciliter un sevrage progressif, SI le patient est fermement décidé à quitter la poudre et le milieu.

1979

Naissance précaire d'une confiance ténue mais réciproque entre le thérapeute et les toxicomanes; tout au moins ceux, suffisamment motivés, avec qui j'instaurais une longue psychothérapie compréhensive. Réciproque dans le sens où les toxicomanes bruxellois trouvaient enfin un thérapeute qui les écoutât, attentif à leurs « vibrations », désireux de les encourager sans cesse, et conscient que les sevrages rapides, volontaires ou imposés, n'avaient produit que d'immédiates rechutes. Le respect, toujours. Enfin, quelqu'un qui ne les rejetait pas, ne les méprisait pas et tentait pas à pas de les faire renaître, sans brutalité.

Septembre-octobre 1979

Au Conseil de l'Ordre des médecins, plainte diffamatoire, truffée d'informations fausses à mon sujet, de la part du nouveau Président de la Commission médicale provinciale, ex-membre du Conseil du Brabant et psychiatre. Diffamatoire: selon lui, j'aurais repris en vrac toute la clientèle du Dr Br.; je ne pratiquerais pas d'anamnèse, pas d'examen clinique; je ne tiendrais pas de dossier; il ne s'agirait que d'entretien de toxicomanie sans aucune perspective de désintoxication; je prescrirais des doses qu'aucun toxicomane ne peut supporter, etc. Et tout cela longuement affirmé sans avoir eu le moindre scrupule déontologique de m'interroger sur ma pratique. Je décidai — honneur oblige — d'assumer l'instruction pénale et l'instruction disciplinaire prochaine du Conseil de l'Ordre du Brabant.

De septembre 1979 à la Noël 1979, j'évalue à une centaine le nombre de patients qui m'ont sollicité pour une prise en charge. Je les ai orientés vers les très rares généralistes ou psychiatres bruxellois restés disponibles.

Au creux de l'hiver 1979-1980, le poids des âmes m'alourdissait. L'essoufflement physique m'était douloureux le soir, les nuits sans rêves, les réveils matinaux emplis des détresses et des ignominies de la veille non décantées. Mais plus encore me taraudait une sourde angoisse omniprésente qu'un de mes patients vînt à décéder. Epreuve de Sisyphe que de remonter chaque semaine l'éternel rocher de trente vieux toxicomanes qui n'en finissaient pas de stagner.

Enfin, un soir de février 1980, je mesurai que ma lassitude s'ancrait dans la perspective de plus en plus insoutenable de mon refus d'admettre qu'un de mes patients pût mourir. J'étais arc-bouté anxieusement sur ce refus. Je tenais à la vie de tous. Je les aimais. Ma prise de conscience me soulagea.

Aucun ne mourut cette année-là.

28 octobre 1983

NOTES

[1] Camus, A., «Les amandiers (1940)» «*L'été*» in Camus, A., *Essais,* Paris, Gallimard, bibliothèque de la Pléiade, 1965, p. 835-836.
[2] D'après Mélanie Klein, éminente psychanalyste d'origine viennoise (1882-1960).
[3] Baudour, J., «Le respect de la personnalité de l'enfant» *in* «*Ça sert à quoi les crèches?*», Bruxelles, Commission Française de la Culture de l'Agglomération de Bruxelles, 1977, p. 55-63.
[4] Peut-être, dans l'avenir, de vastes études épidémiologiques longitudinales apporteront-elles la notion d'une carence maternelle très précoce, telle qu'un apport «insuffisant» d'amour (au sens de René Spitz ou de Winnicott) créerait le berceau de cette faille d'humanisation du Moi, que le toxicomane cherche à combler à l'adolescence par l'injection énergisante, reconstituante...
[5] Deglon, J.J., *Le Traitement à long terme des héroïnomanes par la méthadone,* Genève, Médecine et Hygiène, 1982, p. 183.
[6] Monsieur Joseph Gripekoven est à Bruxelles le pharmacien le plus averti de tout ce qui concerne les toxicomanes. Il a délivré de la méthadone depuis 1949.

Chapitre 3
Le Réveil des Oiseaux

Ce titre, emprunté à une œuvre superbe (1953) d'Olivier Messiaen, peut symboliser le cours de la troisième période de ma pratique, de février 1980 à nos jours (1983).

L'apaisement de mon angoisse de décès d'un patient a dû coïncider avec cette matinée de février 1980 où je reçus, l'un après l'autre, deux grands toxicomanes italiens. Chacun d'eux avait tenté plusieurs fois de se suicider. Leurs récits étaient pathétiques de densité humaine, celui d'Angelo surtout. Si je n'avais été convaincu qu'il fallait respecter toute l'humanité d'Angelo, martyrisé par la vie et par dix-sept ans d'amphétamines et d'héroïne, si j'avais estimé indispensable qu'il entrât dans le créneau international des critères d'admissibilité d'un programme de prise en charge, jamais Angelo n'aurait décroché, comme il le fit en 1982.

Je garde en mémoire ma vision du premier jour. Assis là, misérable, noir, gris, sale, puant, mais surtout d'une infinie tristesse. Entré je ne sais comment. Transpirant le malheur d'être, d'être encore vivant. Aspirant à mourir. Déjà réanimé deux fois dans le passé, à l'occasion de surdoses. Incarcéré pour toxicomanie en Italie, en Suisse, à Paris. Décharné. Pitoyable. Implorant par son silence, osant à peine, en une heure et demie d'entretien, lever quelquefois sur moi un regard d'outre-tombe. Toute question face à sa détresse était superflue. Il convenait de la recueillir. Pour Angelo, comme pour tous les authentiques toxicomanes, la question de quitter la drogue était absurde (et je ne la posai pas). La drogue ÉTAIT SA VIE, depuis ses onze ans, comme il ne cesserait de m'en faire part pendant trois ans (1980-1983). Il avait les bras plus saccagés que les pendus de François Villon, «plus becquetés d'oiseaux que dés à coudre».

C'est lui, Roger, Philippe et Pascale, Françoise, Eric et quelques autres qui m'apprirent, au cours de très attentives conversations, ce que je sais aujourd'hui. Nul n'était à la fois plus franc et plus faux qu'Angelo. Faux quand il s'agissait d'inventer une fourberie, un mensonge pour justifier une nouvelle demande de méthadone. Pendant environ deux ans, tous les prétextes, vrais et faux, étaient invoqués pour disposer le plus tôt possible de la petite quantité de méthadone cependant convenue chaque semaine entre nous, en délivrance quotidienne. Cela, tant sa frénésie de piqûre durait, durait, sans jamais combler son besoin éternellement inassouvi. Bien qu'il le connût, consciemment, depuis des années, «c'était plus fort que lui». Parole que tous prononcent.

Alors oui, c'est vrai, tous ces toxicomanes-là apparaissent comme très peu motivés à décrocher. Ils ne franchiraient pas la porte des centres américains, ni ceux d'Amsterdam ou de Genève.

Mais j'avais depuis longtemps déjà estimé que nul n'était irrécupérable. Estimé et décidé surtout.

Mes critères n'étaient donc pas ceux de New York, mais d'abord ceux de la demande d'aide d'un homme à un autre homme.

Le récit de la vie de tous les grands toxicomanes faisait émerger des notions jamais lues (peut-être parce que ces toxicomanes-là, estimés incurables, n'étaient nullement écoutés, pris en charge). De plus en plus insatisfaisantes au cours des années, les drogues ET la piqûre étaient vécues comme de plus en plus indispensables. L'impasse de la came engloutissait la vie entière, la perspective d'échapper à la seringue et à l'héroïne était vécue comme de plus en plus ténue, voire nulle. «Je mourrai drogué». «Je crèverai un jour seul, d'overdose». Et ce qui accroît la conscience de cette quasi-fatalité que le toxico imagine irréversible, c'est l'angoisse de plus en plus intense d'être en manque. «La maladie la plus grave du toxico, m'a dit Philippe, grand toxico français, c'est le manque». C'est ce qu'il redoute le plus. C'est ce qui le tenaille et le précipite, pantelant, harcelant, chez le médecin.

Les toxicos distinguent tous le manque physique et le manque psychique. Physique d'abord. Il est éminemment variable d'une drogue à l'autre quant à la durée et à l'intensité de ses effets. Pour l'héroïne, âpre et dur à la fin du premier jour et le deuxième jour, il s'estompe dans le cours du troisième. Pour la méthadone, imperceptible le premier jour, il débute vers la trente-sixième heure, parfois pas avant deux jours, puis rétrocède dans le cours de la deuxième semaine (ceci si le toxicomane interrompt brutalement un usage de 100 mg ou plus de méthadone). Manque moins intense donc, mais plus long que celui de l'héroïne, et pour certains, moins tolérable, par sa durée. En manque, le toxicomane frissonne, tremble, transpire plus ou moins abondamment, a les mains moites, le teint plombé, ses yeux larmoient, son nez coule, il ressent de très pénibles douleurs musculaires, osseuses et articulaires, il a un sentiment parfois atroce de «froid dans les os». Son pouls s'accélère et sa tension artérielle s'élève. Sa parole devient saccadée, son idéation se ralentit, son expression verbale se fragmente. La pensée peut paraître incohérente, voire délirante.

Manque psychique. Nombreux sont les toxicomanes qui répugnent à se montrer dans cet état, voire à en parler. Détresse, souffrance morale, intense impression d'être abandonné de tous, parfois des moments de terrible angoisse dépressive, des sentiments d'effritement de la conscience, de la pensée jusqu'à l'émergence de fantasmes persécutoires et parfois de vécu de dépersonnalisation, de transformation corporelle, de cénesthopathies.

Cet état peut être vécu dans la prostration ou dans l'agitation, selon le tempérament. Mais la tempête d'angoisse de désintégration du Moi que le manque produit affole le toxicomane. Dans cet état, il cherche désespérément un morphinique, naturel ou de synthèse (les anxiolytiques banaux sont quasi inopérants en urgence). L'urgence vécue commande la rapidité de l'intervention adéquate : 20 à 30 mg de méthadone intra-veineuse suffisent; oralement, il faut trente à soixante minutes d'attente.

En 1980, Françoise, prostrée, glacée, refusant de parler a passé quelque huit heures dans mon hall avant d'oser me réclamer de la méthadone et m'avouer qu'elle rentrait d'Amsterdam. Avec 20 mg, elle n'a pas tari de paroles pendant deux heures, exaltée, réchauffée, restaurée. Biochimiquement parlant, l'imprégnation par la méthadone des récepteurs morphiniques «en manque» rétablissait l'humeur et les fonctions mentales, normalement gérées, chez le patient sain, par l'apport neuro-hormonal continu des endorphines.

Plus la vie du toxicomane s'étire, plus la perspective d'être en manque l'affole. Et cependant, bien peu d'entre eux se montrent prévoyants de la dose du lendemain, à telle enseigne que dans les débuts de traitement, pendant trois à six mois, parfois un à deux ans, la délivrance quotidienne de méthadone s'impose. Si le médecin n'y prend garde, l'usage imprévoyant d'une dose double révèle la permanence de la recherche de l'illusion du bien-être : «peut-être me sentirais-je mieux avec 120 mg qu'avec 60; tant pis si je suis mal demain soir», se disent-ils plus ou moins lucidement, avides de fixer.

L'espoir d'être mieux avec 120 mg ! Combien de dizaines de fois ils s'en sont illusionnés avant de consentir à s'équilibrer avec la modeste dose de 40 ou 60 mg. C'est la tâche quotidienne du thérapeute que d'engager à la tempérance, afin que le toxicomane expérimente lui-même qu'une dose adéquate lui suffit. Mais tous les stress affectifs ou sociaux ainsi que les maladies somatiques accroissent le besoin de recours à la méthadone ou à tous autres produits, légaux ou non, que le toxico croit bon d'utiliser. Il faut au moins six mois de psychothérapie, et le plus souvent plus d'un an, pour qu'il commence à perdre le réflexe toxicomaniaque de «faire un fixe» chaque fois qu'il vit une situation de tension.

C'est l'une des plus désolantes et permanentes observations du clinicien que d'assister, impuissant, à la persistance de ce réflexe alors qu'il a travaillé, parfois des années durant, à développer chez le toxicomane la prise de conscience (puis l'exercice de sa volonté) du caractère inadéquat de la résolution des tensions psychiques par une piqûre apaisante. La psychothérapie des alcooliques, autres toxicomanes, bute sur le même écueil.

Si le psychothérapeute en est désolé, l'opinion publique ne s'en outragera pas. Car elle est composée de citoyens qui, dans la deuxième moitié de ce siècle, font un trop large usage de tranquillisants ou anti-dépressifs de toutes natures. Il n'y a pas du tout lieu de se réjouir de chiffres que publiait avec fierté la firme pharmaceutique ROCHE il y a quelques années : dans nos pays occidentaux, en moyenne une femme sur cinq et un homme sur six consomment des benzodiazépines, dont le Valium est le plus célèbre. Mais personne ne songerait, chez nous, à traîner en justice les innombrables médecins qui, faute de temps d'écoute, prescrivent ces anxiolytiques auxquels le risque d'accoutumance est notoire, quoique largement sous-estimé.

Lorsque le Président de l'Ordre des Médecins du Brabant (ordre dont j'avais été élu membre en 1979, par le suffrage de plus de cinq cents confrères) débuta mon instruction disciplinaire en 1980, il eut l'honnêteté d'ajouter que j'avais sans doute beaucoup de choses à apprendre à mes pairs concernant le traitement des drogués. En cours d'instruction, j'eus constamment l'impression que mes confrères avaient revêtu la robe de juge. Leurs questions témoignaient soit d'une totale ignorance, soit d'un a priori fondamental, irrationnel, contre l'usage thérapeutique d'une «drogue» de substitution. Ce mot seul les affolait, semblait-il. Mais ils paraissaient plus hantés encore par l'idée que «la Justice» ne pourrait jamais concevoir qu'il fût plausible, souhaitable et thérapeutique d'utiliser la méthadone à long terme (et même à court terme), car il pourrait toujours être rétorqué que cette thérapeutique pût constituer un «entretien de toxicomanie» punissable par les lois des 24 février 1921 et 9 juillet 1975. Leur embarras, jamais ouvertement exprimé, je le ressentais : leur incompétence était évidente, quand ce n'était pas leur manque total d'intérêt à l'égard des toxicomanes, ou leur mépris, ou leur désir de les incarcérer. Et voilà qu'il leur fallait, sur base de critères déontologiques ineptes (du style : déclaration de prise en charge), formuler un jugement sur la thérapeutique extrêmement difficile d'un de leurs pairs !

Cette instruction disciplinaire se solda en juin 1980 par un «avertissement», première des trois «sanctions mineures».

Le Conseil National de l'Ordre fit appel de cette sanction, qui fut confirmée. En outre, le Conseil du Brabant jugea utile de tenter de me déchoir de mon mandat en raison même de la sanction qu'il m'avait imposée. La perspicacité et la vigueur d'un avocat ami (Pierre Legros) furent nécessaires pour établir que mes qualités professionnelles et mon honorabilité ne justifiaient en aucun cas la déchéance de mon mandat.

Si le Conseil du Brabant s'intéressait fort à mon cas, il ne répondait pas du tout aux multiples lettres que j'adressais chaque année, de 1979 à 1982, à son Président. Leur contenu visait toujours la demande d'étude, au sein de la «Commission de la drogue», des problèmes médicaux, sociaux, judiciaires du traitement des toxicomanes. Les carences de l'assistance aux toxicomanes belges me paraissaient en effet immenses. Très peu de médecins concernés, très peu d'institutions thérapeutiques spécialisées, l'absence de prise en charge authentique par les hôpitaux, le tout envenimé par les inévitables conflits «idéologiques» quant aux modes de traitement: sevrage brusque? traitement à long terme par la méthadone? prison?

Jamais mes demandes n'eurent de réponse. J'appris que les membres de la Commission s'étaient réunis une fois, en février 1980, ... afin de discuter de mon cas!

Soucieux, comme je n'ai jamais cessé de l'être, d'évaluer ma pratique, j'eus l'occasion, au cours de l'année académique 1979-1980, de réaliser une enquête grâce à l'intérêt de 21 étudiants de 3e doctorat en médecine de l'U.L.B.[1]. Ils réussirent à interroger vingt-sept patients sur les soixante-neuf dont j'avais communiqué l'adresse. L'un des résultats intéressants de cette enquête concernait l'appréciation subjective des patients quant à la diminution de la dépendance vis-à-vis de la drogue. Vingt patients sur vingt-sept estimaient que le traitement à la méthadone associé à une psychothérapie amenait une diminution plus importante de cette dépendance que ne le fait la méthadone seule.

1979 et 1980 passèrent sans nouvelles de mon instruction judiciaire. Un incident me décida d'écrire moi-même à mon Juge d'Instruction. Je reproduis ci-dessous l'essentiel de cette lettre:

Bruxelles, le 12 février 1981.

Madame le Juge,

J'ai été ce jour interrogé de manière fort hâtive par les trois experts que vous aviez nommés en 1979. Le Dr L. m'avait rencontré par hasard en ville le samedi 7 février 1981. Il m'a invité inopinément à me représenter devant le collège d'experts ce jeudi 12 février. J'ai accepté.

Le Dr L. m'a annoncé que le rapport du collège (sur interrogatoire de 1979) ne vous avait pas encore été adressé. (...) Il m'a été demandé de rédiger endéans les quinze jours un rapport d'évaluation concernant mes résultats thérapeutiques, et ce d'après des critères médicaux et sociaux laissés à ma discrétion, malgré mon exigence exprimée de précisions.

Durant la trop brève entrevue, le Dr L. a fait allusion au fait que j'aurais traité 144 patients entre septembre 1979 et avril 1980 (huit mois). Or, je dois vous signaler que de juillet 1978 à janvier 1981 (soit trente mois), j'ai vu et traité 150 patients seulement refusant par ailleurs des centaines de demandes de prise en charge, par souci de mener à bien les traitements dont j'assume la responsabilité.

Je vous écris cette lettre pour solliciter une entrevue dans le cadre de cette instruction pénale, ouverte depuis deux ans, où je n'ai pas encore eu l'honneur de vous rencontrer. Je reste stupéfait que les experts ne vous aient pas remis leur rapport en 1980, et qu'ils me demandent de rédiger en quinze jours une note d'évaluation qui, selon moi, ne pourrait être élaborée valablement que par des enquêteurs autres que moi-même (et pas dans un aussi bref délai, vu l'extrême difficulté de suivre les toxicomanes au-delà de leur temps de cure et de psychothérapie intensive).

Je vous prie donc de bien vouloir m'accorder audience. Les problèmes de santé publique concernant l'assistance aux toxicomanes belges dépassent de très loin le cadre de mon instruction. L'expérience que j'en ai acquise me permet de formuler la création de dispositifs d'aide qui soulageraient très largement les milieux judiciaires et médicaux. Et ce pour un coût social bien moindre que les actuelles — et quasi inutiles — mesures d'incarcération et d'hospitalisation.

Veuillez agréer, madame le Juge, l'assurance de ma considération très distinguée.

Docteur Jacques BAUDOUR

Je désire rendre hommage ici à Madame le Juge Francine Lyna pour la rigueur, le souci de compréhension et l'amabilité avec lesquels elle conduisit l'instruction de ma pratique médicale. Elle avait une dizaine d'années d'expérience du contact avec les drogués.

Je crois utile de reproduire ici l'essentiel de mes déclarations des 2 avril et 7 mai 1981, qui synthétisent l'esprit de mon travail depuis 1980 jusqu'à l'heure actuelle.

2 avril 1981

«La plupart des toxicomanes lourds sont incapables de cesser de se fixer quand ils ont connu la piqûre depuis plus d'un an. A fortiori ceux qui connaissent cinq, dix ou vingt ans d'intoxication. Je crois de mon devoir de leur maintenir la dose minimale de méthadone injectable nécessaire (intra-veineuse ou intra-musculaire) tant qu'ils n'auront pas réussi, avec moi, tout au long de la psychothérapie intensive (une demi-heure à trois quarts d'heure par semaine) l'arrêt de l'injection.

J'estime qu'il est dépourvu de chances de succès de vouloir interrompre les injections sans le consentement du patient. De nombreuses fois je l'ai tenté, et les patients ont disparu, et j'ai peu après appris qu'ils étaient «retombés» dans le marché illégal de l'héroïne.

En quelque sorte, mon option est, au prix d'une dose minimale de méthadone injectée, de leur permettre de travailler (ce que certains réussissent), de n'être pas en manque et de prévenir tout acte délictueux, ce qui les met à l'abri des poursuites judiciaires et emprisonnements que les trois quarts d'entre eux ont déjà très largement subis (…) Ma thérapeutique peut contribuer à assurer une prévention de la délinquance juvénile et adulte. (…) Il n'y aurait pas eu en Belgique quatre cents casses de pharmacies en 1980 si les toxicomanes avaient pu être stabilisés à la méthadone.

Ainsi que j'en parle depuis deux ans à l'Ordre des Médecins, à la Commission Médicale Provinciale, à l'U.L.B., la création d'un dispensaire spécialisé à Bruxelles s'avère de plus en plus urgente pour traiter vingt-quatre heures sur vingt-quatre les toxicomanes en manque, les toxicomanes plus ou moins motivés à une désintoxication et même les toxicomanes très accrochés aux opiacés et dès lors peu motivés».

7 mai 1981

«Vu le très faible pourcentage de patients définitivement abstinents, il me paraît très important de réaliser dans nos pays, comme aux Etats-Unis, des programmes de traitement prolongé à la méthadone qui permettent, de manière statistiquement très significative, d'obtenir une réduction considérable de la criminalité et de tous les actes délinquants majeurs que les toxicomanes commettent, spécialement quand ils sont en état de manque.

Dans l'état actuel de crise économique de nos pays occidentaux, la toxicomanie risque fort de s'accroître largement dans les années qui viennent, et j'estime dès lors qu'il est important que les autorités médicales et judiciaires définissent une option d'intervention pratique, simple et peu coûteuse pour en limiter l'extension. (…)

Les autres dispositifs d'aide aux toxicomanes sont évidemment indispensables. Malheureusement, ils ne couvrent actuellement qu'une toute petite frange de la population à aider: les quelques rares toxicomanes motivés à un traitement institutionnel prolongé. (…) Les toxicomanes qui travaillent ou ceux qui tiennent à leur vie civile, sociale et familiale n'acceptent évidemment pas le traitement institutionnel. Par ailleurs, ces traitements sont d'instauration trop récente en Belgique pour qu'on puisse évaluer leurs résultats thérapeutiques».

En 1980-1981, j'appris la mort de trois patients très attachants que j'avais eus longtemps en traitement. L'un après sa sortie de prison, les deux autres après des sevrages hospitaliers décidés par d'autres thérapeutes que moi. Consterné, accablé, je pris des nouvelles; j'obtins des informations fragmentaires. Assez pour savoir que ces trois jeunes hommes avaient vécu les derniers mois de leur vie dans une atroce solitude morale. L'un des trois s'isolait même du contact avec son meilleur ami, Roger, l'aîné de mes patients. Celui qui sortait de prison ne fut hélas pas recueilli par sa mère, malgré toute l'énergie de ma tentative de persuasion. Trois suicides, presque certainement. S'ils n'avaient pas quitté la psychothérapie, la méthadone les eût protégés.

J'écrivis en octobre 1981 à l'attention du Juge Lyna: «Ceux qui survivent après leur sevrage hospitalier sont unanimes à souligner que leur traitement n'a rien changé à leur situation sociale, ou professionnelle, ou familiale, mais qu'il a considérablement accru leur désir incoercible de s'injecter un stupéfiant et les a rendus plus vulnérables encore aux stress quotidiens qu'ils tentent d'habitude d'atténuer par leur pratique toxicomaniaque». (...)

«Je tiens à souligner les avantages de la psychothérapie prolongée associée à la prescription de méthadone:
- pas de sevrage brutal (hospitalier ou non) psychiquement et physiquement mal toléré par le toxicomane avéré,
- possibilité de la reprise du travail,
- contrôle médical permettant un soutien psychothérapique régulier, une analyse du vécu dépressif omniprésent et une prévention des gestes suicidaires (overdoses volontaires),
- réduction de la mortalité des drogués à un taux proche de celui de la population générale,
- contribution à la réduction de la délinquance et de la criminalité adolescente et adulte, grâce au contrôle de l'état de manque (rôle contributif à la prévention des vols, à la limitation de la prostitution, à la réduction des emprisonnements),
- conséquences favorables en termes d'économie sanitaire: coût de prise en charge thérapeutique particulièrement bas, coûts social et judiciaire réduits,
- réduction de la notion d'irrécupérabilité du toxicomane».

(...) «D'après mon expérience, la cure peut réussir si l'on assortit la prescription de méthadone d'une très patiente analyse de la relation du patient avec sa seringue. Cette analyse peut durer des mois en raison de l'extraordinaire investissement symbolique de l'injection.

Renoncer à ces intenses plaisirs représente l'extrême difficulté de la désintoxication psychologique du toxicomane. J'estime qu'il faut au départ respecter le symptôme le plus indéracinable si l'on veut se donner quelque chance de succès. Lorsque la psychothérapie nous a permis d'aller suffisamment loin dans cette analyse, le toxicomane peut renoncer spontanément à s'injecter un stupéfiant. C'est ce qui est arrivé à bon nombre d'entre eux.

»Toute affection somatique douloureuse, abcès dentaire, crampes digestives, manque plus intense, etc. produit un recours accru à la méthadone ou à d'autres stupéfiants. Tous les événements traumatisants actuels de la vie du drogué (menaces d'emprisonnement, conflits de couple, sollicitations pernicieuses d'autres toxicomanes, agressions, problèmes policiers ou judiciaires, ...) précipitent aussi le recours aux stupéfiants. Cependant, avec tous, et dès le premier entretien, je ne cesse d'insister sur la nécessité impérieuse de réduire la consommation d'une drogue de substitution tant pour satisfaire aux obligations légales en Belgique que pour réduire la dépendance du toxicomane à la méthadone.

»Comme je l'ai réussi avec certains de mes patients, le passage à l'administration par voie orale a permis, à un moment décidé en commun, un arrêt de prise de méthadone ou un maintien à une dose orale très modeste».

De 1980 à 1983, l'ambiance thérapeutique s'améliora sans discontinuer. Cela tient à une série de facteurs, les uns et les autres conjuguant leurs effets. Le premier, le plus fondamental selon moi, est le climat de confiance réciproque sans cesse meilleur entre les toxicomanes et moi. Ils savent que je n'abandonnerai pas la lutte, devant aucune instance, pour que leurs problèmes de vie soient compris. Je n'ai cessé de les encourager à prendre personnellement la parole, par la voie de la presse notamment; mais leur profonde inertie les maintient muets. Cette confiance, spécialement en 1982-1983, a créé, par moments, un véritable climat d'enthousiasme collectif qui a vivement encouragé bon nombre de toxicomanes à «décrocher», surtout en 1983.

Un autre facteur est certes le développement, surtout marqué depuis 1982, d'une grande solidarité entre eux. Autrefois, la plupart des patients venaient pour l'entretien psychothérapique et la prescription. Certains même s'isolaient obstinément. Depuis deux ans, beaucoup de difficultés vécues en commun les ont solidarisés: la plupart sont traqués par les policiers et surtout la B.S.R. Ils subissent des interrogatoires tendancieux au cours desquels on cherche à leur extorquer des informations qui permettraient d'accuser leurs médecins (manque de conscience professionnelle, consultations-éclair coûteuses, ...). Depuis un an, le refus de dialogue du Conseil de l'Ordre et de la Commission médicale exaspère les toxicomanes qui ne trouvent plus de médecin qui veuille encore les écouter et a fortiori instaurer une longue psychothérapie. Ces toxicomanes se plaignent, à juste titre, d'être insuffisamment compris et traités. L'Ordre et la Commission persistent à refuser le dialogue, après avoir imposé des directives tellement limitatives de la liberté thérapeutique que les praticiens (déjà combien rarement motivés!) ne se risquent plus à recevoir un toxicomane. La solidarité entre eux atteint heureusement des résultats plus immédiatement efficaces par l'échange d'informations : avocats disponibles, démarches auprès des mutuelles, des centres publics d'aide sociale (C.P.A.S.). Mieux encore quand il faut héberger d'urgence un copain qui sort de prison. Ou récolter de l'argent pour payer une amende qui évite une incarcération ou libère un détenu. J'y participe moi-même.

Il s'en est fallu de peu que cette solidarité se manifestât publiquement par la mise sur pied le 28 mars 1983 d'une a.s.b.l. dénommée SOLIDARTOX. Ses buts premiers étaient la création d'une maison d'accueil pour toxicomanes et d'un dispensaire thérapeutique spécialisé. Hélas! ce même jour, la B.S.R. m'arrêtait inopinément. Un Juge d'Instruction me requérait de toute urgence pour m'entendre à propos d'une overdose, et me retenait jusqu'à 18 h 30. Les toxicomanes, me croyant emprisonné, ne se sont pas déplacés à l'assemblée générale fondatrice de l'a.s.b.l. Les statuts sont prêts; 1984 peut-être...

Troisième facteur, résultant de la confiance réciproque et de la solidarité, l'élévation du nombre de réussites de sevrage de la méthadone. Un niveau d'énergie communautaire plus élevé a contribué à encourager de nombreux toxicomanes à décrocher. Les problèmes soulevés par l'abandon de la méthadone sont analysés dans le chapitre « Les amours condamnées ». La peur de guérir, la peur (fictive) de retrouver tels quels, dans l'après-méthadone, les conflits ou angoisses qui avaient préludé à l'héroïnomanie, la crainte d'une dépression trop sévère succédant à l'abandon de la méthadone, ces trois craintes se sont trouvées notablement atténuées par l'étroitesse des contacts répétés entre les « accrochés » et les récemment « décrochés ».

Hélas, cette belle période fut endeuillée par la disparition de trois patients : la Justice se hâta de m'imputer la responsabilité de leur décès. Je veux m'en expliquer ouvertement ici, en toute franchise, estimant qu'il y va de mon devoir médical et de mon honneur d'homme d'éclairer le lecteur. Dans le chapitre « Le toxicomane et la mort », j'analyserai l'atrocité du piège qui menace de précipiter TOUT toxicomane du plaisir à l'issue fatale.

Quelques remarques d'abord.

1. Les toxicomanes sont tous conscients du très haut risque de décès qu'entraîne inéluctablement leur héroïnomanie. La plupart d'entre eux ont vécu le décès de camarades. C'est parfois la circonstance qui déclenche la décision d'entreprendre une psychothérapie sous méthadone, situation thérapeutique qu'ils considèrent tous, dans le monde entier, comme un privilège.

A l'occasion des trois décès que j'analyse ici, tous en ont reporté la responsabilité sur leur camarade. «Cela peut arriver à chacun d'entre nous, en période de désir suicidaire. Ce n'est pas la faute du médecin».

2. Je tiens à rappeler ici que de juillet 1978 à septembre 1982, mois du décès de Nadia, aucun patient ne mourut, bien que j'eusse confié de la méthadone injectable à la plupart d'entre eux (quelque deux cents patients, en traitement court ou long, couvrant une période de cinquante mois). Les statistiques publiées dès les années 1970 aux Etats-Unis confirment d'ailleurs que les traitements à la méthadone connaissent le taux le plus bas de décès, par rapport à tous les autres modes de sevrage, l'abstention thérapeutique étant grevée du taux de décès le plus élevé[2].

3. Le sens commun accorde à toute pratique médicale un risque d'échec.

Il serait très pertinent d'analyser en Belgique, selon des techniques épidémiologiques rigoureuses, les tentatives de suicide et suicides réussis dont la Justice pourrait imputer la responsabilité à tous les praticiens belges prescripteurs de neuroleptiques, d'anti-dépressifs, de tranquillisants et d'analgésiques. Et d'examiner ainsi la pratique tant hospitalière que privée. Il est bien à craindre que pour des populations telles que celle des « malades mentaux », à risque de décès plus bas que celle des héroïnomanes, on obtiendrait un taux de décès supérieur à celui de la population que j'ai traitée: 0,6 % pour 306 patients pris en charge entre juillet 1978 et juillet 1983 (taux pour les patients pris « en charge »).

4. Par souci déontologique de respect du secret professionnel, je tairai volontairement, dans l'examen de ces trois décès, certains éléments liés à l'environnement immédiat, familial ou amical des patients.

5. Je pense pouvoir attribuer le taux très bas de décès parmi mes patients aux très intenses encouragements à vivre que je ne cesse de prodiguer à chacun d'eux. Ma pratique «isolée» m'a souvent été reprochée. Je dois signaler que les taux de décès enregistrés par des équipes structurées pratiquant des programmes de méthadone aux U.S.A. se situent vers 1,5 à 2 %.

Qu'il m'est douloureux d'évoquer le décès de Nadia, à l'âge de vingt-quatre ans, en septembre 1982. Je la vois encore, dans un joyeux élan d'enthousiasme, se précipiter vers moi un après-midi de mai, à ma descente de voiture: «Jacques! Eric et moi, nous allons nous marier!». Je connaissais Eric depuis juin 1979. L'un des vétérans de la toxicomanie. De multiples séjours en Allemagne, au Danemark, aux Pays-Bas. Femme et fillette délaissées, à grand regret, à Copenhague, où il est interdit de séjour. Amour permanent de la défonce. Et le cœur sur la main. Extraordinairement instable et irrécupérable, comme il se définit lui-même. Associant une vieille héroïnomanie à une consommation effrénée quasi permanente de barbituriques non prescrits. Ennuis hebdomadaires avec police, B.S.R. et milieu judiciaire. Aussi attachant que toxicomane à vie.

Un jour donc, Eric m'amena Nadia «accrochée» au début du printemps 1982. Elle allait le sauver, disait-elle. Elle avait déjà connu trois overdoses dans le cours de six années d'héroïnomanie. Elle s'avéra très vite peu équilibrée, oscillant du plus vif enthousiasme au plus grand désespoir. Je tentai de tempérer sa fougue à propos de sa «mission» à l'égard d'Eric. Elle désespérait, reprenait espoir, s'affolait, passait rapidement de l'envie de vivre à celle de mourir. Je n'ai plus en mémoire les circonstances qui la conduisirent à effectuer un séjour durant l'été 1982 au domaine de Tribomont (lieu de cure belge du «Patriarche»). Comme tant d'autres, elle s'encourut de là, avec une frénétique envie de défonce. Une semaine plus tard, elle fit irruption dans mon bureau avec S., jeune toxicomane endiablée, dont j'avais pu apprécier au fil des ans l'absence complète de désir de quitter la drogue.

Nadia et S. étaient très exaltées. Elles prétendaient avoir fixé chacune 20 cc de méthadone les derniers jours, et désirer «décrocher» ensemble! Toutes deux avaient des traces de piqûres récentes aux bras. Je ne leur accordai que 10 cc, en délivrance quotidienne stricte, espérant juguler ainsi par la méthadone ce qui m'apparaissait bien plus une envie de «défonce» que de «décroche».

Nadia reçut 10 cc le jeudi, mais 30 cc le vendredi, pour trois jours. Elle décéda, dans la nuit du vendredi au samedi. L'examen toxicologique révéla, outre la méthadone, la présence d'alcool et de benzodiazépine. J'écrivis à l'époque, dans mon journal aujourd'hui perdu, des commentaires dont je tâcherai de restituer ici la teneur : « On ne manquera pas de m'imputer le décès de Nadia. Qui en est responsable ? Peut-être Nadia elle-même, d'abord. Son amie S. ? qui sous le masque de 'décrocher' l'entraîne à la « défonce ». Les responsables de Tribomont ? Ou les responsables plus lointains, ses parents ? Ou le médecin qui l'a vue le vendredi soir ? Ou le pharmacien ? ».

A l'expérience, je reste chaque fois stupéfait de la frénésie à fixer dont témoignent tous ceux qui s'enfuient de chez « le Patriarche ». La privation de calmants, l'ambiance de contrôle permanent et de violences physiques, la réprobation incessante à l'égard du désir de toute drogue apparaissent insupportables à de nombreux toxicomanes. A la longue, je souffre moi-même de les entendre se plaindre de leur séjour si bien que j'ai pris l'habitude depuis bien plus d'un an de leur demander dès qu'ils arrivent, essoufflés : « Raconte-moi les aspects positifs de ton séjour ! »

Je refuse systématiquement de prescrire quoi que ce soit à ceux qui en viennent et ne sont pas accrochés. Je les encourage à fuir le milieu des toxicos et ma salle d'attente.

Que le Patriarche-Belgique ne vienne donc pas m'imputer les échecs de ses sevrages manqués !

Pour en revenir à Nadia, je m'interrogeais en 1982 : quel fol espoir nouveau Nadia aurait-elle placé en S. ? Quel désespoir subit l'a poussée ce vendredi-là, à utiliser simultanément alcool, méthadone et anxiolytique, association potentialisatrice, spécialement en période de « raccroche » ? Certains toxicomanes, qui la connaissaient de longue date, conclurent : « Elle a enfin la paix. Je l'ai connue si malheureuse pendant tant d'années de son adolescence ».

René et Bruno décédèrent en février 1983, dans une période d'affolement des toxicomanes. Les praticiens bruxellois venaient d'être avisés, par circulaire de l'Ordre des Médecins datée du 27-12-1982, qu'ils devaient assurer eux-mêmes la surveillance du bon usage de la méthadone prescrite. De plus, elle ne pouvait être prescrite sous aucune forme qui soit manipulable par le drogué (ce qui est absurde ! tout médicament est manipulable !). Enfin, le praticien isolé, non coordonné avec une équipe médico-sociale et insuffisamment informé du traitement des toxicomanes, était passible de poursuites disciplinaires du chef d'abus de liberté thérapeutique. Ces directives ne tenaient aucun compte des traitements en cours chez les praticiens bruxellois. Elles visaient à limiter le trafic de stupéfiants au départ d'ordonnances médicales, trafic dont le Parquet avait avisé l'Ordre[3].

Ces directives du 27-12-1982 avaient été votées par le Conseil du Brabant, bien que j'eusse expliqué à la Commission de la drogue que ni les pharmaciens, ni les médecins, ni les toxicomanes n'étaient en mesure d'organiser du jour au lendemain la délivrance quotidienne des stupéfiants prescrits à tous les toxicomanes bruxellois.

Le résultat immédiat fut une suspension brutale de dizaines de traitements en cours. Les patients affluèrent en masse vers les quelques rares praticiens engagés, soucieux d'assurer la continuité des soins à leurs patients et d'évaluer l'urgence des nouveaux venus.

Bruno était l'un d'entre eux. C'était un tout vieux toxicomane décharné. Après s'être vu refuser l'entrée de la salle d'attente par des patients qui l'insultaient, il revint dix jours plus tard, en état de manque, accompagné d'Angelo. Il arrivait à peine à parler, il était moite, gris, en mauvais état général, les veines très abîmées. Il me supplia de m'occuper de lui. Sa dernière chance, disait-il. Je lui répondis, comme à tant d'autres, que c'était impossible pour moi, que je tenais à mener à bien tous les traitements en cours. Je lui donnai l'adresse d'Enaden, jeune équipe en place depuis octobre 1982 et le nom de quelques médecins. Je lui prescrivis 40 mg de méthadone «en dépannage», de quoi le soulager jusqu'au lendemain. Il quitta en hâte mon bureau tant il était mal. Il dut faire son injection vers quinze heures. C'est la nuit suivante qu'il mourut. Le surlendemain de la consultation, Angelo arriva blême comme un mort, consterné, embarrassé: «Bruno est mort hier». Il s'embrouilla dans ses explications. Quinze jours plus tard, toujours glacial, Angelo décida tout à coup de rentrer en Italie. Départ tout à fait imprévu. Jusqu'alors, Angelo n'avait cessé de me témoigner son attachement: «Tu as refait de moi un homme. Je te dois la vie. L'héroïne, la maudite, est finie grâce à toi». Dès le jour où Angelo m'avait annoncé le décès de Bruno, j'avais pressenti un drame qu'il me cachait. Ses dépositions à la police donnèrent trois versions différentes de la mort de Bruno. Pour moi, il ne fait guère de doute qu'Angelo aura passé à Bruno, à sa demande, de la méthadone en quantité exagérée. D'où le décès. Mais seule l'ordonnance de Baudour a été retrouvée, ce qui a permis de m'imputer erronément ce décès. La «preuve»!

Quant à René, décédé à l'âge de 21 ans dans la nuit du 8 au 9 février 1983, il avait fait brusquement irruption à ma consultation en juin 1981. Un habitué, toxicomane italien très impétueux, l'avait introduit, et René s'était fixé à mon insu dans les toilettes adjacentes à la salle d'attente. Je commençai par lui dire que je ne pouvais absolument pas tolérer ce comportement. Qu'un inconnu courût le risque de décéder inopinément et me le fît courir, c'était inacceptable. René le comprenait très bien. Nous eûmes un entretien d'une heure. Il me raconta sa vie, ses drames familiaux, un amoncellement de problèmes et de combines frauduleuses qu'il endurait dans le milieu des toxicos. Il s'en disait culpabilisé. Il me pria d'assurer son traitement. Je dus refuser, faute de disponibilités. Il me fit promettre de m'occuper de lui, le jour où vraiment il «n'en pourrait plus». J'acceptai.

Il revint en septembre 1982 plus accablé qu'autrefois, plus maigre. Un maintien noble, une attitude quelque peu orgueilleuse masquaient mal une très grande timidité, un intense besoin d'être aimé. Il me fit part de sa détresse, de son «ras-le-bol» du milieu des toxicos, de sa solitude, de l'absence d'aide familiale. Ses veines étaient moins amochées que celles de la majorité de mes patients. Il se contenta de petites doses de méthadone. Il voulait en finir vite, disait-il, avec sa cure.

Un jour de septembre, il me téléphona en urgence: «Ma mère est dans le coma à l'Institut Bordet. J'ai peur qu'elle ne meure. Les médecins refusent de me dire ce qu'elle a». J'étais très surpris, je pressentais un mensonge par lequel René pût justifier de débarquer en urgence. Néanmoins, je l'engageai à insister auprès des médecins et à venir m'expliquer ensuite. Il m'expliqua qu'il avait tenté la veille de se sectionner la jugulaire. Je le reçus vingt minutes et le priai de revenir le soir même. Nous eûmes un très long entretien. Vraiment, il ne voulait plus vivre. Il me disait ne pouvoir compter sur le secours de personne, sauf de moi et d'un ami âgé absent ces temps-là. Il était affreusement déçu de la médiocrité du sale petit monde des junkies. (Par respect du secret professionnel, je ne dirai pas ici ce qui motivait sa tentative de suicide). René se mit à parler de son père, décédé quand il avait treize ans. René admirait son père; c'était un ouvrier honnête, courageux, costaud. Il avait fait une chute d'un échafaudage, ce qui lui avait causé une paraplégie irréversible. Il n'avait pas réussi à s'adapter à son handicap et s'était suicidé. René pleura longuement en parlant de son père. Depuis l'âge de treize ans, il ne se remettait pas de son deuil.

Un samedi d'octobre 1982, à 16 heures, hagard, confus, ivre de Lexotan, René arriva dans le hall de l'immeuble où je tiens mes consultations. Par bonheur, la gérante était là, femme charmante, posée, attentive aux êtres. René vociférait, un revolver sur la tempe: «Je veux voir Baudour. Lui seul peut me sauver, etc.». «Donne-moi d'abord ton arme, nous allons t'aider». (Nous: la gérante, et la propriétaire du bureau que je loue). Elles lui parlèrent pendant quatre heures. René pleurait sans fin, priant la gérante d'accepter qu'il l'appelât maman.

Deux jours plus tard, René me remit encore deux autres armes et des quantités de cartouches que j'allai déposer à la Police Judiciaire de Bruxelles. Ce curieux don m'inclinait à croire que, momentanément, René renonçait à mourir. Je lui accordai le maximum de temps disponible.

Janvier 1983

Tout à coup, plus de nouvelles. Angoisse! En fait, René passait quelques semaines en prison. (J'appris plus tard qu'il avait été battu par des policiers avant son incarcération).

Février 1983

Le 7, après m'avoir téléphoné, René arrive l'après-midi parmi d'autres patients, sans rendez-vous. Il désire me parler de son séjour en prison. Il me réclame six ampoules de méthadone (60 mg.). Je lui donne rendez-vous trois jours plus tard, après lui avoir recommandé d'utiliser deux ampoules par jour. Il revient déjà le lendemain.
— Tu as déjà tout pris?
— Oui, donne-moi encore six ampoules jusqu'au rendez-vous.

Je pouvais légitimement être quasi sûr qu'il s'était injecté la veille les six premières ampoules. Tous les toxicomanes que je connais se précipitent en effet à toute allure à la pharmacie dès qu'ils ont reçu leur ordonnance. René est mort dans la nuit du deuxième jour où il était venu me revoir. Il ne fait pas de doute pour moi qu'il s'est suicidé. Il m'a manqué quelques mois pour encourager assez René à vivre, comme je l'ai fait pour tous mes patients, allant parfois jusqu'à l'injonction la plus claire et la plus chaleureuse: «Je ne veux pas que tu meures, continue ta lutte!»

Car c'est ainsi, avec simplicité et énergie quotidiennes, que j'ai fait passer une foule de périodes critiques à Françoise, Patrick, Michel, Frédéric, Jean-Yves, Philippe, Eric, et surtout à Angelo, mon Italien livide de 1980, qui en 1981 se remit à sourire, à espérer échapper à la drogue, à revivre libre. Il sifflotait quelquefois en 1982 et encourageait les autres à décrocher, comme lui. Il était parfois gai comme un pinson.

C'était enfin le Réveil des Oiseaux : j'ai même connu quelques toxicos qui se sont affirmés heureux.

3 novembre 1983

NOTES

[1] U.L.B. : Université Libre de Bruxelles.
[2] L'analyse comparée de nombreuses statistiques d'héroïnomanes sans soins ou traités à la méthadone est commentée abondamment par Deglon, J.-J., op. cit.
[3] D'après un bilan de 1976, portant sur dix ans, Dole, pionnier de la méthadone aux U.S.A. depuis 1965, note que la disponibilité de la méthadone au marché noir n'a pas créé un nombre significatif de nouveaux toxicomanes (cf. Deglon, J.-J., op cit., p. 216).

Chapitre 4
Le toxicomane et la mort

Juillet 1983

En Dordogne. Francine, ma compagne de ces années, et moi découvrions les lieux d'«art préhistorique». Premières traces connues en France où l'homme projette, sur la paroi de sa caverne, l'imagerie mentale qui le hante, qu'il vénère, ou qui peut-être, simplement, reflète ce qu'il vit et voit chaque jour. Issus des millénaires, nous retrouvons la voiture, vitre cassée, deux trousses d'allure médicale dérobées. Le minotier qui nous loge nous informe : «Il y a beaucoup de drogués à Sarlat, cet été. Ils ont espéré trouver des médicaments dans vos trousses». Il n'y en avait pas. Ils ont volé six ou sept livres dont nous espérions nous imprégner en ce temps de ressourcement que sont les vacances: «Avoir ou Etre» d'Erich Fromm, qui depuis longtemps déjà nous inspire; Bettelheim «Le Cœur conscient». Curieusement, ô chance, j'avais quitté Bruxelles sans un livre de mon maître à penser, Albert Camus. Mais la perte personnelle importante, le dommage moral, est bien celle de mon «Journal du quotidien avec les toxicomanes», débuté en 1981. Une centaine de pages sur l'amour, la mort, l'angoisse d'affronter la vie sans drogue, la peur du manque et le récit de quelques moments merveilleux de psychothérapie avec Roger, avec la petite Sabina.

Je «tenais» beaucoup à ces étapes de ma compréhension des moments capitaux du vécu toxicomaniaque. Et il m'est très spécialement malaisé de retrouver en octobre 1983 ce que j'écrivis sur la mort à Pâques 1981. J'émergeais alors des années 1978, 1979, 1980, où l'ambiance générale était à la déprime, à l'envie d'en finir, à la semi-conscience collective que la voie de la toxicomanie est une impasse pour tous, où chacun cependant, par désespérance même, s'injectait sa mini-dose quotidienne de survie et se voilait la face du lendemain. Au Mardi gras de 1981, venait de mourir Alain, quelques semaines après avoir quitté l'hôpital et mon soutien d'un an. Je reparlerai de lui.

1983 serait plutôt l'année du début de l'affirmation: «Je suis toxicomane. Je suis. Nous sommes». Une prise de conscience collective, engendrée par une répression incompréhensive de plus en plus flagrante. Vexations, humiliations, sévices physiques, mépris moral, incarcérations abusives, menaces de mort, tout cela baigne les toxicos de Bruxelles en 1983 dans un climat où leur existence leur est de plus en plus refusée. Dès lors, une révolte spirituelle s'amorce, saine et juste.

Je tenterai cependant de restaurer ce que j'écrivis sur la mort en 1981.

Par la fréquentation quotidienne des héroïnomanes, Freud aurait trouvé d'amples observations cliniques qui lui eussent permis d'étayer avec une persévérante et impeccable rigueur sa notion, restée trop théorique, de «l'instinct de mort».

Il m'est en effet apparu furieusement à l'œuvre chez les toxicos, jeunes ou vieux. La contiguïté entre le plaisir de la défonce (oubli, nirvâna, jouissance, comblement de tous les désirs, euphorie sublime, ...) et l'arrêt respiratoire du coma m'a quelquefois terrifié chez les toxicomanes frénétiques. Injection sur injection, jusqu'à ne plus savoir, dans un état de conscience très obnubilé, si la dernière injection qu'il se fait risque ou non d'être la toute dernière.

Certains ont vécu cela au Palfium, à la cocaïne, à l'héroïne, à la morphine, au Fortal, au Wellconal, et parfois l'ont recherché, en vain, à la méthadone. Chez ceux dont les neurones ont subi une longue accoutumance au produit, la méthadone ne «défonce» plus. «Avant de venir en traitement chez toi, m'a dit Angelo en 1980, je m'envoyais certains jours 70 à 80 cc de Méphénon. Et je n'étais même pas raide». Que cette information imprègne l'esprit des censeurs médicaux, «experts» non expérimentés; qu'ils veuillent bien se souvenir de la notion millénaire de tolérance pharmacologique et considérer dès lors que 15 cc de méthadone est une dose banale pour certains, et non mortelle!

Les toxicomanes vivent dans la démesure, que Némésis sanctionne. Cette soif d'illimité, de connaissance mystique de soi, telle que l'ont vécue Baudelaire, Cocteau, Michaux et certains «mages» des années 60, ne m'a pas paru animer l'esprit ni mobiliser l'énergie du cœur des toxicomanes bruxellois d'aujourd'hui. C'est bien plutôt la désolante oisiveté, la faiblesse ou l'absence d'idéal, le manque d'élan vital, la pauvreté des capacités de partage amoureux qui semblent les avoir réduits, telle l'araignée kafkaïenne, à s'emplir fébrilement d'un poison mortel.

Triste enfance, qu'il serait vain de condamner, si pauvrement nourrie d'amour qu'elle n'a pas, quinze ans plus tard, l'énergie d'en irradier. Il m'apparaît plutôt que c'est par soif de bien-être, par avidité immédiate qu'une fois initié à la piqûre, le toxicomane tente sans cesse, jusqu'à en mourir, de retrouver la plénitude du premier flash. Des années de désillusions narcissiques ne lui apportent pas la conscience d'une conséquence logique: la piqûre n'apporte plus le plaisir recherché. Cependant, la folle permanence de cet espoir, répétitivement déçu, peut trouver un visage explicatif par le théorème 36 du livre III de l'Ethique de Spinoza[1]: «Celui qui se souvient d'une chose dont il s'est une fois réjoui, désire la posséder avec les mêmes circonstances que la première fois qu'il s'en est réjoui».

Par contre, j'aperçois moins ce que la notion de «compulsion de répétion» minutieusement et génialement élaborée par Freud, apporterait pour éclairer la perpétuation incessante du besoin de «fixer». A moins qu'on ne veuille lire ainsi Freud: le principe de plaisir, alimentant sans cesse le réservoir des pulsions, ne se survit-il pas par la constante alternance homéostatique tension-décharge de tension? Dès lors, et s'il en est ainsi, le toxicomane pousserait à son paroxysme la tension de jouissance, l'orgasme chimique sans cesse espéré plus intense.

(Mais n'apparaît pas chez lui la mise en jeu de mécanismes qui régissent l'équilibre de l'économie Ça-Moi-Surmoi, tels que décrits dans la névrose obsessionnelle).

Ce perpétuel renouvellement du geste de l'injection pourrait aussi s'expliquer par l'effet Zeigarnik qu'enseignait Sivadon à l'U.L.B., dans les années 1960: incessante répétition d'une action humaine entreprise parce que son but n'a été que partiellement atteint.

Il est temps, je crois, d'en revenir à l'expérience vécue quotidienne des drogués et de tenter d'appréhender la proximité du plaisir et de la mort. Peut-être l'histoire résumée de la vie et de la mort d'Alain nous y aidera-t-elle.

Alain avait vingt-trois ans lorsqu'il arriva chez moi, dégingandé, superficiel, aussi désinvolte qu'exigeant, d'intelligence très moyenne. Il avait l'allure «punk», race qui ne dura que le temps d'une comète dans le firmament des générations récentes. Il essayait de me faire partager ses goûts musicaux. J'y étais imperméable.

Avec une avidité supérieure à la moyenne, il me réclama de la méthadone et du Lexotan (benzodiazépine) en quantités astronomiques.

Pendant sept mois, je luttai «contre» Alain pour lui arracher le consentement à une réduction progressive de ses médicaments. Le but principal de sa vie, avoué sans ambages, restait la défonce. Que venait-il alors chercher chez moi qui allais une fois encore entreprendre un long cheminement avec un toxicomane vraiment très peu motivé à «décrocher»? Il était décharné, blanc comme un mort, parlant bien plus de came et de camés que de sa très jeune femme et de son fils qui avait tout juste dix mois quand il me consulta.

Et cependant, comme tous, il disait désirer «décrocher». C'est-à-dire que sa femme en avait assez de voir l'argent du ménage filer dans la came, sans compter les «magouilles». Il me disait qu'elle ne supportait plus de le voir se défoncer dès qu'il rentrait du bureau, puis fumer du hasch la nuit jusqu'à deux, trois heures du matin avec les «copains» dans leur appartement. Mais «c'était plus fort que lui»: un fixe le matin, 60 mg. de Lexotan pour «tenir le coup» au bureau, un fixe le soir, manger, encore un fixe, et fumer.

J'œuvrai pendant sept mois, discutant pied à pied avec lui, obtenant à grand peine une réduction de la demande de méthadone, le passage de la voie injectable à l'orale, la diminution du Lexotan.

Sa femme demanda à me voir après six mois d'acharnement «thérapeutique».

— Mon mari ne va toujours pas bien; il ne s'intéresse toujours pas à moi ni à notre fils (un charmant bambin, en vérité, digne fils d'une jeune femme allègre, saine, vive, contente d'être, mais qui, les années passant, voyait s'effilocher ses espoirs, sa vie amoureuse, sa vie de famille à peine naissante). Il n'y a que la came qui compte pour lui. Tâchez de l'en sauver, docteur, s'il vous plaît.

— Je ferai tout ce que je pourrai, Madame. Mais vous le vivez en effet chaque jour: se droguer, pour Alain, est son premier et unique désir. Et pourtant, je n'ai jamais cessé de l'orienter vers vous, de lui suggérer de vous manifester de l'attention, de la tendresse ainsi qu'à votre fils. Mais vous le savez, il ne vous le cache pas : il préfère ses drogues à quiconque.

Je tentai une dizaine d'entretiens de couple dans l'espoir de resserrer les liens fort lâches de l'amour. Alain ne s'illuminait que lorsqu'il s'évertuait à persuader sa femme qu'il n'y avait rien de tel que «la défonce» et «la fumette». Elle, doucement pathétique, attendait quelque geste de tendresse et espérait faire l'amour.

Alain ne parlait pas de ses parents. J'appris incidemment que son père était décédé d'un infarctus à l'âge de trente-neuf ans alors qu'Alain n'avait que sept ans. Père mort ou absent, un autre «manque» qui vient trop souvent hélas marquer l'enfance du toxicomane.

Au début de l'hiver 1980-1981, la mère d'Alain vint me voir, exaspérée, à bout de nerfs et de patience. Son fils ne venait la voir que pour lui réclamer de l'argent ou lui en voler. «Docteur, il faut absolument que mon fils cesse de se droguer. Je n'en peux plus. Et sa femme est bien gentille, elle a beaucoup de patience, mais elle n'en peut plus, non plus. Mettez-le à l'hôpital».

Je n'étais pas chaud pour l'hôpital. Depuis trente mois, j'avais entendu des doléances de la majorité des toxicos. Ils se plaignaient de l'incompétence du personnel hospitalier, de son ignorance des problèmes de la vie des toxicos, parfois de son mépris, et invariablement de son rejet immédiat (sanctionné par une mise à la porte) chaque fois que le patient rompait le contrat imposé. Il suffisait en effet qu'ils aient fumé une fois du hasch, qu'ils aient réussi à se procurer des barbituriques non prescrits, qu'ils se soient fait le fixe tant désiré après quelques jours ou semaines de privation. Mais surtout, je redoutais l'hôpital car en ce deuxième semestre de 1980, deux patients que j'avais autrefois traités étaient décédés, dès la porte de sortie franchie.

Les équipes hospitalières savent-elles assez le risque extraordinaire que les toxicos courent ? Hâtivement sevrés, ils ont à peine évoqué leurs problèmes au gré de la réceptivité des soignants qu'ils retrouvent à la sortie inchangées les impasses sociales, professionnelles et affectives qui avaient déclenché l'admission. Le sevrage les prive brusquement du tampon des morphiniques qui tempèrent chroniquement tous les stress de leur vie; le métabolisme endorphinique n'assume pas encore ses fonctions normales (plusieurs semaines sont nécessaires, voire deux à trois mois). Bref, le toxicomane qui quitte l'hôpital se retrouve plus dépressif qu'à l'entrée, avec pour unique désir sa seringue. Il peut trouver la mort au bout de l'aiguille s'il n'est pas averti que son cerveau ne tolère absolument plus les doses de stupéfiants qu'il s'injectait avant le sevrage. Mais l'« appel cellulaire » et l'envie d'un bon fixe estompent l'inquiétude éventuelle, même chez les aînés, cependant très avertis.

Revenons à Alain, sa mère, sa femme et son enfant. Alain n'avança pas trop d'objections à se laisser convaincre de sorte que la décision d'entrée à l'hôpital universitaire Erasme fut prise entre quatre adultes. Son admission fut subordonnée à la condition qu'il acceptât un séjour de post-cure en communauté thérapeutique. Il signa, mais ne s'y rendit jamais.

Pendant son hospitalisation, sa femme aurait consommé héroïne et amour avec un Marocain. Elle le lui nia, mais il disait l'avoir appris par un ami « sûr ». La situation de couple s'aggravait. Alain revint à ma consultation. Je me souviens de son entrée dans le hall. « Enlevez-moi ça du mur ! » Au mur était épinglée une coupure de journal avec la photocopie d'une seringue. « Je ne peux absolument plus voir ça ! » Entendue d'une oreille de psychiatre, la parole d'Alain signifiait : « J'en ai une telle envie, qu'il faut absolument me cacher ça ! »

Pendant quatre semaines, Alain me pressa de lui rendre de la méthadone. Il n'en pouvait plus. Il sentait qu'il allait « craquer ». J'acceptai le Lexotan, mais tins bon sur la méthadone. Il me quitta. Une bonne quinzaine de jours plus tard, la grand-mère de Silvia m'apprit le décès d'Alain. Silvia, Christophe, Maryse et Alain s'étaient « défoncés » à quatre : un mort, trois incarcérés.

Il m'incombe de tirer le plus grand nombre de leçons possible de l'histoire d'Alain et de sa mort.

1. Un patient exceptionnellement désireux de « se défoncer » (ou n'ayant pendant les premiers mois de traitement pas renoncé à la défonce) doit, selon moi, être aidé à se modérer, même si son absence de motivations à « décrocher » est d'emblée affirmée. Chez les plus irrécupérables, il m'a très souvent été donné d'apercevoir à la longue ou de faire germer d'authentiques motivations.

2. La méthadone, à dose modeste d'entretien, est un garde-fou face à l'héroïne, face au puissant attrait des copains, du « milieu ». La méthadone est un garde-mort. A la dose de 60 à 80 mg par jour déjà,

elle inactive l'effet de l'héroïne. Si j'avais accédé à la demande d'Alain, peut-être ne serait-il pas mort.

3. J'écrivais au chapitre «L'aurore thérapeutique»: «Ne pas forcer des décisions thérapeutiques que le patient se sent incapable d'assumer». Il était trop tôt pour imposer à Alain le sevrage hospitalier. Il était trop tôt pour le priver de sa méthadone protectrice.

4. Le thérapeute doit viser — dans tous les traitements — à l'usage de quantités modérées de médicaments. C'est là ma tâche quotidienne incessante: les toxicomanes, surtout en période de stress affectifs, sociaux, judiciaires ou autres, ne cessent d'abuser. Face à la folie autodestructrice de la démesure, le psychothérapeute doit veiller, non à l'abstinence, mais à la modération et s'inspirer de la sagesse de la pensée grecque: «Némésis veille, déesse de la mesure, non de la vengeance. Tous ceux qui dépassent la limite sont, par elle, impitoyablement châtiés»[1].

5. Il eût été prudent d'«entretenir» suffisamment longtemps la prise de méthadone. C'est-à-dire de dépasser le prescrit de la loi[3], au nom de la vie du patient, par devoir hippocratique.

Rappelons ici les paroles du Procureur Général de le Court dans une mercuriale de septembre 1953: «Il importe, avec les plus hautes autorités médicales, d'admettre — proclamer même — la liberté de prescription du médecin et de reconnaître son droit d'administrer des stupéfiants non seulement aux incurables et à tous malades qui en auraient légitimement besoin, mais même à ceux qu'on ne pourrait en priver sans danger».

A propos de la mort, j'écrivais encore à peu près ceci en 1981. Le toxicomane n'ignore pas que l'héroïne qui le piège peut le conduire à la mort. Mais il n'est capable de commencer à la maudire que lorsqu'il s'est depuis longtemps déjà arraché les ongles jusqu'au sang, qu'il a quotidiennement saigné en s'écorchant les veines contre les barreaux symboliques de la prison qu'est le verre transparent de sa seringue. Il est dangereux de le libérer brutalement de la double dépendance qui l'étreint: celle du produit et celle de sa seringue.

Ce n'est pas qu'il veuille consciemment sa mort lente au fil des années, mais bien qu'il ne connaisse plus d'autre issue que le masochique et incessant recours à l'aiguille et à la drogue répétitivement chargées d'illusions de plaisir et de soulagement.

Le rôle du thérapeute m'apparaissait en 1981 (et m'apparaît en 1983) comme catalyseur des énergies restées saines du toxicomane : il s'agit de l'aider à ressusciter peu à peu en lui-même l'espoir de vivre, la dignité d'être homme, la volonté de se porter responsable de soi, puis d'autrui, d'un autre que soi à aimer enfin.

30 octobre 1983

NOTES

[1] Spinoza, B., Op. cit.
[2] Camus, A., «L'exil d'Hélène (1948)», «L'été», *in* Camus, A., op. cit., p. 853.
[3] Qu'il s'agisse de la loi du 24 février 1921 ou de celle du 9 juillet 1975.

Chapitre 5
Les amours condamnées

> «... je rassasiais les deux soifs qu'on ne peut tromper longtemps sans que l'être se dessèche, je veux dire aimer et admirer. Car il y a seulement de la malchance à n'être pas aimé : il y a du malheur à ne point aimer. Nous tous, aujourd'hui, mourons de ce malheur».
>
> Albert Camus[1]
> Retour à Tipasa, 1953

Si le mot péché avait un sens pour moi et si j'osais affirmer que le toxicomane en commet un, je croirais bien que c'est celui de tenter de vivre sans avoir arrimé son char à une étoile, noué par «le dur désir de durer» (Paul Eluard).

Existence désorientée, dés-aimantée, dé-boussolée.

Vie où, avec frénésie ou obstination résignée, le drogué se précipite ou attend sans cesse l'impossible miracle qui, du dehors de lui, viendrait assurer la complétude d'une béance primitive insatiable, éperdument avide d'amour.

Certes, bon nombre d'entre eux (et largement au-dessus de la moyenne des enfants de ce siècle) paraissent avoir eu «de la malchance à n'être pas aimés». Cependant, nul psychanalyste ne s'arrogerait, j'espère, le droit de délimiter la «quantité» d'amour nécessaire et suffisante à la constitution du Moi de l'enfant telle que, devenu adulte, il fût incapable de projeter hors de lui une «qualité» d'amour si mince qu'il crève du «malheur de ne point aimer».

Parfois même, il apparaît que ceux qui ont été gravement carencés (ou qui croient névrotiquement l'avoir été) sont capables de dégager, adultes, une ferveur d'aimer qui n'échappe à personne. Tempérament et surcompensations issues de l'Idéal du Moi.

Mais il semble qu'en amour aussi les drogués aient choisi l'impasse, tout en revendiquant sauvagement ou tacitement la tendresse. Qu'ils me pardonnent si ce que j'écris ne reflète que maladroitement ce qu'ils vivent. Il est temps qu'ils expriment eux-mêmes leurs passions muettes. Car il semble bien que leur narcissisme primaire, précairement constitué (qu'on se souvienne de l'hypothèse de la fixation au «stade du miroir brisé» d'Olievenstein)[2], ne puisse guère déboucher à l'adolescence que sur d'inhabiles et tout aussi précaires consolations chimiques, toutes temporaires, fugitives. Le paradis n'est qu'artificiel et se dissipe en fumée de haschisch. Cependant, il est, fugace. Il illusionne. Il réconforte, procure quelque ébriété puis s'évanouit, laissant l'adolescent défait, amer, plus seul encore et certainement non consolidé.

Or, la recherche du bien-être reste l'insatiable moteur. Mais, de fumée en fumée, aucune énergie n'est apportée qui nourrirait le cœur ou l'esprit, qui forgerait le caractère. Reste cependant la richesse symbolique du geste de partage des «joints» qu'on fume: je t'offre un plaisir.

Mais l'objet-drogue devient preuve incontestable d'abolition de l'amour dans le couple de deux toxicomanes, lorsque celui qui a de la poudre, ne la partage pas, ou pas également entre eux. Et la came est alors l'objet intermédiaire investi de monstrueux conflits. «Salaud, tu m'as laissée deux jours en manque, tu as tout pris. Tu m'as déjà fait le coup cent fois. Je n'en peux plus. Je te quitte. Tu ne m'as jamais aimée, ...» Chacun souffrant d'un impérieux besoin de pallier son manque, l'ignoble sera celui qui refuse le partage.

On retrouve, caricaturée dans la détresse et la douleur du toxicomane, la principale loi de la morale chrétienne: le partage d'amour, le don de ses biens, mû par le don de soi.

Mais qui des deux, dans la désolation crasseuse du taudis des junkies, a vraiment encore quelque chose à donner à l'autre?

Parler d'un amour qu'on vit est parfois folle entreprise, tant la passion nous aveugle, nous fait perdre la raison quand elle ne nous conduit pas, innocent, mais coupable à d'autres yeux, au châtiment. Ainsi fut châtié Œdipe.

Plus périlleuse encore m'apparaît la tentative de parler de l'amour qu'on voit à l'œuvre dans le monde, avec ses élans fanatiques et ses crimes religieux, déviations idéologiques funestes et funèbres. Me risquerais-je à parler un peu des pièges de l'amour (mais est-ce de l'amour?... quel amour?) que j'ai vu les toxicomanes se tendre les uns aux autres? Oui, après avoir ravivé l'esprit du lecteur à l'aide de quelques images empruntées à deux psychanalystes : C. G. Jung (1875-1961) et François Duyckaerts[3].

Afin d'éclairer le mystère des projections amoureuses, Jung introduit le concept d'«anima» et d'«animus». Selon lui (je synthétise), l'«anima» est l'ensemble des représentations psychiques inconscientes que l'homme projette sur la femme qui est l'objet de sa passion. Représentations alimentées par les mythes de l'inconscient collectif, par les valeurs inconsciemment et consciemment véhiculées par l'éducation parentale, filtrées par l'esprit et le cœur de l'enfant, par l'amour ou le désamour qu'il a vu à l'œuvre depuis qu'il a ouvert les yeux sur le monde, par son réservoir pulsionnel personnel, par l'image semi-consciente de l'amour que son Idéal du Moi adolescent a forgée, par ... (qu'ai-je oublié? Et Jung?).

Symétriquement, l'«animus» est l'ensemble des représentations psychiques inconscientes que la femme projette sur l'homme qu'elle dit aimer. Qui a aimé peut entrevoir l'espace (parfois l'abîme!) entre l'anima (ou l'animus) et les qualités, les visages, les pulsions, les émotions incarnées dans l'être aimé. L'hiatus peut être immense tant les projections de celui qui aime peuvent le rendre aveugle au vrai visage de l'aimé.

Qu'est-ce qui dès lors déclencherait la passion amoureuse? Selon Duyckaerts, la conjonction de trois facteurs : la représentation psychique (qui n'attend qu'un «objet» sur lequel se projeter), une disposition psychique (la pulsion d'aimer) et la perception sensorielle immédiate d'un trait physique «aimable» (préférentiellement, une certaine qualité du regard, ou du timbre de la voix, ...) d'une personne.

S'il est vrai — ce que je crois — que les mécanismes de la passion sont à ce point complexes, on entreverra peut-être les drames, les «divorces» que la lente (ou rapide) découverte de la «réalité» de l'autre fait subir à l'«anima» de l'homme amoureux, ou à l'«animus» de la femme amoureuse. C'est selon les capacités adaptatives de chacun, l'acceptation de compromis, le pouvoir de révolte ou de résignation, que la prise de conscience de ce «divorce» conduira ou non à la rupture. L'homme et la femme ont alors à accomplir un douloureux travail de deuil : outre la perte du contact charnel, des caresses quotidiennes ou raréfiées, il s'agit pour chacun d'eux de soigner en lui la plaie ouverte de l'investissement d'amour qui n'a plus d'objet à envahir, à aimer. L'autre était nécessaire à la perpétuation des projections amoureuses; parfois, c'était bien plus celles-ci que l'autre qui étaient chéries. Il devient clair que la dépression n'est plus loin; Freud en explique longuement les mécanismes dans «Deuil et Mélancolie» (1917)[4].

Avant d'examiner les pièges à l'œuvre dans l'amour chez les toxicomanes, je désire apporter une dimension supplémentaire — qui éclairera la compréhension de leur psychopathologie —: il s'agit de la dualité Avoir - Etre, lumineusement exposée (1976) par le psychanalyste d'origine allemande Erich Fromm (1900-1980)[5].

Le plus grand danger, exprime en substance Fromm, qui signe le destin de l'homme contemporain, est son besoin d'avoir plutôt que son désir d'être. Avoir, dans mille sens funestes: posséder, maîtriser, diriger, contrôler, agresser, détruire, dévorer, capturer, anéantir, dominer, violer, violenter, déchirer, nier, s'approprier, stériliser, réduire au silence, faire mourir, etc. Etre, au contraire, c'est permettre à chacun d'être, c'est respecter l'originalité, la différence chez tous, c'est n'avoir aucun besoin ni désir d'avoir, c'est se vouloir libre et entretenir chez chacun cette volonté de liberté, être c'est construire la paix par le respect de la vie de tous, être c'est aimer sans la passion d'avoir.

«Avoir ou Etre», lisez donc Erich Fromm, ma synthèse est bien trop elliptique.

C'est une ascèse permanente que de progresser, dans l'amour, du mode «avoir» au mode «être». Je ne vois cependant pas d'autre chemin vers la réconciliation des hommes, et vers la paix mondiale.

Et les toxicomanes, eux? Ils ajoutent aux pièges des projections incessantes ceux des drogues.

Face à eux-mêmes d'abord. Par un raccourci fantastique, ils s'illusionnent de s'offrir sur-le-champ le bonheur qu'ils n'ont pas «eu», l'amour qu'ils n'ont pas pu posséder. Ils semblent ignorer que l'amour n'est pas objet saisissable, mais bien fruit de la volonté d'être et du don de soi. Tout a l'air de se passer comme si une très précoce béance ne leur apparaissait comblable que par une modification chimique de l'humeur, au mépris des caresses humaines et des échanges d'être à être. Illusion perpétuée du «tout - tout de suite». Mégalomanie de l'instinct du nourrisson, que la mère normalement, par de justes et graduelles frustrations aimantes, tempérera jusqu'à ce que l'enfant «normal» ait acquis le «principe de réalité», si nécessaire à la survie de l'espèce (et si cher au père de la psychanalyse).

On pourrait alors risquer une hypothèse de compréhension de la toxicomanie en se référant au modèle de René Spitz[6] qui précise par exemple l'étiologie de la colique de trois mois du nourrisson par la rencontre d'une prédisposition constitutionnelle à l'hypertonie et d'une surprotection maternelle anxieuse. Transposé à l'examen étiopathogénique du toxicomane, ce modèle conceptuel deviendrait : rencontre d'une prédisposition constitutionnelle caractérisée par une inassouvissable avidité orale et d'une mère insuffisamment adéquate dans les frustrations dosées que l'amour maternel doit peu à peu imposer pour garantir la saine humanisation de l'enfant.

Avant de se lancer dans l'éventuelle vérification épidémiologique (combien délicate à mettre en œuvre) de cette hypothèse étiologique, il conviendrait que les psychothérapeutes et psychanalystes de toxicomanes aient la patience de récolter et de publier les «matériaux» cliniques indispensables. Et notamment en n'invalidant pas la qualité de l'investigation par la suspension forcée de l'usage de la seringue.

Revenons au vécu du toxicomane. Nul ne semble douter que le drogué soit en quête perpétuelle de son plaisir personnel. Du haschisch à l'héroïne, c'est bien avec celle-ci que le plaisir acquiert sa volupté la plus privée, la plus incommunicable, la plus intense, mais aussi la plus subtilement perverse par la lente dégradation morale, physique, mentale et sociale qu'elle (l'héroïne) produit inéluctablement chez le sujet devenu pharmaco-dépendant. Piégé par son plaisir, le toxicomane devient prisonnier incarcéré dans sa seringue, tel qu'un de mes patients se représentait. C'est là que la démesure du plaisir immédiat (sans conquête par l'effort) est inlassablement châtiée. Et je ne cesse de m'interroger sur l'extraordinaire et étrange masochisme qui pousse le toxicomane à chercher des heures durant la misérable veine complice, et ce pendant des années. Ils savent pourtant tous, les vieux toxicos, que la drogue ne leur procure plus un flash si vif qu'il vaille la peine qu'ils se donnent. Rien, dans la passionnante étude de Sacha Nacht[7] sur le masochisme, n'est venu éclairer ma question.

Il importe en tout cas de ne pas éluder les données de la clinique : le désir d'héroïne s'étiole après six à douze mois de cure intra-veineuse à la méthadone. Après deux ans, d'habitude (durée variable selon les années d'héroïnomanie antérieures), le toxicomane exprime qu'il n'a même plus l'envie d'y goûter. Mais il peut rester cependant des années encore rivé au besoin impérieux, incoercible de se fixer. «C'est plus fort que moi, c'est dans la tête», disent-ils tous invariablement. On peut dès lors comprendre l'acharnement universel des thérapeutes à leur arracher l'aiguille du bras. Le médecin peut-il supporter que le drogué, qui «subit» son traitement, continue d'usurper un droit que les objectifs thérapeutiques et la science (toute provisoire!...) confèrent au seul thérapeute? Celui de s'injecter une «drogue», et pire! s'injecter du plaisir, par plaisir, fût-il masochique!

J'ai pendant trois ans de psychothérapie (d'inspiration psychanalytique) tenté de dégager l'extraordinaire masochisme de Philippe, très intelligent toxico français. Je me suis servi de son orgueil, de son apparent et très intense (mais combien combattu) désir de respect de lui-même, de l'amour anxieux qu'il vouait à sa mère afin d'encourager la rupture d'avec la seringue (sa mère me vouait, elle, une confiance exagérée, puisque Philippe me portait aux nues).

Je me suis servi d'injonctions à la limite paradoxales du type: «Au plus tu te défonces, au plus tu briseras tes liens d'amour avec Pascale» (Pascale, de quelques années son aînée, était pour Philippe «l'unique», «la» femme, «le» sexe, toxicomane elle aussi, mais avec plus de sagesse, de maturité, et ex-anorexique, très douce, traitée autrefois par Lebovici).

J'ai plusieurs fois, je crois, sauvé la vie de Philippe. Il passait par des périodes de furieuses envies suicidaires, s'injectait des barbituriques (non prescrits), et s'écroulait sur un verre brisé, se sectionnant les tendons des deux doigts. Il se méprisait, se haïssait, se révoltait contre sa servitude à l'aiguille et cependant s'y adonnait avec un acharnement renouvelé. Après deux ans d'épuisante psychothérapie, de très longs dialogues, d'après-midi passées ensemble, il consentit à un sevrage hospitalier. Il en avait déjà tant essayé, avec échec. Il le redoutait. Il fut refusé: «pas assez motivé».

Ce n'est qu'un an plus tard que son frère, venu de Fréjus, lui proposa d'être présent vingt-quatre heures sur vingt-quatre, le temps nécessaire pour vivre avec lui la période du sevrage. Après de longues tergiversations, Philippe accepta de suivre son frère. Il délira quelques jours. Le frère tint bon. Convalescence assez paisible à Fréjus.

J'invitai Philippe à Pâques 1982 en Cévennes, dans un extraordinaire hameau perdu dans les châtaigniers, face à d'immenses étendues de montagnes paisibles. Philippe recommençait à être heureux, une vraie renaissance, disait-il. Peu après, il me rejoignit à Bruxelles, désireux de me seconder dans ma tâche d'aide aux toxicos. Il n'était pas encore assez fort. Il se mit en tête de terminer la décroche d'Angelo, le grand toxico italien dont j'ai parlé au chapitre «Le Réveil des Oiseaux». Ils replongèrent ensemble, vieux copains de défonce qu'ils avaient été jadis pendant trop de mois. Je dus renvoyer Philippe chez ses parents à Lille en octobre 1982. J'attends toujours de ses nouvelles.

L'histoire de Philippe est pour moi exemplaire de l'économie gravement masochique du toxicomane asservi à sa piqûre. Que nos énergies conjuguées se soient attelées à une tâche surhumaine, c'est clair. «Mais on appelle surhumaines les tâches que les hommes mettent longtemps à accomplir, voilà tout», citais-je en épigraphe de «L'aurore thérapeutique».

A partir de telles observations, il faut bien avoir la lucidité d'admettre que la pulsion à se piquer est résolument plus fondamentale dans l'économie toxicomaniaque que la «pulsion héroïnomaniaque» invoquée par J.-J. Deglon et tous les auteurs classiques.

Si l'on en revient maintenant à la compréhension psychodynamique amorcée plus haut, on ne peut que faire le constat amer d'une grave déviation (perverse, diront certains) des pulsions libidinales:
1. Premier égarement: fuyant la «relation d'objet» (Maurice Bouvet), c'est-à-dire la relation à autrui présumé incapable de combler la béance d'amour, le toxicomane s'offre narcissiquement le plaisir fugace de l'artifice chimique.
2. Deuxième égarement: c'est l'extraordinaire investissement masochique par lequel le toxicomane s'assujettit à l'objet seringue-aiguille.

Question ouverte: comment l'économie de l'inconscient du toxicomane trouve-t-elle son homéostasie si l'on considère en effet la brièveté du flash (moins d'une minute) et la très éventuelle «planète» (dont la qualité et la durée se rétrécissent comme une peau de chagrin) en regard des épouvantables délabrements physiques, moraux et mentaux d'une longue héroïnomanie?

Pourquoi Némésis réserve-t-elle la mort à celui qui disait chercher l'amour?

Le toxicomane, la drogue et la petite amie

Ils ne sont jamais deux dans ce couple-là, mais toujours trois. Et c'est très souvent la troisième, la poudre, qui est l'héroïne victorieuse de Tristan et Iseult.

Je parlerai préférentiellement des deux situations les plus courantes : celle du toxicomane et de sa petite amie non toxico, et celle du couple de deux toxicomanes.

Naïf, en 1978, je leur recommandais : « Faites l'amour, et non un fixe! ».

En 1980, je disais au toxico : « Aussi longtemps que tu fixeras, tu risques bien de ne pas réussir à aimer ta petite amie, ni à te faire aimer d'elle ». Aujourd'hui, je serais enclin à mettre en garde les jeunes filles idéalistes. Les toxicomanes manifestent souvent une sensibilité extrêmement attachante, suscitant l'intérêt ou l'amour, même si la versatilité de leur humeur est parfois difficilement tolérable surtout lorsqu'ils sont en manque. Mais leur charme, leur acuité de la perception des émotions d'autrui, leur intuition toujours aux aguets, leur appétit d'être aimé et les brefs éclats où ils se montrent capables d'aimer fougueusement sont autant de pièges auxquels les jeunes filles sensitives peuvent succomber. Elles risquent de lancer leurs projections de tendresse amoureuse à la rencontre d'un garçon dont le premier souci est — et risque de rester des années durant — d'assurer sa « normalité » par la prise de drogue.

Il se livre en effet passionnément à un jeu auto-érotique, masturbatoire, dont elle est et se sent totalement exclue. Aux yeux d'elle, il s'injecte, avec jouissance, une substance proscrite, dangereuse, investie de tous les fantasmes mortifères que la société a tissés autour de « la drogue ». Il peut arriver qu'une fois, « par hasard », elle le surprenne, honteux et enfiévré, à « se fixer ». Il jouit deux fois, trois fois, quatre fois, d'aspirer son sang qui fuse, épais, tel un mini-champignon atomique, et vient colorer le liquide de la seringue. Il lâche le garrot, s'injecte avec délectation, se détend. Son sourire respire la béatitude. S'il a mal calculé sa dose, il pique du nez, l'aiguille dans le bras.

« C'est donc ça que tu me cachais depuis des mois... Et moi qui te croyais malade, quand tu me disais que tu ne te sentais pas bien. Et tu me disais que tu te sentais grippé, tu transpirais. Et moi qui désirais et qui croyais pouvoir te soigner. Je sais maintenant où tu courais : chercher ta came! »

Bouleversement chez la jeune fille : à quel être a-t-elle donc adressé sa tendresse, son désir d'aimer, son désir d'être aimée? Bouleversement, ou désillusion, ou frayeur, ou panique. Parfois (souvent) suivi, si le dégoût est dépassé, si l'amour est plus fort, d'un regain de passion mêlé à un désir salvateur : « Par mon amour, je le sauverai de la came ». Et ainsi s'interpose, au nom de l'amour, par la grâce de l'Idéal du

Moi de l'adolescente, une nouvelle projection, éminemment respectable, par laquelle elle va mobiliser toute l'énergie de sa tendresse et de sa volonté pour arracher son ami à cette «sale drogue». Drogue qui a quelques mois ou années d'avance sur la jeune fille, drogue rivale, dont insidieusement elle deviendra jalouse, jalouse à en crever d'impuissance. A moins qu'elle n'arrive à sublimer, à surpasser sa jalousie. C'est rare, mais possible.

De toute manière, la lutte sera quotidienne et acharnée. Non révélée, il arrivait que la came tînt à distance les deux amants, pendant des semaines, à la grande tristesse ou désarroi de la jeune fille. «Tu dis que tu m'aimes et tu ne me fais pas l'amour». L'aveu n'était pas possible que le garçon, malgré toutes ses belles paroles, malgré tous les fantasmes de son «anima», préférât l'héroïne.

Chez les couples non drogués, les représentations inconscientes projetées trouvent dans les menues circonstances et attitudes quotidiennes l'occasion de se décharger, inopportunément. Exemple: un geste, une parole, un sentiment de l'aimée ne correspondant pas à l'«anima» inconsciente de l'homme. Vifs reproches, éclats de voix, colère, tensions. La femme se récrie: «Mais tu me reproches ce que je ne suis pas. Tu ne m'aimes pas telle que je suis!» Paroles fondées, justes, qui renvoient l'homme à son inconscient. Et la querelle de ménage s'envenime si l'un des deux n'ébauche pas des gestes ou des paroles d'apaisement.

Comme je l'ai dit plus haut, si l'hiatus est trop profond entre l'anima et la «réalité» des qualités, visages, sentiments, pensées, actions de la femme aimée, le couple peut s'acheminer vers la séparation.

Par contre, dans le couple toxicomane - petite amie, c'est la drogue qui sera le pôle, le point de convergence permanent de tous les conflits. Comme s'il n'était déjà pas suffisamment investi, l'objet-drogue sera encore affublé de toutes les projections inconscientes imaginables des partenaires, mais en sens opposés. Pour le toxicomane, sa came est «SA» VIE, «LA» vie, la source de son plaisir, le maintien de sa vie (ce n'est guère qu'après l'âge de vingt-cinq ans qu'il la considère comme indispensable au maintien de sa survie, plutôt que vie); sa drogue est le nécessaire carburant chimique pour parvenir à «être normal». Il y tient plus qu'à tout, il n'EST plus sans elle, il n'a de cesse que de l'AVOIR. Des années durant, il courra pour l'AVOIR, jusqu'à ce qu'il devienne conscient (parfois à l'occasion du premier épisode de «manque», faute d'approvisionnement, parfois bien plus tard) qu'il est EU, qu'il est possédé. C'est l'héroïne qui l'A désormais, il n'EST plus sans elle.

Pour la petite amie, la drogue est la mort possible de son ami et de «leur» amour. Elle est l'horrible rivale omniprésente. Elle est la grande empêcheuse de s'entre-aimer.

«Elle est là, toujours entre nous. Je n'arrive pas à cesser d'y penser. Elle me mine. Il ne pense qu'à elle. Il ne m'aime pas. Il ne me connaît pas. Il ne me voit pas. Parfois, je m'illusionne encore; quand il a fait son fixe, il est mieux, il va bien, il a un regain d'énergie, il fait enfin quelque chose, mais pas pour moi. Il dit qu'il m'aime, je suis tentée de le croire un instant, il me promet qu'il changera, qu'il décrochera un jour, par amour pour moi. Depuis qu'il m'a rencontrée, tout est changé, prétend-il. Il n'est plus aussi désespéré qu'avant. Il ne se sent plus si seul. Rythmée par ses injections, j'espère et je désespère qu'il abandonne sa came pour moi. J'ai cru que mon amour l'aiderait à la quitter. Il me l'avait promis, juré, des dizaines de fois. Il s'y cramponne. Je désire encore le croire, mais je n'y arrive plus. Il m'a trop de fois menti et fait des promesses en l'air. Je sens bien qu'il aime plus sa came que moi. Et je sais bien qu'il me mentira encore et que j'aurai envie de le croire m'aimer, car je l'aime toujours. Et je sais qu'il me promettra cent fois encore d'arrêter la came. C'est elle qui le tient, pas moi. C'est elle la plus forte de nous trois. C'est elle qui l'A.

Je n'en peux plus. Je ne tiendrai plus le coup longtemps. J'avais tant rêvé d'amour avec lui. Si ça continue, je vais me suicider ou prendre de la came moi-même. Comme ça, au moins, je saurai ce que c'est. Mais j'ai trop peur. Je n'en peux plus. Il faut que je le quitte. Mais je l'aime encore. Et je ne veux pas l'abandonner dans cet état-là. Tout l'argent que je gagne, il me l'arrache pour acheter de la came. Ce n'est plus possible. Et j'avais tant désiré un enfant de lui. Et lui aussi. Il disait qu'un enfant donnerait un sens à notre vie. Je l'ai cru. Tout est foutu. Tout, à cause de cette sale came.»

A quelques nuances près, j'ai entendu des dizaines de fois la même désillusion chez ces jeunes filles, chez ces jeunes femmes. Que de tendresses déçues, anéanties par la drogue!

Dans ces situations apparemment désespérées, la tâche du thérapeute est complexe, mais non utopique. Si le toxicomane est «accroché» depuis plus d'un an ou deux et qu'il a déjà tenté de se sevrer sans succès, j'estime qu'il faut garantir pendant des mois ou des années la méthadone quotidienne, peu coûteuse. Elle permettra au moins l'évitement du marché sordide de l'héroïne si elle ne réussit pas à rompre les fréquentations des autres toxicos, copains de défonce, auxquelles le drogué ne renonce pas de sitôt.

La méthadone rend le toxico accessible à la psychothérapie et stabilise rapidement son manque, son humeur dépressive, son instabilité, son agressivité ainsi que son état général. Un dialogue compréhensif, mais ferme, soutenu par la méthadone, permet d'abolir l'héroïne qui dévore tout. Il faut encourager sans cesse le démarrage ou la reprise d'une activité professionnelle. L'oisiveté entretient la stagnation dans le mode de vie toxicomaniaque, tandis que le travail rend quelque dignité au drogué, un respect de lui-même. Mais que d'énergie, de persévérance pour le convaincre de quitter son indolence, son irresponsabilité! Et puis, quelle chance a-t-il aujourd'hui en Belgique, avec son casier judiciaire, de trouver une place sur le marché du travail lorsqu'un huitième de la population active chôme?

Quant à la thérapie de couple, elle doit viser à restaurer le dialogue. Il arrive qu'on puisse convenir que la petite amie (ou la femme) détienne la méthadone. Cette attitude peut paraître infantilisante; elle témoigne cependant d'un certain sérieux de la part du toxico qui laisse ainsi entendre qu'il désire honnêtement s'en sortir; mais la confiance de la petite amie et celle du médecin peuvent être bernées... En pratique, la thérapie de couple réalise un soutien permanent à travers les avatars incessants de la vie du toxicomane: mise à la porte de son logement (loyer impayé, intrusion sauvage d'autres toxicos,...), amendes civiles ou pénales, incessants tracas policiers, menaces d'incarcération, conflits avec les parents (à l'occasion des rares rencontres), etc.

La psychothérapie se haussera rarement au niveau de la mise à jour de la dynamique fort peu consciente du désir, des projections, de l'image d'amour que chacun a de l'autre. «Rarement, combien rarement», comme dit Henri Michaux.

S'il me fallait formuler la condition essentielle de réussite d'une thérapie du toxicomane et de son couple, je dirais que «la première chose est de ne pas désespérer» (Camus, 1940). Le thérapeute doit faire preuve d'une extrême persévérance et résister, comme la compagne du toxico, aux incessantes ruptures de confiance, mensonges, manipulations, provocations, promesses évanescentes. Aux thérapeutes qui ont soif de succès rapides, qui ont «l'esprit chirurgical», qui ne supportent pas les blessures narcissiques infligées à l'orgueil scientifique et au pouvoir médical, je déconseillerai vivement de s'occuper de toxicomanes.

Plus délicate, plus rude, plus éprouvante est certes la thérapie de couple de deux toxicomanes. Car c'est alors deux destinées tragiques que la drogue va associer, étreindre, détruire, juguler, anéantir, bercer d'illusions, écraser, manipuler, éteindre, séparer.

Les déchirements sont plus intenses, l'agressivité plus cinglante, les haines plus féroces que dans ces couples que je viens d'évoquer. C'est la drogue qui gouverne. L'autre est mauvais s'il ne partage pas équitablement la came. Et puisque chacune de ses deux victimes vit l'impérieux besoin d'en AVOIR, la connivence amoureuse (mieux vaudrait dire l'unique lien atrocement sûr de dépendance réciproque) s'effondre si l'un des deux «a tout pris». Il n'y en A plus pour deux. La came, qui les rive l'un à l'autre plus que toute autre affinité élective, les désunit ou les réunit avec la même insolente et barbare indifférence. Elle les tient. Ils ne SONT plus que sa proie.

En thérapie, c'est généralement le garçon qui précède la fille de quelques semaines. Il n'a pas osé parler d'elle. Il est venu tâter le terrain. Réussirai-je à manœuvrer le thérapeute jusqu'à en AVOIR pour deux? Il laisse entendre qu'il est souvent en manque de méthadone et se montre en effet une ou deux fois dans cet état. Il a plus ou moins (plutôt moins) partagé la méthadone prescrite pour lui seul.

— Tu as déjà tant de patients. Tu es débordé. Enfin! Il faut quand même que je te parle de ma petite amie. Elle est toxico, elle aussi.
— Tu ne m'avais rien dit! Amène-la donc.

Dans ma tête, tandis que j'écris ces lignes, s'entremêlent les souvenirs en cascades de tant de couples qui ont ainsi «débarqué» chez moi, pudiques, malheureux, tristes, misérables, sans un franc, sans parents, sans travail, les bras criblés de trous, de phlébites superficielles, d'abcès parfois. Et c'est toujours la même demande inquiète: «Vas-tu NOUS accepter en cure?», ou plus souvent encore: «Peux-tu nous PRENDRE en cure?». Je réponds, souriant: «Moi, je ne PRENDS personne; la came, elle, vous a pris. Venez, racontez-moi».

Débute alors une très longue catharsis, retenue, entrecoupée de semaines de silences tristes. Catharsis qui peut durer toute la longueur du traitement. Les toxicos se livrent par bribes, par éclipses, par éclats, avec pudeur. Seule la demande de méthadone est toujours revendiquée avec énergie ou au moins très fortement retenue jusqu'à la fin de l'entretien.

La méthadone devient le support quotidien de la vie du couple. Les deux toxicomanes transfèrent sur elle une large part des investissements psychiques dont l'héroïne était l'objet. C'est assez dire la charge émotionnelle très lourde que le thérapeute doit assumer.

J'ai laissé entrevoir ce poids dans les premiers chapitres de cette Esquisse. Que nul ne s'imagine qu'il soit commode d'«entretenir la toxicomanie»! Prescrire n'est rien. Les tâches du psychothérapeute de toxicomanes ont une tout autre envergure et exigent une disponibilité de tous les instants :
- assurer l'accueil d'urgence (et les urgences sont quotidiennes!),
- établir les anamnèses, diagnostics et traitements,
- mener les psychothérapies individuelles, du couple ou de famille,
- assurer les soins médicaux courants, les admissions à l'hôpital, l'orientation vers les institutions spécialisées,
- assurer les contacts avec les généralistes, pharmaciens, avocats,
- visiter les toxicomanes en prison, à l'hôpital,
- et même les défendre au tribunal, conjointement avec leur avocat.

Plus encore que dans les traitements individuels, le thérapeute doit résister à l'insatiable demande de méthadone, de tranquillisants, de stimulants et de somnifères. En effet, déjà isolément, chaque toxicomane croit résoudre ou atténuer ses conflits existentiels par l'usage «abusif» d'héroïne ou/et de médicaments. Au sein du couple, la plupart des tensions amoureuses, des revendications légitimes de l'un concernant la paresse permanente de l'autre, son refus de «bouger», de faire quoi que ce soit, se résolvent généralement par un fixe supplémentaire. Il peut falloir des années de patient travail pour que le garçon (ou la fille) constamment soutenu par la compréhension et la volonté du thérapeute, décide de «décrocher» et entraîne sa petite amie vers la liberté. «Casser» les réflexes toxicomaniques quand ils sont enracinés depuis cinq ans et plus nécessite la conjugaison des efforts des patients et du thérapeute. Ce dernier a souvent l'impression que sa part d'efforts est largement supérieure à celle de ses patients, si bien intentionnés soient-ils.

Pourquoi donc «décrocher» apparaît-il une épreuve insurmontable à l'immense majorité des toxicomanes?

Outre la pérennité des «réflexes», de l'illusion du plaisir possible et surtout de la dépendance à l'aiguille, il faut accorder une grande attention aux dires unanimes des toxicomanes. «Si rien ne change dans mes conditions de vie, je n'arriverai jamais à décrocher». Et la première de ces conditions est à coup sûr la solitude. Solitude à la fois honnie et recherchée, haïe et aimée, que le toxicomane veut quitter et préserver à la fois. Cette ambivalence est souvent le fruit désastreux des échecs passés de l'amour et de l'amitié. Souvent aussi le résultat d'une enfance et d'une adolescence où les parents se sont montrés insuffisamment nourriciers d'amour. (Mais d'excellents parents, aimants, rigoureux, attentifs, adéquatement directifs, dotant leurs enfants d'une armature morale et psychologique consistante s'étonnent de voir leurs enfants «mal tourner»).

La solitude est surtout auto-entretenue par une perte de la confiance en soi, aggravée par la désolation de toute la période d'héroïnomanie. Les conflits névrotiques, qui nourrissent cette mésestime de soi, peuvent être peu à peu amendés par une souple thérapie d'inspiration psychanalytique. Il suffit de souligner avec délicatesse les moments où le patient tend à s'endommager lui-lême au sein de la relation transférentielle. Les interventions DANS le transfert, formulées avec chaleur et simplicité, soulagent le MOI du patient, en mal d'auto-estimation.

Plus pratiquement, le fait d'être seul procure chez la plupart des toxicomanes une énorme angoisse à l'idée de «décrocher seul». Très nombreux sont ceux qui l'ont tenté (soit par un effort volontairement décidé, soit en cas de rupture d'approvisionnement): ils en gardent un pénible souvenir de grande détresse morale et de terribles douleurs physiques. Plus ils vieillissent, plus le souvenir des «manques» douloureux s'accentue en général. C'est une des tâches du thérapeute expérimenté que de prendre la mesure des efforts manqués du passé et d'amener doucement le patient à envisager un sevrage très progressif de méthadone.

En couple, l'un peut précéder l'autre, le nourrir, lui apporter à boire, le masser, le caresser, l'encourager, lui procurer tranquillisants et somnifères, car angoisse, dépression et insomnie peuvent durer quelques semaines ou quelques mois après l'arrêt de l'héroïne ou de la méthadone, sauf si la réduction de cette dernière a été très douce, permettant une remise en circuit des endorphines cérébrales.

Bien sûr, le nursing hospitalier peut aussi assurer des sevrages ouatés.

La deuxième condition de vie également unanimement avancée par les toxicomanes est celle de l'ensemble des conditions sociales. «Aussi longtemps que je n'aurai pas trouvé une raison de vivre, je ne décrocherai pas, je n'en suis pas capable». Cette attitude est à la fois psychologique, métaphysique et politique. Elle signifie notamment: «Ma vie n'a pas de sens. Je souffre tellement de ce manque, de toute la violence morale et sociale autour de moi qu'il me faut tamponner mon mal avec des analgésiques chimico-moraux. Personne dans cette société ne comprend pourquoi nous nous droguons. Or, nous témoignons de l'abolition des valeurs sociales et morales qui autrefois donnaient un sens à la vie de tous. Nous voyons la violence entre les peuples, le risque nucléaire d'extinction de la race humaine, l'oppression de chacun par tous, le manque de respect et d'amour entre les êtres. Il est vrai, nous sommes probablement plus vulnérables aux drames du siècle que les citoyens «normaux». Il est vrai aussi que l'héroïne a contribué à nous affaiblir (une fois passée l'illusion de force qu'elle nous procurait), à altérer nos capacités de lutte, d'expression de nos justes revendications, fût-ce celle d'être traités en êtres humains, en malades. Le témoignage de l'injustice et de l'immoralité qui souillent notre époque, l'héroïne nous a ôté la force de le crier. Drogués, nous voilà plus réduits encore au silence que les analphabètes et les affamés de la planète qui ont déjà trouvé quelques porte-parole. Nous voulons révéler les cancers moraux de l'humanité, et voici qu'elle nous stigmatise comme une plaie honteuse. Cet ostracisme nous accable plus encore et nous précipite dans l'oubliette où nous avions espéré trouver refuge: notre toxicomanie. Nous connaissons désormais l'immensité du piège où nous nous sommes engouffrés. La société qui, par lâcheté, enferme tous ceux qu'elle ne comprend pas, tente de se protéger de nous en nous incarcérant. Elle espère ainsi étouffer notre juste révolte. Elle a peur d'entendre proférer des vérités sur l'absurdité de la condition humaine: c'est nous, toxicomanes, qui en sommes les témoins aujourd'hui. Dissidents, nous sommes devenus les derniers lépreux. Mais nous n'avons pas perdu l'espoir de nous faire entendre. Nous ne souffrirons plus des lustres que des êtres humains expient en vain les péchés de la «majorité déviante»[8].

Ce discours «politique» (au sens premier d'abord, les autres ensuite), nombre de toxicomanes me l'ont tenu par bribes décousues, jusqu'au silence complet, pendant des mois entiers, témoignant d'une douloureuse résignation. Il y eut bien des projets de vie «avant la came», mais drogue et société, solitude et désœuvrement les ont éteints. C'est l'un des travaux primordiaux du psychothérapeute que d'aider, pendant des années, à les ressusciter sous la protection de la méthadone afin d'échapper à la tentation omniprésente de l'héroïne.

Vues d'un œil réaliste, les conditions de vie de l'héroïnomane sont misérables: il vit dans un taudis, souvent seul (et n'y reçoit guère que des copains de passage qui viennent «se défoncer»), sans ameublement, dans une négligence crasse, sans autre intérêt que celui de pallier son manque prochain. C'est déjà un grand pas lorsque le thérapeute a réussi à le décider à quitter le lieu de défonce pour un deux pièces qu'il aménage lui-même. Un deuxième pas, le convaincre de se rendre au C.P.A.S., à la mutuelle, au chômage, afin de survivre «légalement», en dehors de la délinquance obligée. Un troisième pas, cesser de fréquenter les junkies. Un quatrième, se mettre en quête de travail, CHAQUE JOUR. (Les toxicos sont presque condamnés à travailler en noir, vu que la majorité d'entre eux ont un casier judiciaire). Et de plus, leur incommensurable — ô combien — inertie les fige des mois ou des années dans un a-pragmatisme qui désespère les services d'aide sociale. Conclusion: «Aussi longtemps que je n'aurai pas de but dans ma vie, je ne décrocherai pas».

La troisième condition pour «décrocher», presque unanimement invoquée, est la nécessité de la présence d'un être aimé et qui vous aime. Un amour peut «sauver» un drogué s'il ne saccage pas sa relation amoureuse par une prédilection plus tenace pour sa came et son aiguille. Si une relation de tendresse dure un an ou plus, le toxicomane peut renoncer peu à peu aux injections et diminuer ses médicaments. Je dis à mes patients qu'ils doivent risquer d'investir dans les personnes qui veulent les arracher à la drogue. On a vu plus haut les pièges tendus par la drogue dans le couple. Il reste qu'une liaison durable et un engagement dans les études ou une profession peuvent être bien plus facteurs de guérison que toute psychothérapie et a fortiori que tout séjour institutionnel qui coupe le drogué de la vie extérieure. L'abstinence devient possible lorsque le toxicomane — à partir de quelques moments-clefs où il a pris conscience de l'irréversibilité de sa déchéance — décide de changer de vie et de s'agripper aux personnes favorables de son environnement[9].

De la demande d'aide au sevrage de méthadone

«Je veux décrocher», parole première du toxicomane qui aborde le médecin. Et premier piège dans la dyade patient-médecin. La praticien interprète la demande: «C'est un sevrage qu'il réclame; il est intoxiqué; je nettoie son corps du toxique; et le premier pas est fait vers la guérison». Cette attitude simpliste est d'autant plus courante qu'elle correspond d'une part à un schéma thérapeutique séculaire, d'autre part aux recommandations — paroles d'évangile? — d'experts aussi réputés que le docteur Olievenstein.

Or, dès la deuxième minute d'écoute, le toxicomane révèle qu'il se sent incapable de «décrocher du jour au lendemain», qu'il ne sait pas renoncer à sa seringue, qu'il a déjà replongé après plusieurs échecs de sevrage, qu'il n'en peut plus. Bref, avec d'infinies variantes individuelles, il se présente «au bout du rouleau», tel que Charles s'est présenté à moi en juillet 1978.

Je crois qu'il faut, dès les premières minutes, recueillir la lourde confidence cathartique qui gravite chez tous autour de quelques thèmes fondamentaux:

1. *Je suis seul*

Je n'en peux plus d'être seul. Je n'ai aucun ami; tous sont des junkies comme moi; je ne peux me fier à aucun d'entre eux; aucune fille ne veut de moi; mes parents ne veulent plus me voir et je ne veux plus les voir; je n'ose pas leur avouer que je me drogue toujours; je ne peux que leur mentir.

2. *Je n'ai plus que ma came comme compagne. Elle m'a eu*

Je suis prisonnier de l'héro et du fixe. J'en ai besoin chaque jour. Je ne sais plus m'en détacher. Mais il faut que je «décroche» sinon je sens que je vais crever un jour. Et je ne peux plus continuer à vivre de magouilles et de braquages pour acheter ma came, parce que je vais voler en prison.
Je veux décrocher, mais je ne sais pas comment.
J'ai déjà essayé quatre ou cinq fois. Mais la came est plus forte que moi. En vacances, j'ai presque décroché; en ville, dès que je retrouve les copains, je replonge.
Il faut que je décroche, mais la came et les copains sont mes seuls compagnons. Je veux et ne peux les quitter.

3. *Je ne vaux plus rien*

Je n'ai plus confiance en moi, je ne m'estime plus; plus personne ne me fait confiance; d'ailleurs, il y a de quoi, je ne fais plus rien de bon; je trompe tout le monde et moi-même; je mens, je fais croire que je veux décrocher; dans l'instant où je l'exprime, je suis sincère; une minute après, si on me propose de la came, je fais un fixe. Je comprends que personne ne veuille me faire confiance, mais j'en souffre. Et quand j'en souffre trop, je me «défonce» encore pour tout oublier. C'est un cercle vicieux.

4. Je ne peux pas supporter d'être en manque

En manque, j'ai mal partout, froid partout. Je ne contrôle plus mon esprit, ma pensée. Je ne contrôle plus la réalité. L'angoisse m'envahit, me rend fou. Je ne maîtrise plus mes gestes. J'ai peur. Je suis capable de tout pour que ça cesse. Voler, braquer, casser,... Le manque, c'est ma maladie. Il me faut ma came. Vite, un fixe, que je sois à nouveau «normal».

5. Je ne peux pas décrocher tout de suite

Ma came et ma seringue sont mes seules compagnes fidèles depuis des années. Elles seules m'apaisent, mais quelques heures à peine aujourd'hui. J'aime me fixer, bien que je n'en retire presque plus de plaisir, si ce n'est celui — ô combien indispensable — de soulager mon manque.

La révélation de tout cela prend bien une heure. Mais le toxicomane ne livre toutes ses plaintes que si celui qui l'écoute lui a accordé un intérêt vrai, empathique, une attention chaleureuse. Le dialogue peut tourner court si le médecin impose d'emblée «la» solution de sevrage en quinze jours, ce qui néglige l'investissement psychique immense par lequel le toxicomane a laissé briser son Moi, violer sa personne, envahir sa vie entière.

Si par «décrocher» le médecin entend «sevrer», il ne lui reste plus qu'à épingler quelques «motivations» qu'il estimera suffisantes et nécessaires pour décider de pallier le manque d'opiacés par une «cure» chimiothérapique brève (clonidine, ou benzodiazépines, ou propoxyphène, ou même méthadone rapidement dégressive en quinze à vingt jours). Hospitalisation, interdiction totale d'autres médicaments que ceux prescrits, interdiction de piqûre,... sinon «rupture de contrat», et expulsion. Et le toxicomane se retrouve plus seul encore : aucun problème psychique résolu, tous les problèmes sociaux persistants, plus une dépression de sevrage, due notamment à la très lente reprise de la fonction neuro-hormonale des endorphines et à la privation brutale des palliatifs sataniques qui étaient le carburant de sa vie psychique pendant des années : la seringue et la came.

Il faut avoir écouté le toxicomane plus d'une heure pour l'entendre formuler :

6. J'ai besoin d'une longue «désintoxication psychologique»

A la question: «Que veux-tu dire par là?», il ne sait d'habitude pas quoi répondre. Il n'arrive pas à formuler que la drogue l'a piégé et lui a fait longuement espérer qu'elle comblerait artificiellement le «manque» d'amour, d'échange de tendresse dont il souffre depuis toujours, ou la dépression qui le taraude depuis sa puberté. Il sait d'autant moins l'exprimer qu'il a le cerveau vidé, la pensée diffluente, les idées chaotiques, la sensibilité exacerbée par le manque tenaillant depuis des années et à l'instant même où il bafouille sa détresse devant le médecin. Cependant, cette demande de «désintoxication psychologique» est présente chez tous, même les plus jeunes qui ne connaissent l'héroïne que depuis un ou deux ans. Dès leurs dix-huit, vingt ans, les héroïnomanes sont conscients de la faillite en eux de leurs intérêts culturels, vitaux, de la détérioration amère, âpre, pénible de leurs relations familiales, de la perte de leur élan vital, d'une consomption insidieuse de leur être. Par éclairs, ils perçoivent bien que l'héroïne érode leur lucidité, leur capacité de concentration intellectuelle, leur esprit d'initiative, leur volonté de vivre, de créer, d'agir. Elle annihile sournoisement leurs projets, le sens des valeurs éthiques: les contours du bien, comme du mal, deviennent flous de sorte que, très progressivement, le Beau, le Juste, le Vrai sont dégradés par le besoin de plus en plus irrésistible (mais de plus en plus inassouvissable) du Plaisir. Le Ça érode le Surmoi. Le Moi perd sa cohésion, sa capacité de maîtriser la réalité et d'orienter la vie vers l'avenir. L'héroïne rend le toxicomane de plus en plus égocentrique, narcissique, livré par elle à la recherche permanente de la satisfaction de son plaisir. Il faut hélas des années au drogué pour parcourir — toujours dans le même sens — les chemins d'un auto-érotisme forcené vers une auto-mutilation affective, intellectuelle, morale et sociale.

Trois ans d'héroïnomanie quotidienne, notait Deglon dans son enquête genevoise. Trois ans où la came a investi le psychisme jusqu'à abolir tout autre désir que l'inéluctable besoin d'elle-même. Trois ans en moyenne de piqûres avant que le toxico épuisé réussisse à décider de recourir à une aide médicale.

Il n'y a pas lieu de s'étonner alors que le «patient» n'apparaisse pas d'emblée «motivé» à quitter ce qui l'a possédé. Emerger prend du temps. Croire la guérison possible prend du temps. S'imaginer capable de décider que la vie sans drogue soit possible peut prendre des années.

Cependant, il est tout à fait indispensable que le thérapeute saisisse sur-le-champ la demande d'aide du toxicomane. Elle est issue d'une longue attente, d'un long espoir d'être recueilli, accepté, compris, aimé. Certains attendent cinq ans avant d'oser se confier aux mains médicales (si peu expertes en Belgique!).

Un an après l'amorce de sa psychothérapie, Claude m'écrivit : « M'aimeras-tu encore lorsque dix fois je t'aurai trompé ? ». C'était là ce qu'il pensait lorsqu'il était venu me trouver.

Mon expérience me fait dire qu'il faut environ six mois pour que les toxicomanes avérés (c'est-à-dire qui présentent au moins deux ans d'héroïnomanie quotidienne) s'engagent vraiment dans le processus de « désintoxication psychologique ». Ce mot est le leur. Six mois pour prendre la mesure d'où il vient, pour cesser de rechercher la « défonce », pour croire qu'il est guérissable, pour commencer de désirer guérir, pour envisager de quitter la seringue, pour consentir à rompre le cercle vicieux drogue-oisiveté-drogue. Quoi qu'il en soit, ma politique est, depuis des années, d'accepter, d'accueillir le toxicomane tel qu'il est. Il apparaît parfois plus tard que la démarche de la première consultation a été précédée de mois de tergiversations. Accueil immédiat donc, car je sais assez les dommages physiques, sociaux et moraux qui résultent d'une non-prise en charge : maintien forcé dans la délinquance induite par la drogue, aggravation de la déchéance physique et morale, incarcération, désespoir, etc.

Une intéressante évaluation de Deglon (Genève) a été réalisée parmi 64 patients en traitement depuis plus de deux ans. Je cite : « Entre la première prise d'opiacés et le début de l'héroïnomanie quotidienne s'écoulent en moyenne 16 mois, durée de la prise irrégulière. Entre la première prise d'héroïne et le début du traitement à la méthadone, on note une moyenne de cinq ans. L'âge moyen de la première injection se situe à dix-huit ans et demi. Ainsi les toxicomanes commencent à 'sniffer' vers dix-sept ans et demi, pendant environ une année, puis passent à la voie intraveineuse et en quatre mois deviennent dépendants au point de devoir recourir une ou plusieurs fois par jour aux opiacés. Pour notre groupe de patients, la durée moyenne des phases d'héroïnomanie quotidienne est de trois ans et demi. Il leur a donc fallu tout ce temps de grave dépendance avant d'être motivés à entreprendre un traitement suivi [10] ».

Le très grand nombre d'exigences du contrat thérapeutique imposé par Deglon aux toxicomanes genevois est tel qu'à peine deux ou trois patients sur les dix que j'accepte, moi, à Bruxelles, auraient la chance de bénéficier de son programme à la méthadone. Ma politique exprimée est l'accueil de tous, même de ceux qui seraient ailleurs estimés irrécupérables ou indésirables en raison de leur marginalité sociale ou de leur refus de quitter la piqûre. Cette politique est payante à long terme : elle contribue à faire régner une ambiance thérapeutique où nul ne désespère d'en sortir un jour. C'est fondamental pour chaque toxicomane bruxellois qui a essuyé des dizaines de refus d'aide médicale durant ces dernières années. Mes limites de disponibilité thérapeutique sont atteintes par l'essoufflement psychique et physique du grand nombre : limites toutes personnelles donc. Mes critères d'exclusion sont d'ordre moral : multiplication de fausses ordonnances, répétition abusive de manœuvres entre toxicomanes. Il arrive même que certains d'entre eux poussent à l'exclusion d'un des leurs. C'est toujours à moi qu'il revient de décider de l'interruption d'un traitement; le critère principal reste alors l'évaluation du risque de péjoration de l'état du patient, en particulier le risque suicidaire.

Plus fondamentale encore me paraît être une écoute saine et prolongée de la demande d'aide. Il me paraît en effet manifeste qu'il y a un gigantesque fossé entre la demande et l'offre thérapeutique. Supposons acquis le diagnostic, par une longue anamnèse, par un examen somatique et psychiatrique, et, si besoin est, par une analyse urinaire confirmant la présence de métabolites des opiacés. Supposons même que le médecin considère que le toxicomane présente, en qualité et en quantité, les motivations suffisantes pour décider de l'inclure dans un programme thérapeutique.

Les critères internationaux d'un traitement médico-psycho-social à long terme par la méthadone réalisent, à coup sûr, dans tous les pays, une sélection des patients. Le contrat thérapeutique qui leur est imposé ensuite peut très bien, par ses exigences, exclure rapidement les plus «incurables», ceux qui se croient tels, ou que l'équipe thérapeutique estime tels après un temps d'essai thérapeutique. MAIS le problème spécifiquement belge est que l'offre thérapeutique se limite trop souvent au sevrage physique alors qu'aucun toxicomane ne le demande lorsqu'il consulte ! Aucun, ou presque aucun. Et les rares toxicos apparemment motivés ne sont guère motivés personnellement : soit on les pousse au sevrage (décision familiale ou judiciaire), soit ils font «comme si», alors qu'ils sont encore en lune de miel avec la came, soit enfin — mais ma longue expérience des grands toxicos le dément — il pourrait se trouver un toxicomane qui, étonnamment, ne présenterait pas la même revendication que tous, à savoir une longue «désintoxication psychologique» couplée à une lente désintoxication physique. En termes médicaux, une psychothérapie qui le libère de sa pharmaco-dépendance et traite une dépression constante entretenue par l'héroïnomanie.

Les raisons non dites pour lesquelles les médecins belges ne proposent guère que le sevrage (assorti ou non d'une post-cure institutionnelle) plutôt qu'une psychothérapie associée à la méthadone sont extrêmement nombreuses :
1. refus d'assumer à long terme une psychothérapie très peu gratifiante ;
2. trop long temps nécessaire pour que les «symptômes» principaux, aux yeux des médecins traditionnels, s'amendent : non-renonciation à la piqûre, à l'usage d'opiacés illégaux ou de médicaments non prescrits (même les thérapeutes chevronnés excluent les patients pour ces motifs) ; absence de décisions de réinsertion sociale et d'abandon du «milieu» ; non-renoncement à la délinquance ;
3. intolérance à supporter les «rechutes», c'est-à-dire les recours à l'héroïne en période de bouleversements affectifs et sociaux ;
4. intolérance à accepter d'être bernés, manipulés ;
5. refus d'assumer des traitements gratuits ou à peine honorés ;
6. refus d'assurer un traitement long en raison de la conviction de l'incurabilité des toxicomanes ;
7. menaces, très manifestes à Bruxelles depuis 1979, de poursuites judiciaires et de poursuites disciplinaires du chef «d'entretien de toxicomanie» (loi du 9 juillet 1975) [11] ;
8. risque d'incarcération en 1983 [12].

Encore faut-il que les toxicomanes en demande d'aide aient eu la chance d'être reçus par un médecin, quel qu'il soit : si en effet les spécialistes sont rarissimes ou sont incarcérés, pourquoi un praticien peu informé se hasarderait-il à écouter un toxicomane dont les problèmes médicaux, psychologiques, sociaux, familiaux et judiciaires dépassent largement sa compétence, sa possibilité d'agir ? (sans compter le risque d'être volé, agressé, et non payé !).

Je résume. Si l'écart entre la demande et l'offre d'aide est actuellement si sévère à Bruxelles, c'est que :
1. même des thérapeutes spécialisés n'offrent au toxicomane avéré QUE la solution du sevrage physique (qui a déjà échoué cinq fois, dix fois, dit cependant le drogué !) qui ne prend pas en compte l'indispensable et très éprouvante psychothérapie requise. (Et même si le toxicomane acceptait ensuite une post-cure en communauté thérapeutique — pour laquelle il est exceptionnellement peu souvent motivé — il faudrait encore que cette formule offre assez de places disponibles) ;

2. les directives comminatoires de l'Ordre des Médecins et de la Commission médicale provinciale ont largement dissuadé les praticiens, cependant parfois intéressés, d'accorder leurs soins aux drogués;
3. la demande du toxicomane n'est pas entendue ou refusée : « Si la méthadone m'est indispensable pour m'écarter de l'héroïne au fil des années, je ne sais néanmoins pas quitter ma seringue du jour au lendemain »;
4. aucun thérapeute isolé ne veut plus prescrire un stupéfiant, au risque de se trouver sous peu en prison.

J'ai analysé plus haut les trois conditions fondamentales, aux yeux du toxicomane, pour quitter la drogue, ou son substitut, la méthadone : ne plus être seul, ne plus vivre dans des conditions sociales épouvantables, jouir d'une relation durable avec un être aimé et d'un engagement socio-professionnel.

Je me propose maintenant d'investiguer les conditions nécessaires au sevrage de méthadone, aux yeux du psychothérapeute.

En août 1982, dans mon « Journal du quotidien avec les toxicomanes », hélas volé en Dordogne, j'avais inventorié trente et une conditions dont la moitié me paraissait devoir être assurée. Je synthétiserai :
- espérer quitter toute drogue « dure »,
- vouloir quitter toute drogue dure,
- maintenir, durant des années, pendant et après le traitement, cette espérance et cette volonté,
- réussir à maintenir une relation de confiance prolongée avec un thérapeute privilégié,
- rompre avec le milieu des toxicomanes et des trafiquants,
- avoir décidé — et maintenir la décision — de ne plus vivre seul,
- maintenir une relation d'amour stable, et vouloir la maintenir, et continuer de désirer vouloir la maintenir,
- s'engager dans une responsabilité professionnelle,
- avoir renoncé à toute activité délinquante,
- avoir renoncé à toute drogue dure, psychologiquement et pratiquement,
- être sorti des poursuites judiciaires,
- avoir réglé ses dettes (ou être en voie de),
- avoir rétabli de bonnes relations avec sa famille d'origine,
- avoir réussi une autonomie sociale suffisante : logement, travail, et moyens de subsistance non délinquants,
- se sentir « bien dans sa peau »,
- s'être engagé dans des projets à long terme.

Lorsque j'eus l'occasion de lire Deglon en 1983, je trouvai réconfortante la constatation d'une très large similitude entre ses critères (Deglon, p. 244) et les miens.

Cependant, on observe occasionnellement que certains patients se précipitent impulsivement dans un sevrage prématuré. C'est très souvent l'envie d'héroïne et la fréquentation non terminée des autres toxicos qui précipitent la rechute. Il suffit d'une visite inattendue d'un vieux copain de défonce qui amène de la came...

Mais parfois c'est moi-même qui ai forcé un sevrage hâtif de mes patients. Car je n'ai pas cessé de me sentir et d'être constamment tenaillé depuis 1978 par le spectre des poursuites judiciaires et les interminables instructions disciplinaires de l'Ordre des Médecins. Cependant, un puissant frein a été mis à ma hâte de sevrer les patients: le décès d'Alain, dont j'ai parlé au chapitre «Le toxicomane et la mort», m'a fait voir le danger omniprésent de ne pas respecter à tout moment la durée et l'intensité des pulsions toxicomaniaques. C'est ainsi que, depuis 1981, des observateurs superficiels s'imaginent probablement que je prends plaisir à braver la loi de 1975. Je l'ai assez expliqué: c'est au nom du respect des êtres et de leurs conflits existentiels que j'assume depuis 1978 une transgression délibérée, largement justifiée par la clinique, de la notion indéfinie d'entretien de toxicomanie. Que personne ne s'offre le luxe d'estimer qu'une pratique médicale, déjà exceptionnellement rude, puisse être menée le cœur léger par un psychothérapeute quelque peu prométhéen qui se sait chaque jour menacé de la colère de Zeus.

Pour rester pratique, je dirai que je ne cesse jamais d'encourager tous mes patients à vivre avec la plus petite quantité de méthadone possible et adaptée à leurs activités quotidiennes. Je rappelle que la méthadone n'est pas toxique, qu'à dose adéquate (80 mg au moins) elle bloque les effets de l'héroïne qui reste tentatrice des années après le début de la cure, et enfin qu'elle est indispensable au fonctionnement cérébral, à l'instar des endorphines, neuro-hormones essentielles dont on commence à peine à connaître toutes les propriétés.

Toute la thérapie est centrée sur le réapprentissage lent et permanent de la vie individuelle et sociale sans les drogues.

Mais il ne faut pas se leurrer. La période d'après le sevrage de méthadone est grevée d'un épisode dépressif plus ou moins sévère, parfois accompagné de gestes suicidaires. Le réapprentissage quotidien des responsabilités même les plus banales, est très difficile pour le toxicomane sevré. Celui-ci doit être assuré d'une reprise possible de méthadone, si la thérapie de soutien d'après le sevrage n'a pas réussi à éviter le recours à l'héroïne. Les «vieux» toxicomanes (plus de vingt-cinq ans) savent qu'il suffit d'un fixe pour «se raccrocher psychologiquement», et de quelques jours de piqûres pour être à nouveau coincé par la dépendance physique.

Une très remarquable analyse des taux de rechute selon le type de sevrage (traitement terminé, arrêt volontaire, prison, renvoi) est citée par Deglon (op. cit., pp. 229-230): c'est l'étude pilote réalisée par Stimmel (1978). J'épinglerai seulement quelques chiffres très significatifs.

Résultats selon le type de sevrage:

Résultats	Terminé N. (%)	Volontaire N. (%)	Prison N. (%)	Renvoi N. (%)
Abstinents	50 (57)	26 (22)	4 (4)	18 (13)
Usage de narcotiques	22 (25)	63 (54)	66 (74)	95 (69)
Durée moyenne de traitement	3,5 ans	1,2 an	1 an	2 mois

Les pourcentages que j'extrais du tableau de Stimmel n'incluent pas les chiffres des patients qui se trouvaient, lors de la catamnèse (effectuée en moyenne trois ans après le sevrage), en prison, morts ou inconnus. Une foule d'enquêtes épidémiologiques passionnantes est recensée dans le chapitre «Evaluations étrangères» (Deglon, op. cit. pp. 204 à 230). Deglon a analysé ses propres résultats après quatre ans de traitement par la méthadone: 243 patients entrés en traitement du 1-6-1978 au 15-5-1982[13].

En ce qui concerne la population que j'ai traitée, seul, (l'équipe de Deglon est composée de sept personnes), soit 306 patients de juillet 1978 à juillet 1983, j'estime qu'il est tout à fait impérieux de réaliser une enquête rigoureuse d'évaluation de mes résultats thérapeutiques. Cette exigence n'a pas du tout été rencontrée par le Conseil de l'Ordre des Médecins du Brabant qui, non content de me traîner en instruction disciplinaire permanente pour «avoir manqué au respect des règles de la déontologie et au maintien de l'honneur, de la discrétion et de la probité des membres de l'Ordre», m'a imposé, par lettre comminatoire de son Président, le 14 février 1983, l'interruption immédiate de l'usage de la méthadone injectable, «sous peine de sanctions disciplinaires très lourdes».

Cette exigence brutale m'a fait écrire, en 1983, trois documents (28 mars, 7 juin, 8 octobre) très étoffés auxquels l'Ordre du Brabant n'a donné aucune réponse. Pour ne pas alourdir ce chapitre par des conflits qui relèvent autant de la déontologie que de la nécessaire rigueur de l'évaluation scientifique d'une thérapeutique, je me limiterai ici à reproduire quelques lignes essentielles de ma lettre recommandée du 28 mars 1983.

«Quant au fond, permettez-moi de considérer que cette mesure constitue une entrave majeure au déroulement des traitements et contraint des patients à une modification brutale de leur relation thérapeutique avec moi, à telle enseigne que j'ai eu à faire face aux menaces de suicide de plusieurs d'entre eux.

»Depuis 1979, j'ai souvent expliqué au Conseil les caractéristiques de la très longue dépendance des toxicomanes avérés à la seringue d'une part, aux opiacés d'autre part. Le sevrage brutal de l'une ou l'autre de ces deux dépendances conduit souvent le toxicomane à des gestes impulsifs irréfléchis et dangereux : injection intra-veineuse de n'importe quoi, recours immédiat à l'héroïne, falsification d'ordonnances, braquage de pharmacies. D'après mon expérience, le traitement peut réussir, au sein d'une opiniâtre psychothérapie de soutien, lorsque patient et médecin décident de commun accord le sevrage.

»C'est donc par souci de respect de la vie de mes patients que j'ose vous écrire. Car il faut un très long respect de leur personne et de leurs difficultés existentielles pour qu'enfin l'acharnement thérapeutique et leur engagement stable face à un être cher et au travail les amènent à renoncer à l'usage de la seringue et de l'opiacé. Ils guérissent lorsqu'ils l'ont décidé, et non lorsque le médecin, reculant devant les ennuis judiciaires ou ordinaux, cesse arbitrairement la prescription. Je tiens à souligner qu'après bientôt cinq ans de pratique, les accidents graves ont été exceptionnellement réduits avec l'usage de la méthadone injectable, malgré l'absence de contrôle direct de l'usage du produit par des centaines de patients. D'après moi, le Conseil de l'Ordre érige en «norme déontologique» une directive limitative de la liberté thérapeutique, alors que les avantages et inconvénients de ma pratique n'ont pas fait l'objet d'une évaluation épidémiologique rigoureuse.

»L'application stricte de la circulaire du 27 décembre 1982 n'est guère réalisable à brève échéance : ni les patients, ni les pharmaciens, ni les médecins ne sont capables d'organiser du jour au lendemain le contrôle quotidien de la prise orale de stupéfiants. Et même si celle-ci était réalisée, un nombre élevé de patients, que j'estime entre 70 et

90 %, continuerait durant de nombreux mois de s'injecter une quelconque drogue illégale, le caractère incoercible du 'vice de la piqûre' n'ayant pu être suffisamment évincé. Comme je l'ai dit en décembre à la Commission de la drogue, la circulaire du 27-12-1982 aura pour conséquences très prochaines :
a) le retour des drogués à la clandestinité, alors qu'elle prétendait les en sortir;
b) la recrudescence du trafic d'héroïne en Brabant, et dès lors la multiplication (en progression géométrique) du nombre des drogués (augmentation de l'incidence de l'héroïnomanie);
c) la désespérance des drogués de pouvoir «s'en sortir», après l'avortement d'une longue psychothérapie ayant, parmi d'autres mérites, celui d'assurer la continuité de soins particulièrement délicats;
d) l'accroissement du nombre de décès, par suicide ou surdosage.»

Document sans réponse, tout autant qu'un autre adressé à l'Ordre en juillet 1983 : il s'agit d'une pétition élaborée (et signée depuis janvier 1983) par trente toxicomanes «en manque de soins médicaux». Ils demandaient audience à l'Ordre, afin d'exposer leur désarroi et leurs besoins d'aides. Il leur fut répondu que des instructions avaient été données aux médecins du Brabant [14].

Premières conclusions

La spécificité de mon approche psychothérapique peut se résumer en quelques points fondamentaux :
- prise en charge thérapeutique à long terme, avec support de méthadone, de patients peu ou très motivés, peu ou très marginalisés;
- l'absence de critères de sélection autres que moraux permet l'offre d'aide au tout-venant des toxicomanes, dans les limites des disponibilités;
- le contrat thérapeutique permet temporairement le maintien de la dépendance à la seringue, ce qui évite l'exclusion au départ d'un grand nombre de toxicomanes non motivés à l'abandon de l'aiguille;
- le risque de cette audace thérapeutique est extrêmement réduit : pas un décès entre juillet 1978 et septembre 1982 [15].
- le taux de décès, calculé sur 306 patients pris en charge à la méthadone entre juillet 1978 et juillet 1983 est de 0,6 %, taux inférieur à celui d'équipes américaines très structurées (1,5 à 2 %);
- la psychothérapie reste praticable grâce à l'usage prolongé de la méthadone, jusqu'à ce que la décision de sevrage soit prise en commun par le patient et le médecin;

- la confiance faite au toxicomane est un facteur de guérison que le thérapeute croit être de la plus haute importance;
- les encouragements, l'énergie morale, la volonté d'aider les patients à vivre, et l'amour pour eux sont d'autres facteurs, non quantifiables, que le psychothérapeute croit nécessaires, mais non suffisants, pour mener à bien la thérapie des grands toxicomanes.

«On ne peut sauver que ce en quoi l'on croit» (Miguel Torga, 1947)[16].

6 novembre 1983

NOTES

[1] Camus, A., «Retour à Tipasa (1953)», «*L'été*» in Camus, A., op. cit., p. 873.

[2] Olievenstein, C., *Destin du toxicomane*, Paris, Fayard, coll. Le temps des sciences, 1983, p. 133-146.

[3] Duyckaerts, F., *Conscience et prise de Conscience*. Bruxelles, Dessart et Mardaga, coll. Psychologie et Sciences humaines, 1974, p. 61-77.

[4] Freud, S., *Trauer und Melancholie* (Deuil et mélancolie), trad. fr. in «*Revue fr. Psychanal*», 1936, «*9*», n° 1, 102-116.

[5] Fromm, E., *Avoir ou être*, Paris, Robert Laffont, 1978.

[6] Spitz, R., *De la naissance à la parole*, Paris, Presses Universitaires de France, Bibliothèque de psychanalyse, 1973.

[7] Nacht, S., *Le masochisme*, 3ᵉ éd., Paris, Payot, 1965.

[8] «La majorité déviante» est le titre d'un brillant essai du regretté psychiatre italien Franco Basaglia.

[9] Une remarquable étude épidémiologique à long terme et une analyse socio-culturelle des «Processus de guérison chez l'héroïnomane» insistant sur la conjonction des circonstances de la vie et de l'action médicale, a été publiée par l'Organisation Mondiale de la Santé: «Les Problèmes de la drogue dans leur contexte socio-culturel» in «Cahiers de santé publique de l'organisation mondiale de la santé», 1982, cahier n° 73, chap. 4, p. 114-126.

[10] Deglon, J.-J., op. cit., p. 184.

[11] Cf. annexe 1: «Les impasses médicales, légales et judiciaires du traitement des toxicomanes».

[12] Cf. annexe 1: «Les impasses médicales, légales et judiciaires du traitement des toxicomanes».

[13] Deglon, J.-J., op. cit., p. 172-203.

[14] Cette pétition et sa réponse ont été publiées dans le cadre d'un dossier très fouillé: Poucet, T., «Les toxicomanes lourds en manque de médecins» in «*Actualité-Santé*», juillet-août 1983 (Publication du G.E.R.M., 29, rue du Gouvernement Provisoire, 1000 Bruxelles.).

[15] Deglon, qui proscrit totalement l'usage de substances injectables, déplore deux décès parmi les «arrêts volontaires» de ses 243 patients. «Ils sont morts de leur appétence incontrôlable à abuser de tout produit capable d'atténuer leurs angoisses et leur dépression». (Deglon, op. cit., p. 176).

[16] Torga, M., médecin et écrivain portugais. Ligne extraite de son Journal (1933-1977) (Torga, M., *En Franchise intérieure*, Paris, Aubier Montaigne, 1982).

Chapitre 6
Les démêlés avec l'Ordre des Médecins

> *Le médecin doit à la fois respecter les droits imprescriptibles de la personne humaine et remplir ses devoirs envers la communauté (Article 99 du Code de Déontologie médicale — 1975).*

J'ai laissé entendre, à la fin du chapitre précédent, à quel point l'Ordre des Médecins du Brabant francophone manifestait, depuis des années, un grave désintérêt à l'égard des toxicomanes et de la politique de santé qui les concerne. Tout au long de cette Esquisse, j'ai, par épisodes, relaté les vicissitudes que l'Ordre m'a fait endurer depuis 1979. De nombreux praticiens bruxellois ont, ces dernières années, fait l'objet d'incessantes recommandations et mises en garde par la Commission médicale provinciale ou d'instructions disciplinaires à l'Ordre. Les tracasseries sans cesse imposées à tous portent sur la justification des doses de stupéfiants prescrits, sur le risque de poursuites judiciaires, sur le contrôle insuffisant que le praticien isolé exerce quant à l'usage des prescriptions remises aux patients.

Malgré quatre ans d'explications répétées d'une multitude de faits cliniques, sociaux et judiciaires qui justifient le traitement prolongé à la méthadone, l'Ordre continue à ne pas accepter l'idée de la stabilisation psycho-sociale en cure prolongée, jusqu'à ce que l'abstinence soit décidée lorsque la santé (dans son sens le plus large) du patient le permet. J'eus beau expliquer tous les risques médico-sociaux du sevrage prématuré : les médecins de l'Ordre n'ont cessé de répéter aux praticiens qu'il fallait sevrer les toxicomanes, et surtout les priver de méthadone injectable que les patients réclament avec une persévérance jamais démentie. Or, je pense, ainsi que Deglon (d'après ses propres observations et l'analyse d'innombrables enquêtes étrangères), que le but premier du traitement ne doit pas être le sevrage, mais bien l'équilibre psychique, affectif et social du patient, en un mot son bien-être.

Bien qu'issu en droite ligne des faits, ce discours simple n'a pas été entendu. Conséquence : il faut les sevrer ! En arrière-fond, se faisait jour parfois la pensée latente : « La Justice comprendra-t-elle qu'il faudrait consentir pendant un temps prolongé à 'l'entretien de toxicomanie', afin qu'un nombre modeste de drogués 'guérisse' peut-être ? ».

Il est certes malaisé de parler de « la pensée de l'Ordre », car sa doctrine (si elle existe !) est faite de l'agrégat d'idées cliniquement peu fondées qui imprègnent l'esprit de deux ou trois médecins quelque peu devenus conscients de la problématique de la toxicomanie. Tous les autres confrères du Conseil sont soit indifférents, soit incompétents, soit ouvertement hostiles aux drogués, jusqu'à leur refuser tout statut de malade et à exprimer sans ambages qu'il faut les mettre en prison : « comme cela, il n'y aura plus de problème » (*sic*). Le lecteur imaginera, je présume, combien il m'a dès lors été extrêmement pénible de tenter de faire respecter depuis quatre ans la cause des toxicomanes et celle de leurs thérapeutes.

Comme je l'ai dit plus haut, l'Ordre n'a jamais réuni la Commission — « prospective » — de la Drogue, dont je réclamais la remise sur pied dès avril 1979. Mes lettres de 1979 à 1982 sont restées sans suite. Durant l'année 1982, une trentaine de médecins prescrivaient encore occasionnellement aux toxicomanes, jusqu'à ce qu'ils en fussent dissuadés. Assez souvent hélas, les praticiens, par méconnaissance des innombrables manœuvres mensongères des toxicomanes, leur prescrivaient des quantités exagérées de stupéfiants. Certains ignoraient de manière flagrante le dosage adéquat de la méthadone, la très délicate conduite des traitements et la nécessité d'une aide psychologique intensive. Il en résulta pas mal d'erreurs d'évaluation, tant des diagnostics que des traitements. Les toxicomanes se firent une joie de manipuler les médecins inexpérimentés. Conséquence : une aggravation du « marché noir » de la méthadone et des amphétamines telle que le Parquet décida de poursuivre, avec un acharnement redoublé, les toxicomanes en traitement médical. Interrogatoires menaçants, invitations à la délation[1], pressions morales exercées en période de manque, intimidations, sévices,... : rares sont les drogués, même corrects, qui échappèrent aux stratégies de la B.S.R. Une mini-délinquance nouvelle conduisit pas mal de toxicomanes en prison. S'instaurait ainsi une répression de plus en plus sévère à l'égard de tous les toxicomanes, qu'ils fussent «réguliers», ou qu'ils fussent surpris offrant ou vendant trois ampoules de méthadone à un copain en manque: inculpation de trafic!

Le Parquet inquiété inquiéta l'Ordre des Médecins. Celui-ci convoqua d'urgence trois réunions de la Commission de la drogue à la fin de l'année 1982. Trois magistrats participèrent à ces réunions, ainsi que le Président de la Commission médicale provinciale et un ancien Président de l'Ordre. Un petit groupe de travail élabora un projet de résolutions. J'exprimai l'avis que les directives étaient momentanément inapplicables: du jour au lendemain, il eût fallu que tous les médecins prescripteurs et tous les pharmaciens fussent capables de contrôler chaque jour la délivrance orale des stupéfiants à tous les toxicomanes traités! Impraticable, dis-je. Un éminent confrère me fit taire.

Je ne votai donc pas la circulaire ordinale du 27 décembre 1982. Non seulement l'Ordre se préparait à sanctionner tous les praticiens isolés «pour abus de liberté thérapeutique», au mépris de tous les traitements en cours, mais encore s'arrogeait le privilège d'édicter des règles visant la distribution des médicaments, règles qu'il érigeait en normes déontologiques[2]. Bien entendu, j'étais évidemment d'accord, depuis des années, quant au bien-fondé de la dispensation contrôlée des soins et médicaments en dispensaire, qui éviterait automatiquement toute dispersion au marché noir de «drogues sur ordonnance». Je réclame ce dispositif depuis 1979!

Vu l'impraticabilité immédiate de ces mesures quasi policières, irrespectueuses des relations thérapeutiques établies, de nombreux médecins interrompirent brutalement les cures en cours. En effet, ils étaient passibles de poursuites disciplinaires pour «abus de liberté thérapeutique» s'ils étaient isolés, insuffisamment informés du traitement des toxicomanes ou s'ils n'étaient pas en relation avec une équipe médicopsycho-sociale. Certains arrêtèrent de prescrire du jour au lendemain, d'autres progressivement. Un des résultats catastrophiques, conséquence de cette politique inadmissible de l'Ordre, fut qu'environ 150 (peut-être 200) toxicomanes «en manque de médecins» affluèrent à ma consultation durant le premier semestre de 1983. Ce chiffre de 200 est approximativement le nombre de patients que, par an, je dois orienter ailleurs, faute de disponibilités.

Simultanément, la circulaire du 27-12-1982 enjoignait «que le médicament prescrit le soit sous une forme qui ne permette ni de le céder, ni de le vendre, ni de le consommer à doses excessives en une seule prise, ni de le falsifier ou de le manipuler. Afin d'atteindre cet objectif, le médecin veillera à ce que le médicament soit consommé ou administré sous sa surveillance». Bref, cette circulaire ne tenait aucun compte des situations thérapeutiques parfois engagées depuis des années. A ma connaissance, aucune enquête n'a évalué les effets désastreux (ruptures thérapeutiques bilatérales) de ces mesures. J'avais affirmé en 1982 que leur application ramènerait inéluctablement l'héroïne en Belgique en 1983. C'est chose faite.

Une mesure personnelle supplémentaire fut la lettre que m'adressa le Président de l'Ordre le 14 février 1983. Il m'ordonnait de manière «solennelle et très urgente» la suspension de la méthadone injectable. J'en ai parlé à la fin du chapitre précédent. Il est utile de préciser que cette décision m'avait été imposée dans une situation très ambiguë d'absence totale de concertation confraternelle.

En effet, lors de la séance du Conseil du 1er février 1983, où je siégeais normalement, j'ai été exclu de la réunion, sur injonction de son président, pendant cinquante minutes. Ensuite, j'ai reçu ses ordres. J'ai compris que le Conseil exigeait que j'arrête la prescription de méthadone injectable et qu'il m'accordait un délai de deux mois pour régulariser la situation.

J'ai écrit au Président, le 28 mars 1983, les lignes suivantes: «Dès lors, dès le 2 février, j'ai averti tous mes patients que je cesserais toutes prescriptions de stupéfiants injectables à la date du 1-04-1983. Ce délai leur aurait permis — peut-être — de s'adapter à cette directive intempestive et dangereuse, d'après ma longue expérience. Néanmoins, en raison de votre mise en demeure très urgente du 14 février, j'ai rédigé jusqu'au 1er mars les dernières ordonnances de stupéfiants injectables». Lettre sans réponse en novembre 1983.

Je tiens à rappeler que c'est dans cette période très bousculée du début de 1983 que René et Bruno décédèrent.

Au nom des toxicomanes que je traite depuis 1978, ne puis-je ici accuser l'Ordre des Médecins d'avoir pris des mesures inconsidérées avec des objectifs plus policiers que thérapeutiques?

Les toxicomanes ne réussirent pas à s'organiser pour parlementer directement avec les médecins du Conseil. Je dus, seul, assumer la délicate responsabilité:

1. de continuer à remettre les ordonnances sans avoir de contrôle immédiat sur la prise des médicaments;

2. de prescrire des comprimés ou du sirop de méthadone, en sachant que certains toxicomanes, encore très dépendants de leur incoercible besoin de piqûre, s'injecteraient des comprimés dissous ou du sirop. Je leur fis à tous de nombreuses recommandations, je leur expliquai les risques infectieux. Il avait fallu au préalable, dans un très douloureux débat de conscience, que j'évalue d'avance les risques comparés : d'une part, de l'injection non appropriée de méthadone non pure, d'autre part, d'un lâchage éventuel de nombreux patients qui abandonneraient le traitement en raison de leur appétence héroïno-maniaque encore trop vive. J'avais suffisamment d'années d'expérience clinique pour oser choisir la première option de l'alternative.

Résultats ? Aucun décès depuis le 1er mars 1983.

Accidents ? :
- Une thrombose de la crosse de la saphène chez Eric, mon tout vieux toxicomane «à vie». Opération d'urgence en milieu universitaire. Puis, je rétablis la méthadone injectable, et avisai le Président de l'Ordre. (Accusé de réception.)
- Deux réactions allergiques à l'excipient des comprimés de méthadone.
- Quelques abcès au voisinage du point d'injection.
- Une endocardite, chez un jeune homme très «sauvage», qui s'est déclarée durant l'été 1983, à une époque où le patient n'était plus sous mon contrôle.

Cette évaluation objective des risques, de mars à septembre 1983, démontre la rareté des complications médicales dans une population bien suivie de «toxicomanes lourds». Il reste qu'il est tout à fait désolant que j'aie dû en arriver là sous peine de «sanctions disciplinaires très lourdes» qui m'auraient à coup sûr contraint d'abandonner les traitements si j'avais osé poursuivre la prescription de méthadone injectable. Pratique que j'ai longuement justifiée dans cette Esquisse.

L'esprit des traitements préconisés par l'Ordre, quoique non écrit explicitement, reste : «Il faut sevrer les toxicomanes». La circulaire du 27-12-82 mentionne à ce propos les noms et adresses de quatre centres spécialisés qui sont à peine fréquentés par les toxicomanes en raison de l'inadéquation de l'offre thérapeutique à la demande de soins. J'ai longuement expliqué plus haut qu'une infime minorité de toxicomanes acceptait le sevrage. Personnellement, ce n'est qu'après une longue psychothérapie préalable, de deux à trois ans parfois, que je convaincs un petit nombre d'entre eux d'accepter le sevrage hospitalier de méthadone. Plus souvent, le sevrage se réalise en ambulatoire, en douce, ou mieux encore en période de vacances d'été. Mais l'abstinence ultérieure n'est pas garantie !

28 mars 1983

Je suis interrogé une journée entière par un Juge d'Instruction au Palais de Justice de Bruxelles, à propos de l'overdose de René. Le Juge cherche à m'en imputer la responsabilité. Je conteste, je nuance, j'exprime les recommandations que j'avais faites à René, je souligne qu'il était infiniment vraisemblable que René s'était injecté six ampoules le premier jour (et non deux ampoules par jour) puisqu'il réapparaissait le lendemain, avec une nouvelle demande pour les deux jours suivants, jusqu'au rendez-vous prévu. Par ailleurs, j'explique les propriétés anti-dépressives de la méthadone et la grande difficulté de réussir à stabiliser des toxicomanes aussi suicidaires que René. Madame le Juge n'a de cesse que de me faire avouer mon «imprudence». C'est son mot. Elle me libère, après m'avoir dit : «Si vous n'aviez pas avoué, je vous arrêtais. Le mandat d'arrêt était prêt. Au prochain mort, vous n'y couperez pas». Et tout ceci bien que j'eusse eu l'occasion, vers midi, de lui exposer tous les risques individuels et sociaux d'interruption brutale des traitements en cours.

Le 1er avril, j'écris à l'Ordre pour manifester mon sentiment de révolte face à cette menace d'incarcération. Je priais l'Ordre de me communiquer sa position déontologique en l'occurrence. Pas de réponse.

Le 12 avril 1983, lors d'une séance régulière du Conseil, un chirurgien à la fois membre du Conseil de l'Ordre et de la Commission médicale provinciale, précipite un scénario percutant. Il affirme qu'il ne peut pas simultanément contrôler les prescriptions de stupéfiants à la Commission et siéger avec moi au Conseil. «Alors, dit-il, Baudour, c'est vous ou c'est moi !». Le Vice-Président demande l'avis de tous les présents. Chacun exprime, en des termes assez proches, que je dois me conformer rigoureusement aux termes de la circulaire du 27-12-1982. Un autre chirurgien, plus perfide, raconte une anecdote, grâce à laquelle il donne, par personne interposée, une opinion qui infléchit adroitement l'esprit des «confrères» en ma défaveur. Voici l'anecdote : une patiente converse avec lui à propos des toxicomanes. Ils en viennent à parler de Baudour. Elle lui confie : «Si ce n'est pas le Conseil du Brabant qui a sa peau, c'est nous qui l'aurons». Ma stupeur est intense, mais j'ose avoir la repartie suivante : «Puis-je savoir qui vous a dit cela, monsieur ? Quelqu'un du milieu judiciaire, je présume?». Le chirurgien ne répond pas; d'un geste de la main, le Vice-Président écarte la question.

Les autres médecins sont unanimement d'avis qu'il me faut respecter la circulaire. Dès lors, je conclus:
— En somme, monsieur le Président, ce que vous désirez tous, c'est que je vous donne ma démission?
— C'est bien cela, Baudour, nous préférons que vous démissionniez plutôt que vous nous forciez à vous démissionner!

Devant la perspective ignoble, stupide et déshonorante d'être démissionné pour non-respect d'une circulaire (dont j'avais souligné l'inapplicabilité temporaire), je préférai dire:
— En ce cas, je démissionne. Vous désirez que je me retire tout de suite, monsieur?
— C'est bien cela, Baudour!

Après tout, il n'y avait aucun motif valable pour que je quitte mes fonctions au Conseil de l'Ordre où j'avais été élu en 1979 par plus de cinq cents médecins du Brabant francophone. Je soupçonnais d'hypocrites manœuvres: il fallait, avant mon procès pénal, que l'Ordre manifestât sa rupture de solidarité avec un pionnier qui avait, depuis des années, osé dénoncer l'inertie du Conseil face aux immenses problèmes de société que pose l'aide aux drogués. L'alibi était trouvé: membre du Conseil, Baudour ne respecte pas une circulaire à l'élaboration de laquelle il a cependant participé. Dans tout cela, l'Ordre semble avoir oublié que mon premier devoir n'avait jamais cessé d'être le respect le plus complet possible de mes patients et de la qualité des traitements engagés.

J'écrivis donc le 16 avril 1983 au Président du Conseil:

«Eu égard aux exceptionnelles pressions morales qui ont été exercées sur moi lors du Conseil du 12 avril, j'ai été amené à présenter oralement, hâtivement, ma démission de membre du Conseil du Brabant. Je vous prie instamment de bien vouloir noter, monsieur le Président, qu'il n'entre pas dans mes intensions de démissionner.»

Pas d'accusé de réception. Rien.

Le 26 avril 1983, je suis une fois de plus convoqué au Bureau du Conseil pour justifier les prescriptions des trois premiers mois de 1983. Toujours le problème du dosage de la méthadone. «Il y a même certains patients pour lesquels la dose a augmenté». Et moi de redire, une fois de plus, que l'état clinique des patients le justifie. Lorsque j'évoque ma lettre du 16 avril, le Président rétorque que ma démission a été actée au procès-verbal du 12 avril et me prie de sortir.

Le 27 mai 1983, le Président m'adresse une lettre recommandée me priant de comparaître le 21 juillet pour m'expliquer au sujet de six griefs (...) «faits qui sont de nature à jeter le discrédit sur le corps médical en créant, dans la population, la conviction que le Conseil de l'Ordre soutenait l'action du médecin prescripteur». Le Conseil, non content d'avoir tenté de m'imposer une démission, accentuait sa rupture de solidarité, cherchait à laisser entendre qu'il ne me couvrait plus et espérait me sanctionner disciplinairement avant mon procès correctionnel.

Je réponds le 7 juin que je n'ai jamais reçu notification du fait qu'une nouvelle instruction disciplinaire était ouverte à mon encontre. Et j'argumente quant aux «faits de nature à jeter le discrédit sur le corps médical»:

«Sous la présidence du Professeur Jeanmart, j'ai à de multiples reprises écrit au Conseil à propos de l'urgence d'une définition de la politique de traitement des toxicomanes. J'ai sollicité plusieurs fois la mise sur pied de la Commission de la drogue. Jamais il ne m'a été répondu. Mes lettres à ce sujet font partie de mon instruction disciplinaire de 1979-1980. En ne me condamnant pas en juin 1980, le Conseil, en âme et conscience, a estimé que mon activité thérapeutique ne méritait aucune sanction majeure. (J'eus un 'avertissement'.) Le Conseil d'Appel a confirmé cette position.

» Si actuellement le Conseil du Brabant estimait que l'opinion publique puisse imaginer que mon activité ait été entérinée à tort par lui, il incomberait à ce même Conseil de se déjuger, c'est-à-dire d'informer honnêtement ladite opinion du fait qu'il avalisait en 1980 une approche thérapeutique extrêmement courageuse, exténuante et très peu gratifiante, et qu'il cesse de le faire en 1983.

» Il convient de rappeler que le docteur F. lui-même a signalé, lors d'une réunion du Conseil, qu'il avait publiquement défendu ma pratique à plusieurs reprises. Vu la très large audience de sa parole et son crédit auprès de la population, ce sera bien le Conseil lui-même qui aura soutenu in illo tempore 'l'action du médecin prescripteur'.

» En conclusion, le Conseil ne pourra donc me tenir pour responsable d'une éventuelle 'conviction' que la population se serait forgée, quelle qu'elle soit.

» Il eût mieux valu, pour le Conseil, pour le Parquet, pour les toxicomanes, pour éclairer l'opinion publique et pour moi-même, que j'expose plus tôt, avec modestie, mais fermeté, le sens de ma lutte, les immenses lacunes de l'assistance aux toxicomanes belges et les remèdes réalistes et peu coûteux à cette situation de carence. Situation qui du reste s'aggravera, vu qu'un nombre de plus en plus infime de médecins prendra encore le risque de prescrire un stupéfiant à un drogué, en raison des attitudes comminatoires de la Commission médicale provinciale et de l'Ordre : menaces de suspension d'exercice de la médecine, spectre des poursuites judiciaires, risque d'incarcération, sans compter les innombrables risques de prise en charge des drogués (décès, attaque à main armée, chantages au suicide,...), le haut pourcentage d'insuccès thérapeutiques et le défaut de règlement des honoraires.

» Permettez-moi, monsieur le Président, de conclure par une question personnelle. N'estimez-vous pas que l'honneur médical du Conseil aurait pu être tel qu'il ne se désolidarisât point d'un membre du Conseil en le contraignant à démissionner le 12 avril 1983, tandis qu'il écrivait onze jours plus tôt qu'un juge d'instruction menaçait de l'incarcérer ? »

Comme les lettres des 28 mars, 1er avril, 16 avril, cette lettre du 7 juin 1983 n'obtint pas de réponse. Le message était si pertinent qu'il ne pouvait qu'être éludé. Si je ne m'étais jamais authentiquement senti épaulé par l'Ordre (bien que j'eusse acquis les sympathies de quelques-uns à force de pénétrantes et persévérantes narrations du vécu des toxicomanes), je vivais depuis le Nouvel-An 1983 le sentiment d'un abandon, d'un refus d'entendre, d'un rejet concerté, d'une mise en scène de la volonté de m'exclure. L'alibi était simple : je n'avais pas obéi — au jour dit — à la circulaire impérative du 27-12-1982, ni à la lettre comminatoire du 14-2-1983 m'ordonnant d'urgence la suspension de la méthadone injectable.

En cette année 1983, j'avais en face de moi des juges armés d'un couperet qui tranchait arbitrairement dans le vif des traitements. Je n'ai pas cessé de penser que leur manque de compétence en matière de toxicomanie et l'ardeur que j'avais mise pendant quatre ans à éveiller leur conscience de médecins devaient susciter chez les uns des scrupules, chez les autres de la colère. Tôt ou tard, l'Ordre (mais qui est-ce, l'Ordre ?) allait devoir se justifier de son inertie coupable. Dès lors, avant qu'il devînt l'accusé, valait-il mieux qu'il m'éliminât, qu'il se tût, qu'il se montrât indifférent à l'égard de mes justes requêtes et répressif à l'égard des médecins prescripteurs. Et qu'il me contraignît à démissionner «spontanément».

Je comparus devant le Conseil le 21 juin 1983, assisté de deux avocates. J'avais décidé de récuser les membres du Conseil. Il était pour moi parfaitement inadmissible, inconcevable, incorrect, scandaleux que des médecins, qui s'étaient coalisés pour m'évincer le 12 avril, pussent être impartiaux et aptes à me juger avec équité et équanimité. J'avais longuement élaboré ma réponse aux six griefs de la lettre du 27 mai. Il était évident que l'Ordre était déterminé à me sanctionner sévèrement.

Maître Anne Krywin, dont la petite taille n'a d'égale que l'exceptionnelle envergure intellectuelle, doublée d'une incorruptible rigueur morale, déposa de très précises conclusions. Dix minutes plus tard (étonnamment vite), nous étions rappelés en séance. Le Président nous fit savoir que le Conseil refusait la récusation, et que l'examen des griefs était remis sine die. Excellent. Je ne comparaîtrais du moins pas en correctionnelle l'honorabilité entachée par une sanction disciplinaire imméritée.

J'appris en juin que le procès pénal débuterait le 7 octobre 1983. L'instruction était ouverte depuis le 13 mars 1979! «Quel temps versé au gouffre des années», s'exclamerait Verhaeren. J'allais enfin pouvoir m'expliquer devant la Justice, faire comprendre que l'«entretien de toxicomanie» était exigé par les malades pendant les années indispensables à leur résurrection psychique et sociale. Le débat public allait peut-être s'engager. J'allais pouvoir justifier l'acharnement que je n'avais cessé de déployer pour que les toxicomanes, éternels avides, limitent leur consommation abusive de psychotropes jusqu'à devenir éventuellement abstinents. Il m'apparut limpide en juin que le Parquet ouvrait enfin le feu parce que l'Ordre des Médecins manifestait enfin qu'il cessait de me «couvrir».

Le 15 juin, lassés par tant d'années d'incompréhension publique et d'articles calomnieux d'une certaine presse, les toxicomanes publièrent, sous mon impulsion, un manifeste. Quelques quotidiens en reproduisirent des extraits. Voici le texte intégral:

Manifeste des toxicomanes bruxellois

Nous sommes des malades et non des délinquants.
Nous revendiquons «l'entretien de toxicomanie»: la drogue nous aide à vivre.
Aussi longtemps que les circonstances de notre vie n'ont pas changé, nous restons incapables de vivre sans drogue. Nous désirons choisir notre traitement.
Nous sommes d'abord malades et ne voulons pas choisir entre: «Le Patriarche» et la prison, «Choisis» ou «Le Lama».
Sans médecins et sans traitements adéquats, nous risquons de re-devenir délinquants. Nous ne le voulons pas. Nous avons besoin d'années pour guérir, en liberté.
Nous ne sommes pas dangereux si nous sommes vraiment compris, aidés et non incarcérés.
La prison, nous la connaissons tous: c'est d'abord notre seringue.
Forest, cela augmente notre besoin de nous droguer.
Nous souffrons trop des pressions sociales que nous subissons.
Nous ne guérirons qu'en liberté, avec des responsabilités.
Nous avons besoin d'années de confiance pour guérir.
Nous sanctionner endommage notre santé morale et coûte inutilement à l'Etat. Nous voulons des soins et non des barreaux. Nous voulons être compris et non punis.
Nous sommes responsables de notre toxicomanie. Nous revendiquons des stupéfiants injectables aussi longtemps que nous en ressentons le besoin.
Ce ne sont pas les médecins qui nous poussent à nous piquer, c'est bien le contraire: ils s'acharnent à nous arracher l'aiguille du bras.
Nous n'acceptons pas que les médecins qui nous aident soient incarcérés en raison de notre demande de médicaments, souvent exagérée.
Nous estimons que nous sommes tous guérissables.

Le 23 juin, un troisième médecin bruxellois, psychiatre cette fois, était incarcéré à Forest. C'en était trop. La politique du Parquet devenait insensée, absurde. Il condamnait les efforts des thérapeutes, soit sous prétexte qu'ils «entretenaient la toxicomanie», soit qu'ils étaient à l'origine supposée du «marché noir des drogues sur ordonnance», soit, de manière plus simpliste encore, qu'ils prescrivaient «de la drogue». Une information pertinente, claire, adéquate aux faits devenait indispensable. Je mis sur pied une conférence de presse que je tins le 29 juin à l'International Press Center. Elle connut un franc succès. De nombreux toxicomanes, notamment travailleurs, purent y exprimer les bénéfices des traitements prolongés à la méthadone couplés à une psychothérapie.

Voici le résumé de la conférence de presse, tel qu'il fut remis aux journalistes :

J'ai décidé d'informer l'opinion publique des problèmes que pose le traitement des toxicomanes. C'est en raison de l'incarcération récente d'un troisième médecin bruxellois — psychiatre responsable de l'aide aux drogués depuis trois ans — qu'il faut que je dénonce une série de malentendus et l'issue que la Justice réserve aux praticiens engagés.

Les malentendus :

1. Ce sont des toxicomanes dépendants, «accrochés», qui sollicitent l'aide médicale et revendiquent l'entretien de toxicomanie. Les médecins pratiquent une longue psychothérapie de soutien qui conduit au renoncement progressif de l'usage de stupéfiants, légaux et illégaux. La psychothérapie ambulatoire n'est possible qu'avec un appoint — nécessaire mais suffisant — d'un produit de substitution qui évite le recours à l'héroïne.

2. Le sevrage brusque a des effets illusoires et non curatifs. Toute suppression forcée de drogue assure un sevrage physique effectif, mais est vécue psychologiquement comme une frustration mal tolérable, car la drogue aide le toxicomane à vivre. Ces drogués en traitement parlent tous de «sevrage psychologique». Par quoi remplacer la drogue? Question ouverte.

3. Les autorités judiciaires et médicales (Ordre des Médecins, Commission Médicale Provinciale) réalisent une collusion qui condamne «l'entretien de toxicomanie». Celui-ci apparaît comme l'usage estimé abusif d'une prescription médicamenteuse adéquate, adaptée aux avatars incessants de la vie du drogué. Les autorités méconnaissent l'immense travail psychothérapique au long cours réalisé dans le dialogue continu patient-médecin.

4. Il est inadmissible

1° qu'une somme globale de prescriptions médicamenteuses,
2° que des circulaires des autorités médicales et
3° que des avis «d'experts» — qui n'ont pas interrogé les praticiens —,

permettent aux juges d'incarcérer les médecins qui affrontent en première ligne les drames quotidiens des drogués.

5. Cette incarcération aura pour conséquences immédiates :
- le recours au marché clandestin de l'héroïne, source de délinquance inéluctable (recrudescence du trafic, multiplication du nombre des drogués),
- un risque accru de décès, par suicide ou surdose,
- et pour conséquence à terme, la désespérance des drogués de pouvoir s'en sortir, après l'avortement d'une longue psychothérapie de soutien.

Dr Jacques BAUDOUR

J'avais joint à ce résumé un document de dix pages intitulé: «LA TOXICOMANIE A BRUXELLES EN 1983 - QUELS TRAITEMENTS POUR QUELS TOXICOMANES?»

Les thèmes de ces pages avaient été décidés, élaborés et rédigés par un petit groupe de toxicomanes et moi, dans un esprit de diffusion d'informations fondamentales, qui puissent permettre au grand public de se faire une idée saine des questions suivantes :
- Qu'est-ce qu'un toxicomane?
- Comment devient-on toxicomane?
- La dépendance.
- Situation actuelle des cures médicales.
- Situation actuelle des toxicomanes et des personnes qui s'en occupent (policiers, B.S.R., juges, pharmaciens, organismes de contrôle médicaux).
- Solution: dispensaires thérapeutiques spécialisés.

NOTES

[1] Délation «encouragée» par l'article 6 de la loi du 9 juillet 1975: délation, d'où exemption possible de peine; cf. Decourrière, A., «La sanction légale de l'usage des drogues» in «La Revue Nouvelle», septembre 1983.
[2] Pour plus de détails, j'adresse le lecteur au texte «Les Impasses médicales, légales et judiciaires du traitement des toxicomanes» (annexe 1).

Chapitre 7
La prison et le procès

> « *Le jour où le crime se pare des dépouilles de l'innocence, par un curieux renversement qui est propre à notre temps, c'est l'innocence qui est sommée de fournir ses justifications.* »
>
> Albert Camus
> *L'homme révolté*[1]

Du 2 au 6 octobre 1983, je quitte Bruxelles pour mettre au point les thèmes que je désire aborder lorsque le Président Amores m'interrogera le 7. Quelque 85 pages manuscrites abordent les sujets suivants : le cadre social, judiciaire et sanitaire de mon procès, la loi de 1975, la prise en charge des toxicomanes, la nécessité d'une conjonction de la psychothérapie et de la prescription de méthadone, l'analyse du travail psychothérapique, l'utilité sociale et criminologique de l'«entretien de toxicomanie», le rôle des instances médicales de contrôle en Brabant, l'analyse des autres modes de traitement, des plans d'économie sanitaire, les conséquences générales de mon acquittement ou de ma condamnation, l'analyse des causes de décès des toxicomanes (et des trois décès qui m'ont valu un interrogatoire d'instruction, suivi de renvoi en correctionnelle), une analyse de l'évolution de la situation de la drogue à Bruxelles de 1973 à 1983, un inventaire des tâches de ma pratique quotidienne, l'analyse de deux enquêtes effectuées en 1983 (arrêt de la méthadone injectable et ses conséquences, rôle de la psychothérapie).

Une infime partie de ces notes de travail «passera» lors de mon interrogatoire du 16 novembre 1983, et de mes «derniers mots» du 19 janvier 1984 (quinzième séance du procès).

Le guet-apens

Le soir du 6 octobre 1983, Francine m'annonce que la B.S.R. de Waterloo me recherche.

Le 7, tandis que j'entre dans la Salle des Pas Perdus pour me rendre à la 22e Chambre du Palais de Justice de Bruxelles, deux messieurs de la B.S.R. me somment de me rendre sur-le-champ chez le Juge Coppieters, elle-même qui m'avait menacé le 28 mars de m'incarcérer au prochain décès d'un de mes patients. Anne Krywin survient et les convainc de me laisser aller au Tribunal. Le Président Amores ouvre le procès à 9 heures. Immédiatement, le Procureur du Roi, Pierre Erauw, se dresse et annonce, avec une dérisoire solennité, une inattendue quatrième instruction: il s'agit d'un soi-disant faux en écritures, « crime correctionnalisable » proclame-t-il.

J'avais en effet été interrogé, sans décision judiciaire immédiate, par le Juge Degryse, en septembre, à propos d'une ordonnance rédigée le 17 août à la date du 20-8 pour mon vieux patient Robert D., alors incarcéré à Forest (Robert, 28 ans, est un « vieil » héroïnomane et amphétaminomane, délinquant d'habitude, bien stabilisé pour deux ans et demi de traitement, mais qui me déclare le 17 août: « J'ai repris de l'héroïne. Tu m'avais donné trop peu de Méphénon ». Il est en effet à cran, blême, impatient, amaigri, susceptible. Le 18 août, il commet un vol dans un entrepôt. Suit une poursuite rodéo dans les rues de la ville, et les policiers, profitant d'un blocage de la circulation, tirent sur lui, à bout portant. Exérèse d'une balle au poumon, transfert à Forest. Dans sa veste, mon ordonnance du 20 août!).

Néanmoins, monsieur Erauw se sert de ce dossier Robert D.-Baudour pour faire reporter mon procès au 16 novembre. Le Juge Amores, ses assesseurs et l'assistance nombreuse sont désappointés. Et moi! Je comparais LIBREMENT à ce procès — que j'attends depuis 1979 — pour y justifier ma pratique. Qu'on imagine ma stupeur: ce qui est pour moi une banale ordonnance post-datée (pratique commode et courante chez la plupart des médecins belges) devient aux yeux du Parquet un « crime » (*sic*) qui doit être « correctionnalisé »! J'avais trop naïvement imaginé que mes très simples explications à madame le Juge Degryse resteraient sans suite judiciaire.

Tactique du parquet: demander la remise du procès quarante jours plus tard, tandis que le même Erauw devait savoir que la décision de mon arrestation serait prise le jour même. Espérait-on m'affaiblir, me punir avant que le tribunal ne m'examine? Ce jeu social est aussi ridicule qu'absurde; mais quand il prive de liberté celui qui soigne, il devient intolérable.

A propos de l'ordonnance qualifiée de «faux», il ne faudra pas moins de 32 jours pour qu'un Juge en Chambre du Conseil déclare qu'il y a «non-lieu». Trente-deux jours! Alors que, dès le 14 octobre, Michel Graindorge expliquait à la presse l'absence de fondement juridique du soi-disant «délit» que le Parquet cherchait à m'imputer.

Dès l'instant où j'entre dans le bureau de madame le Juge, ce 7 octobre à 14 h 30, j'ai le pressentiment qu'elle va m'arrêter. Elle discute cependant jusqu'à 17 h avec moi: un interrogatoire serré à propos d'un couple de deux jeunes toxicomanes très accrochés qui ont déclaré à la B.S.R. en mai qu'ils s'injectaient les comprimés de Méphénon et de Pervitin que je prescrivais, faute que je sois autorisé à prescrire ces substances «en injectable». Alors que mes patients ont été photographiés, examinés et interrogés en mai-juin 1983 à la demande du Juge d'Instruction, ce dernier, sur apostille du Procureur datée du 5 octobre, décide mon arrestation immédiate et ma mise en détention préventive le 7 octobre.

Si cette pratique *des toxicomanes* avait été *estimée dans mon chef* une «circonstance grave et exceptionnelle touchant la sécurité publique», il eût fallu instruire cette affaire dès mai 1983. Mais le but du Parquet était de me faire comparaître détenu le 7 octobre. Anne Krywin me dit peu après qu'un membre du Parquet lui avait confié le 5: «Vous aurez une surprise le 7». Un guet-apens!

Cent cinquante minutes avec madame le Juge qui m'assène notamment: «Vous ne faites pas grand cas de la vie de vos patients». Je m'exclame, indigné, que ce souci reste le premier de ma carrière depuis 1964. Elle me fait part d'une lettre adressée le 26 avril au Procureur du Roi par le président et le secrétaire de la Commission Médicale Provinciale du Brabant. Je lui signale que cette lettre aurait d'abord dû être adressée aux praticiens du Brabant, dès sa rédaction, et pas seulement à l'autorité judiciaire! Le guet-apens est donc d'abord médical! «Confraternel»!

J'ai beau plaider que Dominique et Thierry se portaient bien quand je les ai vus en semptembre. Je suis arrêté.

Je fais dactylographier par le greffier mon indignation face à l'irresponsabilité du Juge qui interrompt ainsi brutalement le traitement de septante-cinq toxicomanes, et les livre, démunis, à leur manque physique et psychique, à leur détresse affective et sociale, au marché noir... et aux poursuites judiciaires et incarcérations prochaines.

La prison

7 octobre 1983
Forest. 7ᵉ section. 19 h. Mise en cellule avec un toxicomane marocain logorrhéique et un débile mental bruyant.
    21 h. Ouverture brutale de la cellule. Dans le hall de la 7ᵉ, un homme en civil crie : « Surveillance spéciale ».
— Pardon ? S'il vous plaît ? dis-je.
— « Surveillance spéciale ».
— Pardon ?
— « Surveillance spéciale »...

Je suis entraîné dans une cellule désolée, grise, froide. Toute la nuit, tous les quarts d'heure, la lumière murale face au lit me réveille. Un maton examine par l'œilleton de la porte blindée si je ne me suis pas suicidé. Mauvais sommeil morcelé.

8 octobre
Transféré dans la matinée dans la cellule 277, celle qu'occupait (je l'appris plus tard) François Besse en 1979. Convoqué deux minutes chez le le directeur, je m'entends dire :
— Vous êtes ici pour entretien de toxicomanie et pour avoir prescrit des stupéfiants à des mineurs de plus de seize ans. Vous avez quelque chose à demander ?
— Oui, des vêtements que je voudrais que ma femme m'apporte.
— Elle pourra vous les apporter. Mais une fois seulement. Vous n'avez qu'à écrire un bon. Vous êtes sous le régime des stupéfiants. Vous ne pouvez rien recevoir et rien donner. Et les visites se feront derrière le carreau.

J'encaisse en silence, puis je risque :
— C'est bien vous qui m'avez mis sous surveillance spéciale, hier ?
— Oui, c'est moi.
— Pourquoi, s'il vous plaît ?
— Je n'ai pas à vous dire pourquoi.
— Et pourquoi cette lumière qui me réveille tous les quarts d'heure, toute la nuit ?

— Pour vous surveiller.
— Pourquoi ?
— Monsieur, je n'ai pas à vous dire pourquoi.
— Quel est votre nom, monsieur ?
— Je ne vous le dirai pas. Je suis le directeur. Retournez à votre cellule.

Peu après, préau. Mais je me retrouve au «préau couvert», une cage de quinze mètres de long, grille d'entrée, grille de quatre mètres de large au fond, trois mètres de haut, grille quadrillant le ciel, les murs de trois mètres de haut convergeant du fond vers la grille d'entrée. Pas de soleil. Une heure seul, ni plus, ni moins, en cage. Mais à l'air «libre» du moins.

Pour rester objectif, complet, et éclairer le lecteur avec netteté sur mon attitude médicale, je transcris intégralement ci-dessous la lettre rédigée le 8 octobre à l'attention du Président de l'Ordre des Médecins du Brabant. Je précise d'emblée que cette lettre n'aura jamais d'autre réponse qu'un accusé de réception daté du 18 octobre.

Prison de Forest, le 8 octobre 1983.

Monsieur le Président,

Vous n'avez pas eu l'amabilité déontologique de répondre à ma lettre du 1er avril, lorsque je vous priais, en cas d'incarcération, de m'accorder la visite d'un membre du Conseil. Maintenant, c'est fait. Je suis à Forest. Je demande la visite d'un membre du Conseil. Car j'en suis toujours. Puisque vous n'avez pas répondu à ma lettre du 16 avril par laquelle je vous écrivais que je refusais de démissionner du Conseil du Brabant.
Je suis en prison par le fait que madame le Juge Coppieters m'a arrêté hier, le 7 octobre. Et ce, grâce à une interprétation tout à fait abusive de :

1° Lettre adressée par la Commission médicale provinciale au *Procureur du Roi* le 26-04-1983. Cette lettre concerne le fait que les toxicomanes s'injectent, après les avoir dissous, les comprimés prescrits.
Je cite : «Cette pratique est, sur le plan médical, des plus dangereuses et peut avoir des conséquences dramatiques, voire fatales pour les utilisateurs».

« La Commission médicale condamne formellement cette pratique. Elle met en garde les autorités responsables sur les conséquences qu'entraînerait toute attitude laxiste en ce domaine. » (...)
La Commission médicale vous adressera donc, comme dans le passé, le dossier de tout médecin dont la prescription s'écarte de ces règles fondamentales. »
Je suis placé, *par ma pratique*, pour vous signaler que ces risques existent bien un peu, qu'ils n'existaient pas lorsque les toxicomanes disposaient de méthadone *injectable*, que vous avez supprimée de manière solennelle par votre lettre du 14-02-1983, « sous peine de sanctions disciplinaires très lourdes ».
Je n'avais dès lors plus le choix des prescriptions.
De 78 à 83, la santé tant physique que mentale de l'immense majorité des toxicomanes traités par moi était excellente. L'Ordre, je vous le rappelle, a pris des décisions inadéquates d'après mon expérience. Je vous prie de bien vouloir relire ma lettre du 28-03-1983, et d'y répondre. Depuis mars 1983, je vous ai chaque fois écrit lorsque la santé d'un de mes patients était endommagée par l'injection de comprimés ou sirop, ce qui justifiait pour moi le retour au Méphénon injectable. Je déplore n'avoir pas reçu d'autres avis concernant mes décisions successives que de simples accusés de réception.
Je tiens à vous rappeler par ailleurs la parole du docteur B.[2] lors du Bureau du 26 avril : « Vous avez bien failli gagner, Baudour. Le Conseil était très partagé ». Vous remarquerez ainsi que c'est après avoir réussi à m'exclure du Conseil le 12 avril qu'il adressait — ce même 26 avril — une lettre au Procureur du Roi par laquelle j'allais pouvoir être incarcéré en fonction du *risque* médical que les toxicomanes courent en s'injectant des comprimés filtrés. Ce risque, ils le connaissent tous. Je les en informe très régulièrement. Je l'évalue chaque jour. Je leur conseille de suspendre leurs injections. Rien n'y fait. Personne n'est décédé depuis le 1er mars.

Mais, comme je l'ai dit hier au Juge Coppieters, je décline toute responsabilité médicale quant à l'avenir de mes patients puisque je suis forcé d'interrompre mes soins. C'est elle et vous qui la portez.
J'adresse une lettre au groupe de médecins qui désirait fonder avec moi le dispensaire dont j'ai parlé depuis 1979. Ce sont des médecins isolés, mais informés (cf. votre circulaire du 27-12-1982). Je vous prie instamment de les laisser travailler en leur âme et conscience, afin qu'ils puissent assurer la *continuité* des soins auprès des patients désormais dépourvus de toute aide médicale de ma part, et en état de manque à partir du 10-10-1983.

Je vous signale les hauts taux de décès lors de l'interruption *forcée* des traitements à la méthadone: de 6 à 14 % selon les enquêtes (voir Deglon: «Le traitement à long terme des toxicomanes à la méthadone»).

Voilà le risque auquel mes patients sont *aujourd'hui exposés* par l'interprétation dramatisante que fait le Juge Coppieters de la lettre de la Commission médicale du 26-04-1983.

J'ajoute qu'il aurait été correct, sur le plan déontologique une fois de plus, que je fusse avisé le 26-04-1983 de cette lettre. J'en ai eu connaissance une heure avant mon entrée à Forest.

2° Madame Coppieters s'inquiète aussi d'une autre lettre, bâclée et vague, jointe à son dossier à mon sujet et rédigée par trois médecins légistes: elle m'en a lu des extraits. Ces «experts» signalent des risques pouvant aller jusqu'à une issue fatale. Qui ne connaît tout cela, sinon moi!

Ainsi que je l'ai exposé (et fait dactylographier) à madame Coppieters hier, j'ai eu à connaître de deux endocardites sur 306 patients en cinq ans. Deux seulement, et dans les deux cas, des patients qui avaient perdu contact avec moi. L'un deux, Daniel T., viendra témoigner avec ses parents à mon procès. J'ai dû l'hospitaliser d'urgence à l'I.M.C. de Saint-Gilles où l'équipe de chirurgie cardiaque lui a placé une prothèse valvulaire (1982). L'autre est Eric[3], en fin de traitement à Saint-Pierre actuellement. Mon avocat, maître Krywin, vous adressera copie du témoignage qu'il a rédigé en septembre 1983. Vous y lirez la responsabilité que mon patient impute à l'Ordre au sujet de la dégradation de sa santé.

Bref, il s'agit de comparer les risques, ceux de ma pratique et ceux de l'interruption de celle-ci.

Objectivement, par la faute de la décision du Conseil, les risques sont un peu plus élevés maintenant qu'avant la suppression de l'injectable.

Au passage, je vous signale que Deglon lui-même, l'un des plus informés à mon avis parmi les experts européens, compte deux décès parmi les patients ayant arrêté volontairement le traitement, «morts de leur appétence incontrôlable à abuser de tout produit capable d'atténuer leurs angoisses et leur dépression».

Les causes de renvoi habituelles chez Deglon sont les ruptures répétées de contrat thérapeutique, et spécialement la persistance d'injections (de stupéfiants, de tranquillisants,...) qui sont strictement interdites «par contrat».

Ma pratique — «isolée» — me donne un taux de décès de 0,6 % pour les patients pris en charge (sur 60 mois), soit bien moins que les taux statistiques cités par Deglon (p. 149) à propos d'équipes structurées aux U.S.A. :

1. Concool (1979)
   79 mois : programme de méthadone : 2 % de décès.
   79 mois : lâché le programme   : plus de 5 % de décès (retrouvé 80 % des patients sur 510).

2. Cushman (1977)
   10 ans : programme de méthadone : 1,5 % de décès.
   10 ans : quitté le traitement   : 4,7 % de décès dont :
   — 20 % de morts violentes.
   — 50 % d'overdoses.
   — 30 % de problèmes médicaux.

3° Enfin, notez que Gearing, analysant en 1974 le sort de 109 héroïnomanes non traités (mais suivis de 1965 à 1972) trouve un taux de décès de 8,3 %. Quant à ma statistique personnelle, 9 patients sur 306 (soit près de 3 % en 5 ans) sont décédés. Il s'agit, 8 fois sur 9, d'abandons volontaires de traitement, ou de sorties de prison ou d'hôpital. Le 9ᵉ cas est Bruno G., victime d'une overdose qui m'a été à tort attribuée en février 1983 (patient «dépanné», que je n'ai pu prendre en charge, faute de disponibilités).
Il faut vous signaler que ce taux de 3 % est un chiffre par défaut, vu que j'ignore le sort de bon nombre de patients qui m'ont quitté. Mais j'apprends bien plus souvent leur guérison confirmée que leur décès.
Voilà, monsieur le Président.
Au Conseil et à la Commission de prendre leurs responsabilités face à mon incarcération ignoble et face aux problèmes de continuité des soins.
Je ne m'étendrai pas sur l'immense préjudice moral que me cause cet emprisonnement et le préjudice causé à mes patients par l'interruption brutale de leur psychothérapie.
Une fois de plus, j'attends une réponse circonstanciée et motivée à cette lettre de prison, en vous rappelant que mes lettres des 28 mars, 16 avril et 7 juin 1983 sont restées sans réponse.

Déontologiquement vôtre,
Dr J. Baudour

Pourquoi le Conseil de Brabant serait-il sorti de son permanent mutisme à mon égard? N'avait-il pas, depuis 1982 au moins, «joué le jeu» du Parquet, abandonné les toxicomanes à leur sort misérable et poursuivi «avec la plus grande énergie» les «médecins prescripteurs»? De plus, mes pairs allaient-ils se soucier de moi après m'avoir chassé six mois plus tôt? Néanmoins, le silence de l'Ordre laissait pendantes la querelle scientifique (comment traiter les toxicomanes? les sevrer? tolérer et contrôler la méthadone et la piqûre?...) et l'instruction disciplinaire de juin.

Baudour est désormais livré à la Justice... bon débarras!

Francine, ma compagne — présence de chaque jour à la prison — eut la délicatesse de ne m'aviser d'une ignominie supplémentaire qu'après ma libération: peu après mon arrestation, elle apprit de la bouche d'un jeune généraliste ami qu'une dizaine de médecins (du Conseil, et extérieurs) et quelques magistrats s'étaient réunis à l'Ordre pour discuter de mon «cas»: Baudour était atteint, a-t-on dit, de délire paranoïaque; on évoqua l'idée de me transférer à Tournai; en défense sociale... ou à l'asile?

Peut-être de ma lettre le Conseil retint-il cependant un aspect: l'alerte lancée à propos des patients en manque. En effet, dès le lendemain de mon arrestation, les journaux de la capitale titraient que le Conseil avait donné instruction aux Centres de santé mentale bruxellois de recevoir mes malades. Mais, à quelques spécialistes près, personne n'était prêt à les accueillir et à leur prescrire un opiacé de synthèse. Un centre débutant, le «Projet LAMA», qui délivrait de la méthadone orale depuis quelques semaines à peine, fut chargé officiellement (je l'appris plus tard) de recevoir les drogués. Ils n'étaient pas rôdés aux cas «lourds». Ils surdosèrent de nombreux patients. L'un d'entre eux, marocain, que j'avais stabilisé à une petite dose d'entretien, et me préparais à sevrer, arriva si «défoncé» le 24 novembre à la 22e Chambre (il désirait assister à mon procès) que la B.S.R. l'arrêta. Fouillé, on lui trouva trois comprimés de Wellconal; il fut dès lors incarcéré pour «détention illicite de stupéfiants». Il me rejoignit à Forest, et fut transféré à Merxplas en février 1984. Et ceci alors qu'il avait requis de l'équipe du LAMA qu'on ne lui imposât pas plus de 50 mg de méthadone! Il en avait 90! De la toxicomanie «légale» à la toxicomanie «illégale», puis à la prison.

Le 10 octobre, madame le Juge Coppieters, qui m'avait arrêté le 7, eut l'amabilité de m'interroger une heure encore. J'eus une nouvelle surprise: je lui expliquais qu'au fil des ans j'étais devenu l'interniste traitant des drogués, vu que la plupart d'entre eux ne peuvent ou ne veulent s'offrir des soins médicaux. Un quart d'heure plus tard, elle me demanda si j'avais exercé la médecine générale...

Je tentai, comme le 7, d'augmenter son degré de conscience des problèmes médico-sociaux et des actes délinquants divers qui allaient résulter de mon incarcération.

Peut-être fus-je assez convaincant, car le 12 octobre, en Chambre du Conseil, elle plaida que ma pratique isolée avait cependant de meilleurs résultats, quant à la mortalité des patients sous méthadone, que celle des équipes américaines. Le Président de la Chambre la coupa. Le Procureur se borna à dire que j'étais un danger public et qu'il requérait donc le maintien de mon mandat d'arrêt. Mes avocats, Anne Krywin et Pierre Legros, non informés du dossier (ils n'y ont accès, en vertu de la loi sur la détention préventive, que 48 h avant la deuxième comparution en Chambre du Conseil, soit au 26e jour de la détention!), tentèrent de plaider ma mise en liberté en raison de mes responsabilités médicales et du caractère inadmissible, injustifié de mon arrestation, le jour même où je comparaissais librement devant le Tribunal. Le ton monta très vite. Ils ne réussissaient pas à se faire entendre. Après m'avoir donné la parole une minute (le temps d'exprimer le caractère odieux de mon arrestation et d'évoquer mes traitements depuis 1978), le Président m'ordonna de me taire. Le tout ne dura pas vingt minutes.

Rentré à la prison, je fus convoqué au greffe à 17 h 45 pour apprendre que j'étais «confirmé». J'étais écœuré, rageur, impuissant, réduit au silence en cellule. Parodie de justice, sans possibilité de défense. Mon arrestation, pensais-je, devait avoir fait l'objet d'un consensus préalable, de longue date, entre certaines personnalités du monde judiciaire et certains médecins. J'étais outragé, privé de liberté, et même privé de parole.

A 18 h, je croise l'un des directeurs (il s'agit de Van de Candelaer, déjà rencontré le 7 octobre) devant le poste de contrôle central. Il me tend, ouverte, ma lettre au Président de l'Ordre des Médecins, ainsi que d'autres lettres urgentes adressées le 10 octobre sous secret médical. Il m'affirme, sans riposte possible: «Le secret médical ne compte pas. Nous avons aussi notre secret. Ici, vous êtes détenu, pas médecin».

Je ne réponds rien, j'enrage. Je prends mes lettres. Ils ont dû les photocopier. Je rentre dans ma cellule et crie: «Bande de cons!». C'est mon premier éclat, après cinq jours d'ignoble privation de liberté.

Un maton qui passait dans le hall à cet instant ouvre la porte de ma cellule, me dévisage sans un mot, puis referme la porte. Cela ne dure pas dix secondes.

Le cachot

Jusqu'à 23 h, j'écris un texte à propos de mon arrestation et des conséquences qu'elle aura pour mes patients. Je désire l'adresser par courrier demain à six heures, afin que Francine ou Anne Krywin le lise à la conférence de presse que Francine prépare pour le 14 octobre. Comment synthétiser l'essentiel ? Tourmenté, je me réveille à quatre heures et demie du matin. De ma cellule, j'appelle le surveillant de la nuit en éclairant une veilleuse qui s'allume dans le grand hall de la 10ᵉ section. Il vient, ouvre le guichet de ma porte. Je lui explique que je désire de la lumière en cellule pour écrire. Il refuse et s'en va. Peu après, je le rappelle. Un autre arrive, plus âgé, cinquante ans. J'essaye, doucement, de lui faire comprendre pourquoi il est urgent que j'écrive. « Ce n'est pas urgent », et il s'en va. Je laisse passer quelques minutes, puis je frappe avec l'index contre la porte. Ils arrivent, me font sortir de la cellule, me tordent chacun un bras dans le dos, m'entraînent de force au cachot de la 7ᵉ, sous le regard tranquille, habitué, d'un troisième maton. « Et maintenant, déshabille-toi complètement », dit le plus vieux. Il n'y a rien au cachot qu'une paillasse au sol, un seau emmuré dans un coin, et une lampe protégée au-dessus de la porte.
— Allez, déshabille-toi !
— Mais pourquoi ?
— Déshabille-toi ou tu reçois des coups.

Il lève le poing, me menace, s'énerve et postillonne à vingt centimètres de mon visage. Ils sont trois. La force brutale, et la clef. Le pouvoir imbécile, appuyé sur la clef et l'autorité du « règlement ». Avilissement discrétionnaire. Je m'exécute. Je dois leur donner ma montre. Nu. Environ une demi-heure après, l'un d'eux me jette par le guichet une chemise et un pantalon, avec un seul bouton, puis deux couvertures. Je me blottis.

J'apprendrai qu'il n'y a pas de bouton car l'homme au cachot pourrait le casser en deux et se tailler les veines. Vers sept heures environ, dans le cachot d'à côté, pendant une demi-heure, un homme donne des coups extrêmement violents contre sa porte. Personne ne vient. J'apprendrai, par l'aumônier et d'autres détenus, que c'est X... Il est là depuis des mois, mains et pieds entravés ; on dit que certains profitent de son assujettissement pour lui donner des coups de pied, on dit qu'il ne parle plus à personne, qu'on lui apporte seulement à manger, qu'il est «comme une bête», qu'il sera transféré un jour...

Quand il cesse de frapper, j'appelle. Dix minutes au moins. Pour lui. Personne ne vient.

Ce 13 octobre, vers onze heures, escorté par quatre gradés et poussé dans le dos par le chef de section de la 10e, je suis amené au rapport du directeur :
— Vous avez insulté un surveillant. Je veux que le personnel soit respecté. Deux jours de cachot et quinze jours de préau couvert. Vous avez quelque chose à dire ?
— Je n'ai pas insulté un surveillant.
— Vous l'avez insulté. C'est écrit dans le rapport disciplinaire.
Je sens qu'il est inutile de dire que le surveillant ment.

«Vous avez dérangé les surveillants la nuit. Quinze jours de préau couvert, c'est le tarif.» Je suis reconduit au cachot.

Il me faudra sept heures, ce 13 octobre, pour obtenir de quoi écrire une lettre recommandée à Anne Krywin. Seul l'avocat peut être touché par le détenu au cachot. Je lui demande de porter plainte au Procureur pour cet abus de pouvoir qu'est la mise au cachot. Sa lettre restera sans réponse.

«On ne dialogue pas avec le Procureur du Roi», n'a cessé de me répéter Francine, avant, pendant et après ma détention.

14 octobre

International Press Center. Conférence de Presse : Francine, des médecins et des avocats amis ont réalisé une excellente information de l'opinion publique. Tous, me dit-elle le 15, ont admirablement parlé : Willy Peers, gynécologue et Michel Graindorge, avocat avaient déjà, eux aussi, subi (respectivement en 1973 et 1979) une inadmissible détention «préventive». Jacques Grosjean et Evelyne Dal, généralistes, informent une large assemblée des traitements à la méthadone. Francine diffuse une remarquable farde de presse où les problèmes fondamentaux sont bien posés. Je résume ici l'essentiel :

Jacques Hamaïde parle au nom du Collectif d'avocats de Bruxelles :

«Depuis 1979, Jacques Baudour, médecin psychiatre, fait l'objet de plusieurs inculpations du chef d'entretien de toxicomanie. Toutefois, les Juges d'Instruction successifs, dans les quatre dossiers dont ils ont été saisis, n'ont jamais trouvé nécessaire de placer le docteur Baudour en détention préventive, estimant qu'elle ne se justifiait pas.

» La détention préventive ne peut être ni un système d'acompte sur la peine, ni une méthode d'inquisition pour délier les langues réticentes, ni une tactique susceptible d'influencer défavorablement le Tribunal et l'opinion publique. Alors que le législateur de 1973 voulait renforcer les droits de la défense, le système est devenu inégal au bénéfice du Parquet et au détriment de la défense. Nul ne devrait plus ignorer que le premier contrôle exercé par la Chambre du Conseil, Chambre d'instruction, cinq jours après la délivrance du mandat d'arrêt, s'opère sans que l'avocat ait accès au dossier (...)

» Dans le cas du Docteur Baudour, le Collectif ne perçoit pas les circonstances graves et exceptionnelles qui nécessiteraient aujourd'hui un mandat d'arrêt et son maintien (...)

» D'autre part, le Collectif s'étonne des circonstances dans lesquelles ce mandat a été délivré et des conditions dans lesquelles le procès du Docteur Baudour se déroule.

» En effet, le 7 octobre 1983, le Docteur Baudour comparaissait devant la 22ᵉ Chambre du Tribunal correctionnel. Trois audiences étaient prévues pour juger du bien-fondé de la pratique thérapeutique du Docteur Baudour. Un jugement au fond devait donc intervenir prochainement.

» Or, c'est précisément ce jour-là que le Docteur Baudour sera placé sous les liens d'un mandat d'arrêt.

» D'autre part, le Procureur du Roi demandait la remise de l'affaire. Or, ni le Président de la Chambre, ni la défense, ni les nombreux témoins convoqués n'auront été prévenus de la demande de remise. Il est regrettable que le Docteur Baudour soit privé de la possibilité de s'expliquer sur la valeur de sa méthode thérapeutique au cours d'un débat contradictoire et public». (...)

Willy Peers: «La mise en détention préventive d'un médecin à l'heure où s'ouvre son procès qui doit examiner si l'archarnement dans une voie thérapeutique est un délit, n'est-elle pas une condamnation de ces malades que sont les toxicomanes à retourner à leur drogue, ne les jette-t-elle pas plus souvent vers la délinquance qui complique souvent leur affection? Ne se devrait-on pas plutôt d'examiner les intérêts en cause de la mafia des trafiquants de drogues dures tout autant que de ceux qui proposent d'autres alternatives thérapeutiques?

La justice doit-elle pourchasser ceux qui tentent tant bien que mal de soigner plutôt que ceux qui offrent aux intoxiqués de ne pouvoir retourner qu'à la drogue dure qui les détruit?»

Jacques Grosjean: «La première qualité d'une démarche scientifique est de reconnaître les faits comme ils sont, et non pas comme on pourrait désirer qu'ils soient. Eluder un fait de constatation clinique amène nécessairement à un mauvais diagnostic et à un mauvais traitement.

»La dépendance du toxicomane à la molécule de l'héroïne ou de la méthadone est un fait. La dépendance du toxicomane à l'injection et à la seringue est un autre fait de constatation clinique. A telle enseigne que, en l'absence de drogue, l'impulsion à s'injecter le pousse à s'injecter n'importe quoi: de l'eau, de l'air, de l'éther, de l'essence, de l'aspirine, des amphétamines, des calmants, etc. Cette dépendance est un fait constatable et vécu; tous ceux qui s'occupent d'héroïnomanie peuvent en témoigner. Nier ce fait n'est pas scientifique». (...)

Grosjean énumère les tendances des approches thérapeutiques:
- sevrage de l'héroïne sans produit de substitution («Le Patriarche»),
- sevrage de l'héroïne avec substitution de courte durée (cure de désintoxication, généralement en institution),
- sevrage avec substitution de longue durée: en général, assurée par la méthadone, prise par voie orale.

Je le cite: «Le Docteur Baudour ne prétend pas avoir la solution. La méthode qu'il suit se rattache au troisième type: sevrage de l'héroïne avec substitution par la méthadone, au long cours, qui permet la prise en charge psychologique. La différence est que la méthadone est administrée en injection par le patient. Pour beaucoup, cela apparaît comme un point crucial de désaccord. En fait, c'est son expérience clinique de psychiatre en contact avec la toxicomanie qui l'amène à ne pas pouvoir écarter le phénomène de la dépendance à la seringue. La stabilisation obtenue par la méthadone permet le travail thérapeutique très lourd et très long nécessaire pour obtenir cette 'décroche'. C'est une attitude courageuse et hautement respectable qui doit stimuler le sens déontologique de tous les milieux concernés. Il nous apparaît que l'emprisonnement d'un homme dans ce cas n'est pas de nature à faire progresser nos connaissances. Quand il s'agit de la santé des hommes, refuser d'apprendre est un crime.

»Le Docteur Baudour a déjà demandé que l'on fasse l'évaluation scientifique de sa méthode. Ses résultats sont à la disposition de tous.

Il n'a pas encore reçu de réponse. Au contraire, sans évaluation scientifique, on lui impute trois décès, la responsabilité du marché noir, la délinquance, etc. Il connaît les difficultés de la situation et il est certainement parmi ceux qui sont autorisés à en parler».

C'est pour cette raison, pensais-je dans ma cellule, qu'on m'a incarcéré. Pour faire taire l'information que j'aurais pu librement diffuser grâce aux medias. J'avais tant espéré que mon procès pût fournir l'occasion de l'ouverture d'un large débat public sur la toxicomanie en Belgique. Il faut avoir connu la prison pour mesurer la souffrance de la perte du droit de communiquer, de se faire entendre. Me taire était un ordre du Juge le 12 octobre, et encore réitéré sous forme d'impérieux conseil par un autre Juge, le 27 janvier 1984, cent treizième et dernier jour de ma détention.

C'est parce que j'ai le devoir humain de dire ce que je sais des drogués que ce livre est écrit: de la psychothérapie à l'emprisonnement, j'espère ne rien éluder de mes convictions, de ma compréhension des malades, de mes doutes, de leurs droits et des miens. C'est cette détermination lucide qui me fit débuter la rédaction de cette «Esquisse» le vingtième jour de ma détention.

Dernière intervention-clef du 14 octobre, Thierry Poucet parle au nom du comité directeur du G.E.R.M.[7]: «Il s'inquiète en particulier du procédé judiciaire expéditif qui consiste à placer en détention préventive, comme s'il s'agissait de malfaiteurs dangereux pour la sécurité publique, des médecins dont le principal 'tort' est, pour la plupart, de s'acharner à prendre en charge une population de drogués durs, marginale et à haut risque, malgré toutes les vicissitudes et les inévitables échecs que cela comporte. Le comité du G.E.R.M. s'étonne, en revanche, de l'apparente indifférence des autorités au risque social et médical immédiat que constituent, pour les patients habituels de ces médecins, chaque arrestation et la rupture de continuité des soins qu'elle entraîne. (...)

»En conclusion, et pour sortir de l'arbitraire actuel, le comité du G.E.R.M. demande instamment aux responsables gouvernementaux de la Justice et de la Santé publique d'organiser une large confrontation entre toutes les personnes, associations et organismes officiels concernés, en vue de jeter les bases d'une politique cohérente de recherche et d'aide thérapeutique aux toxicomanes».

En caricaturant la situation (avec platitude mais avec vraisemblance, hélas!), un journaliste put écrire en octobre 1983: le Dr Baudour a été arrêté afin qu'il cesse de prescrire. Alors que la littérature mondiale est unanime à souligner les dangers de l'interruption brutale des traitements à la méthadone...!

J'enrageais en cellule. Quarante jours de silence forcé, jusqu'à ma comparution, menottes aux poings, devant mes juges et le public. Me taire. Décidé chaque matin à garder les épaules hautes et droites. Ne pas pouvoir embrasser Francine ni mes enfants Emmanuelle et Grégoire : les visites se passent dans de minuscules cabines, bruyantes des éclats de voix voisines. La vitre est en plexiglas : pas de baiser possible pendant quarante jours. S'encourager l'un l'autre. S'aimer du regard.

« Ils » ne briseront pas ma volonté. Alors qu'il me faut parfois quatre ans d'infinie patience pour approcher de la guérison de Philippe, de Françoise, de Madeleine, d'Angelo, de Roger, d'Eric... quarante jours d'absurde contrainte à l'isolement dans dix mètres carrés accroîtront ma rigueur et ma lucidité. Ma paix intérieure se maintiendra, nourrie de mon innocence. J'ai le cœur net.

Criminel ou médecin, employé ou vagabond, chômeur ou homme d'affaires, petit voleur ou grand fraudeur du fisc, chaque détenu «en préventive» (préventive de quoi?) subit l'épreuve de la suppression de son droit à la parole : en cellule, en Chambre du Conseil ou en Chambre des Mises en Accusation. Cette suppression accroît la juste révolte du juste, et le désabusement de celui qui se sait coupable. Nivellement de tous. Un surveillant m'énonce un jour un précepte de la doctrine carcérale : «Il n'y a pas d'égards pour les détenus».

Les longues journées, les nuits solitaires accroissent le besoin et l'espoir d'être entendu. Mais chaque détenu se résigne vite au rituel inutile : quelques minutes de comparution, la parole du Procureur qui semble parler d'un autre que soi (même pas l'honneur de Meursault [5], le meurtrier, qui écoute chacun parler de son âme...), la parole du Juge d'Instruction, et celle de l'avocat qui tempère l'impatience de l'enchaîné.

Ainsi aurais-je aimé pouvoir dire les 12 et 18 octobre que la lettre de la commission médicale provinciale du 26 avril se situe dans le cadre d'une politique sanitaire qui a brisé la liberté thérapeutique des médecins sans avoir réalisé l'évaluation scientifique de l'usage de la méthadone injectable. Ainsi que je l'ai montré plus haut, cette pratique est la moins risquée de toutes, contrairement aux préjugés des experts. L'ignorance est la plus pernicieuse des drogues d'une civilisation.

D'octobre 1983 à janvier 1984, ma parole d'homme et de médecin sera régulièrement mise en doute. Comme tant d'autres détenus, je me sentais bien plus présumé coupable qu'innocent. Ainsi, le 12 octobre, en Chambre du Conseil, le Président: «Je ne serais pas sûr de votre parole, si vous me promettiez qu'ils ne se piquent plus»...! Inacceptable dénigrement de ma parole, de ma conscience médicale, sur base d'une promesse irréaliste qu'aucun thérapeute lucide n'oserait formuler au nom de ses patients. Car enfin, quoi? Dois-je dire et redire la vaste hypocrisie du monde médical et judiciaire qui n'ignore pas que le toxicomane absorbe sa méthadone «légale» devant le médecin, puis s'injecte dans les heures qui suivent de l'héroïne ou tout autre produit «illégal», parce que non prescrit sous la responsabilité médicale?

Même style de dénigrement en Chambre des Mises en Accusation: je ne suis pas libéré, car je pourrais entrer en contact direct avec mes patients-témoins au procès. Et dès lors les influencer? Comédie, cela aussi, car leur parole (on le verra plus loin) restera sans poids dans ce procès médical... alors que c'est leur santé et leur vie qu'ils ont engagées dans leur thérapie chez Baudour. L'arrêt de la Chambre des Mises sous-entend sans ambiguïté que la libération du médecin délinquant lui permettrait de rejoindre ces autres délinquants que sont ses patients!

Sur ce point, le dialogue avec la justice belge est impossible: le consommateur de drogues est délinquant au sens de la loi de 1975, et non malade. Et le thérapeute semble assimilé à ses patients.

Ecœuré d'avoir été si peu écouté, je rédige, cette fois à l'intention du Président Amores et de ses deux assesseurs, un document de synthèse qui précise au mieux (à mon sens) «les impasses médicales, légales et judiciaires du traitement des toxicomanes». Francine en assure la dactylographie et la diffusion urgente: presse, tribunal, confrères, amis,...

A cet instant, je recommande vivement que mon lecteur analyse ce texte en annexe. Il définit les enjeux de mon procès: qui traitera encore avec de la méthadone, au risque d'être emprisonné? et dès lors comment limitera-t-on l'héroïnomanie en Belgique?...

Hélas, mes préoccupations de santé publique ne rencontreront pas celles du Tribunal: sa tâche — il la signifiera dès le 16 novembre — sera de définir la «faute pénale» du prévenu Baudour. Tâche très limitée... mais qui remplira 68 pages dactylographiées!

Le 19 octobre, suite à un article de M. Vd., j'adresse au journal «Le Soir» un texte qui ne sera jamais publié. J'en reproduis ici quelques lignes. «S'il plaît à la loi de 1975 (c'est-à-dire à l'interprétation qu'en donnera le Tribunal, devrais-je ajouter aujourd'hui) de considérer que des prescriptions *estimées* abusives de méthadone constituent l'infraction d'entretien de toxicomanie, quant à moi, mes résultats thérapeutiques me fondent à affirmer qu'une très longue psychothérapie de soutien amène le toxicomane à émerger lentement du bourbier social, physique, psychique, moral, affectif, familial où l'héroïne l'a enfoncé».

Ces lignes préfigurent le jugement du Tribunal et situent l'hiatus entre l'objectif médical et l'*estimation* de la faute pénale passible d'une peine d'emprisonnement. Cet hiatus m'apparaît radicalement absurde : où s'égare la conscience morale des hommes de ce siècle, s'ils emprisonnent des thérapeutes de bonne foi, désintéressés, passionnés d'une tâche très ingrate et qui persévèrent dans l'incompréhension quasi générale de leurs contemporains ?

20 octobre

Outre le Dr. Grosjean, autorisé à me rendre visite à Forest, un autre ami, interniste, a demandé à me voir. J'en aurais été très heureux. Réponse écrite de Van de Candelaer : «Il ne peut être question d'autoriser la visite d'un défilé de médecins personnels». Ainsi classé dans mon dossier d'écrou. Ainsi tranche l'autorité arbitraire...

21 octobre. Chambre des Mises en Accusation

L'avocat général se sert d'un rapport très succinct rédigé par trois médecins experts qui ne m'ont pas interrogé sur ma pratique et qui la condamnent. Argumenter face aux juges est quasi impraticable. Les rôles de chacun m'apparaissent délimités par un rituel millénaire. Tandis que mes avocats soulignent le guet-apens de mon incarcération, la rigueur de ma conscience professionnelle et de ma compétence, les trois juges échangent quelques mots à voix basse... Même lorsqu'ils écoutent, je n'ai pas le sentiment que les arguments d'Anne Krywin et de Pierre Legros sont entendus.

Quant à moi, il n'est question que de répondre à leurs questions. Mon indignation est balayée, superflue, vaine. Le prix de la liberté d'un médecin paraît ne rien signifier pour ceux qui, chaque jour, s'arrogent le droit de maintenir des innocents (ou présumés tels) en détention «préventive». Peut-être réussiraient-ils à s'identifier à eux s'ils étaient à leur tour privés de liberté. Alors seulement, j'espère, ils sentiraient dans leur chair et leur esprit que tous ceux qui détiennent une clef à Forest sont les despotes aveugles et sourds d'un univers concentrationnaire où règnent le mensonge et l'humiliation.

« Monsieur le Président, dit Anne Krywin ce 21 octobre, les patients du docteur Baudour vont bien. Ils travaillent. Les experts parlent de risques médicaux. Vous ne pouvez pas maintenir un médecin en prison pour un risque, et non des faits. Ça ne va pas »!... Juste, mais vain. Je suis « confirmé ».

« Correctionnaliser » les toxicomanes et leurs thérapeutes assure la mainmise de la justice sur une situation humaine qui la dépasse. Ne pas leur donner droit à la parole confirme le mécanisme qu'ils dénoncent: « personne ne veut nous comprendre ». Combien d'années faudra-t-il en Belgique pour que les corps institutionnalisés (judiciaire, médical, politique, ...) ouvrent leurs oreilles, amorcent le dialogue avec les exclus, et cessent de « surveiller et punir »[6]?

Octobre 1984

C'était il y a un an. Jour après jour, depuis un an, je reste si écœuré de mon incarcération ignoble et de ma condamnation (le Juge Amores l'a bien appelée « de principe », mais elle ampute mes fonctions thérapeutiques) que je ne retrouve pas chaque jour le courage d'écrire l'ignominie, l'humiliation, les insultes, les fouilles en cellule, la mise à poil, les refus de dialogue avec le directeur, les brimades des surveillants. Le courage d'écrire, afin que cessent les détentions préventives non fondées, afin que le Parquet n'ait pas le droit permanent d'interjeter appel des décisions des Chambres du Conseil qui motivent dûment la libération des prévenus.

Que ma persévérance ne me quitte pas.

Octobre 1983. Cellule 277

6 h 15, chaque matin, fracas de la clef dans la serrure.

Cri du chef de section: « Vases - poubelle ». Evacuer en hâte les vases: deux seaux en plastique, avec les excréments, et l'eau de lavage, et le reste de la soupe de la veille.

« Combien de tartines? » Réception du pain et du café. Fermeture. A peine le temps de glisser un sourire au « servant » qui donne la nourriture.

Une heure de préau dans la matinée, une heure dans l'après-midi; mais pas une minute si la rentrée du Palais (le détenu y passe quelques heures au cachot et dix minutes en Chambre du Conseil) s'effectue alors que l'heure de préau de l'après-midi a déjà débuté pour les autres détenus.

Au préau couvert, une heure par jour, ni plus ni moins, seul. C'est ça ou rien. Un jour, j'ai osé demander à Van de Candelaer s'il était possible de bénéficier de deux fois trente minutes. Il s'est tourné vers le gradé qui l'assiste; celui-ci a signifié non de la tête. Dépité, j'ai demandé:

— Et si le règlement ne prévoyait que dix minutes de préau par jour?
— Eh bien, j'appliquerais le règlement.

Incisif, alors, je demande:

— Et si c'était zéro minute?
— Allez, retournez dans votre cellule. Il ne faut pas demander le rapport du directeur pour des bêtises comme ça (*sic*).

Ceci n'est pas une caricature de l'extinction de la liberté et de la parole. C'est à Bruxelles, en octobre 1983.

Survivre en prison est, je crois, possible pour chaque détenu s'il vit en pensée à l'extérieur, proche de ceux qu'il aime et qui l'aiment. Les visites journalières de Francine, tendue mais radieuse, ont fait merveille. Ecrire et recevoir du courrier est tout aussi indispensable au maintien du moral.

Lettre à Francine. 16 octobre 1983
Je m'interroge encore (car je n'ai pas la réponse) sur l'acharnement que tant de gens ont mis à m'anéantir:
- le Conseil de l'Ordre,
- la Commission Médicale Provinciale,
- les experts-médecins,
- le Parquet,
- une certaine presse (Pourquoi Pas?, Dernière Heure),
et maintenant le personnel de la prison.

Jalousie? Je ne menace pourtant personne.

Je deviens le chantre d'une authentique déontologie qui transcende la leur, formaliste, vide, paralysante.

A Francine, le 18 octobre
Le besoin de trouver un bouc émissaire? Le moyen de masquer toutes les carences institutionnelles, c'est de se servir de l'unique dé-

nonciateur pour l'écraser. C'est facile, il est seul, avec septante malheureux toxicos encore plus vulnérables. Mais le 14 a bien fait voir que je ne suis plus seul, et c'est un grand bonheur pour moi, qui ai œuvré depuis cinq ans dans un silence bénédictin. (...) Ne pense plus qu'ils ont osé m'enfermer. C'est. Travaillons. A dénoncer l'ineptie de cet enfermement. A le dépasser plutôt. A mettre en évidence combien la lettre de la Commission Médicale du 26 avril a servi au Procureur, puis au Juge, à paniquer puis à m'enfermer. Cette lettre a la bonne tenue de la légitimité scientifique qui ne peut évidemment pas concevoir qu'avec un semi-contrôle médical (c'est-à-dire ma pratique hebdomadaire) un toxicomane usurpe le pouvoir médical du bon usage permanent des médicaments.

Combien de milliers d'injections se sont-ils faites avant de démarrer leur traitement? Or, ils vivent toujours, Roger, Philippe, Denis, ... et Eric! Retiens que c'est la peur qui fait décider de presque tout dans ce monde. Il faut surmonter sa peur pour décider avec sagesse. (...)

Ne t'efforce pas trop de te mettre dans-ma-peau-vivant-à-Forest. Car je ne vis pas ici. Je vis avec toi, pensant à toi, pensant sans cesse à tous ceux qui m'attendent dehors. Toi, Emmanuelle, Grégoire. Tous mes patients. Qu'ils patientent, eux. Etre frustrés de ma trop présente présence leur fera du bien. Cinq pour cent d'entre eux s'autonomiseront un peu.

3 novembre, 6 h 50

«Palais» me crie un «chef»... Je suis tout étonné. Arrivé à 8 h 40, un gendarme malicieux: «Votre dossier n'est pas là!» (c'était pour le lire). Trois heures d'attente dans le cachot infect de la gendarmerie. Manger froid à midi et demi. Pas de préau: l'heure est passée. Alors, pour m'entretenir le moral, j'écris. Ça va bien. J'ai rédigé 80 pages de l'Esquisse à ce jour.

4 novembre

Il s'agit du dossier d'instruction de Madame Coppieters. Elle a demandé deux informations:

1. Un rapport sur mon comportement pénitentiaire. Van de Candelaer lui a écrit dix lignes parfaitement mensongères, dans lesquelles il justifie ma mise au cachot par le fait que j'aurais fait un tapage nocturne qui aurait réveillé toute la prison!

2. Le contrôleur des contributions a fourni une copie de mes déclarations fiscales des cinq dernières années. La Justice veut vérifier, chiffres en mains, que le psychiatre des drogués n'a vraiment pas fait fortune!

Pas une information récente à propos de Thierry et de Dominique, au nom desquels le Juge m'a arrêté le 7 octobre. Rien de neuf à leur sujet depuis mai-juin. Le Parquet avait mis ce dossier en veilleuse, au lieu de l'instruire en temps utile, ce qui aurait été impérieux, si le Procureur s'était montré authentiquement concerné par les «circonstances graves et exceptionnelles» touchant «l'ordre public».

7 novembre
Chambre du Conseil, présidée par madame le Juge Lyna. Bouffée d'espoir. Je sais qu'elle apprécie mon travail depuis 1981. Me libérera-t-elle? Madame Coppieters n'apporte rien de neuf, mais ne se montre pas opposée à ma libération. Le Procureur du Roi, une jeune femme qui visiblement ne connaît pas le dossier, demande cependant mon maintien. Anne Krywin plaide avec ferveur et rigueur: ma détention ne peut être justifiée par un risque et non des faits. Madame Lyna paraît comprendre que ma détention préventive est injustifiée et que l'interruption des traitements est très dommageable aux patients. Elle décide le renvoi en correctionnelle de la cause Thierry et Dominique.

Au greffe de la prison, à 18 h, j'apprends qu'elle a décidé ma libération, mais que le Parquet s'y oppose. Pourquoi?... Je dois signer mon maintien à Forest! Absurde.

9 novembre
Le servant m'annonce qu'on a écrit «Libérez Baudour» sur les murs de la prison.

13 novembre. Lettre à Francine
Ici, seuls sont libres les mouettes et les moineaux. Les autres vivants, détenus et détenants, insectes des cellules, chat du préau, sont tenus prisonniers d'un règlement qui immole toute communication entre les hommes à son absurdité. Il est heureux que le règlement ne prévoie pas qu'un détenu sur dix, choisi au hasard, condamné ou non, ait la tête tranchée au septième jour, car il se trouverait ici des hommes à l'appliquer (...)
Je vais t'expliquer ce que 'j'entends' depuis quinze jours dans l'obsession du Boléro de Ravel. Quels que soient mes efforts pour entendre, ou tenter de siffler ou de chanter un Brandebourgeois, ou un air du Messie, ce thème-là n'arrive pas à éclosion; il est à l'instant même noyé par le mouvement perpétuel du Boléro. Parfois c'est si douloureux que je me lève, je me bouge, je fais de vastes mouvements des bras pour chasser cette presque hallucination afin «que cela cesse».

Je sais que c'est par manque de stimulations normales, faute d'équilibre, que ce Boléro obsessionnel m'envahit. Le seul bruit qui rompe à coup sûr le Boléro est le terrible clic-clac des clefs dans les serrures. (...)

Vivre avec une lucidité très (trop?) souvent branchée sur l'injustice à l'œuvre dans le siècle impose une permanente et douloureuse tension de l'esprit qui ne doit pas céder aux émois du spectacle permanent de l'injustice, de la famine, de la guerre, du besoin de détruire. Sans compter que cette acuité à la perception de l'absurde, de l'infâme, de l'injuste n'élude pas cette part de douleur ou de dignité que simultanément (et c'est là l'une des clefs de mes plus grandes tensions) je peux percevoir chez un être. (...)
La logique n'a plus cours ici. Le détenu n'a plus de droits. Le surveillant consent à lui accorder trois quarts d'heure d'air par jour, s'il le veut bien, s'il n'a pas oublié. Le désordre, ou la mauvaise volonté, ou l'agacement d'un instant, ou l'oubli sont tels qu'un détenu peut être oublié, quel qu'il soit.

16 novembre
Réouverture du procès, après le faux départ du 7 octobre manigancé par le Parquet.

Quatre heures de dialogue serré, courtois mais ferme, avec le Juge Amores. La précision de toutes ses questions me convainc vite qu'il a une connaissance extraordinaire de mon dossier.

Il attaque d'emblée l'interrogatoire par la recherche d'informations complémentaires sur les décès de Nadia, Bruno et René.

Après quarante jours de détention, ces quatre heures me demandèrent un tel effort de concentration qu'il me fut impossible de résumer ensuite ce qui s'est dit. Je garde le sentiment d'un dialogue de haute envolée, en présence d'une salle très à l'écoute, remplie d'avocats, de toxicomanes, de parents, de curieux, d'amis et de gendarmes.

Je me souviens de bribes. A l'occasion d'une question du Juge Amores visant ma réticence à confier mes patients aux hôpitaux, je me rappelle avoir parlé quelques minutes de Christian. Homme très intelligent, cultivé, qui a failli mourir de collapsus dans un hôpital bruxellois où l'avait conduit sa panique succédant à mon incarcération. Le Président m'interroge aussi sur la réadaptation de mes patients. Beaucoup d'entre eux ne vivent-ils pas des problèmes sociaux et professionnels, dit-il en substance, qui nécessitent la mise en œuvre d'une aide sociale intensive? Certes, monsieur le Président, la collaboration d'assistants sociaux solides est justifiée. Car ce sont des patients particulièrement peu motivés, peu persévérants, abouliques qui manquent souvent à leur parole, qui prétendent travailler et ne font rien. Vous le savez, depuis des années (ma lettre à Madame Lyna en 1981), j'ai insisté sur la nécessité et l'urgence d'équipes pluridisciplinaires. La Commission Médicale Provinciale, l'Ordre des Médecins, le Procureur Poelman font la sourde oreille à mes appels. Mais de toute manière, il faut bien six à douze mois de soutien psychologique permanent assorti de délivrance de méthadone pour qu'un toxicomane consente à envisager de trouver ou de retrouver un rôle dans la société. A condition que l'emploi lui soit accessible. La vie économique et le chômage des jeunes viennent se coupler aux handicaps spécifiques des drogués: dans la plupart des cas, absence de qualification, casier judiciaire, absence ou rareté des références professionnelles en raison des périodes d'incarcération.

Au fil du dialogue, le Juge Amores s'étonne de la confiance que je renouvelle à des patients qui me bernent ou me mentent. Comment pouvez-vous leur faire encore confiance? J'ai le souvenir que le dialogue dura bien une heure sur ce thème. Il fallut un long moment pour qu'au-delà d'un accord sur la non-fiabilité de leurs dires je pusse exprimer que mon pardon répété, ma persévérance thérapeutique, ma foi en leur capacité de renaître et ma longue patience représentent pour eux des modèles moraux d'identification qui leur permettent de reconstituer lentement leur dignité d'homme, niée par eux-mêmes, niée par tous. A un certain moment, dans un élan, le Président s'exclama: «Est-ce que vous ne vous prenez pas un peu pour le Messie? Vous me faites penser à un tableau de Dali, vous savez? un Christ en croix, pas très beau, penché vers les souffrances de la terre...?» Je me souviens avoir répondu avec calme: «Monsieur le Président, je ne me sens pas du tout messianique. Je travaille en toute humilité. Je ne suis sorti de l'ombre qu'en juin dernier lorsque la Justice a arrêté l'un de mes collègues, psychiatre. A ce moment-là, c'en était trop. Incarcérer les médecins qui prescrivent de la méthadone, c'est précipiter sur-le-champ leurs patients dans l'héroïne de la rue et la délinquance»...

J'étais heureux, après quarante jours de contrainte au silence, de m'expliquer avec un homme écoutant, fût-il mon juge, dût-il me condamner. «Monsieur le Président, lui dis-je, je n'ai pas connu un tel dialogue depuis quatre ans avec les médecins du Conseil de l'Ordre».

Gendarmes. Menottes. Camion cellulaire. Forest.

Emmanuelle, ma fille, étudiante à Gembloux, assistait à l'interrogatoire du 16 novembre avec ses camarades. Sa présence m'avait procuré un intense bien-être. La nuit du 17 au 18, je me suis réveillé vers trois heures au sortir d'un rêve. Je lui ai écrit: «Tu étais face à moi, à une dizaine de mètres, habillée en Jeanne d'Arc, une armure et la coiffure que tu sais. Très digne, très sûre de toi. Sans armes, d'un grand geste de la main, tu écartais toute une troupe de gens indistincts armés de lances. Et tu me criais: 'Prends garde. Ils veulent tous ta mort...' Et ils s'écartaient pour te laisser venir jusqu'à moi. Je te remerciais d'un sourire large, épanoui et tranquille. J'étais confiant dans nos forces conjuguées. Je me suis réveillé serein, apaisé, heureux d'avoir rêvé de toi — Jeanne d'Arc».

24 novembre

L'inspectrice des pharmacies du Brabant est très longuement interrogée par le Juge Amores. Ses paroles ont une tournure de réquisitoire contre les médecins prescripteurs (une trentaine sont qualifiés d'«habituels» en 1981, plus quelques «occasionnels»). Elle dit s'inquiéter de la progression globale de la prescription de stupéfiants jusqu'en 1982. Quant à moi, elle relève quelques rares cas où la quantité annuelle prescrite a augmenté. Elle ne sait rien et ne dit rien du contexte clinique.

25 novembre

Interrogatoire du Président de la Commission Médicale Provinciale du Brabant, psychiatre par ailleurs. Il délimite ses fonctions. Le Conseil de l'Ordre s'est donné pour mission de définir les conditions extrêmement sévères du traitement qui permettraient que le médecin puisse contrôler à tout moment sa prescription: aspect qualifié de «déontologique». La Commission, elle, depuis 1978, s'est donné le rôle «scientifique» de déterminer ce qu'est «l'abus de la prescription». Rien n'est défini en novembre 1983. Le Président de la Commission croit peut-être cerner la délimitation de l'«abus» par tout ce qui, dans une pratique, déborderait les recommandations communément admises, qu'il énumère et commente avec gravité:
- jamais le patient ne peut manipuler sa dose;
- la méthadone doit être administrée par voie orale, en une dose quotidienne, à consommer sur place;
- l'abolition du rite de la piqûre est une des conditions du traitement;
- le traitement n'est justifiable (*sic*) que dans le cadre d'un contrat d'ensemble et de longue durée qui réalise à la fois une approche

psychothérapique, un reclassement professionnel, une approche familiale et des contrôles urinaires.

Enfin, il rappelle les critères de sélection les plus courants: patients d'au moins 21 ans, deux ans d'héroïnomanie quotidienne «confirmée», échec d'au moins deux tentatives de sevrage.

Il prétend en outre que la possibilité d'obtenir de la méthadone en cures «sauvages» chez les prescripteurs isolés détourne les drogués des centres de santé mentale. Assertion sans fondement.

Le Juge Amores l'interroge durant deux heures; le greffier rédige au mieux la pensée du «témoin». Je me tais. J'ai sans cesse envie d'intervenir pour rectifier, pour éclairer le Tribunal, pour dénoncer les manquements de la Commission, pour donner des précisions scientifiques, pour justifier mes traitements depuis 1978 en l'absence de toute structure d'accueil. Le Juge Amores m'avertit qu'il n'est pas question d'ouvrir un débat sur le traitement à la méthadone: je ne suis autorisé qu'à poser des questions au témoin!

26 novembre

Je rédige en cellule sous forme de 14 questions, le procès de la Commission Médicale et de son Président. Je résume en quelques points essentiels.

1. La plainte adressée au Parquet le 23 novembre 1978 par l'ancien Président (plainte à l'origine de ce procès) a précédé d'une semaine mon interrogatoire par les médecins de la Commission.

2. Alors que, par souci déontologique, j'avais adressé en mars 1979 à l'Ordre et à la Commission le contrat thérapeutique d'un patient exceptionnellement «difficile», ce document a été communiqué au Parquet sans être discuté avec moi sur le plan médical.

3. Durant l'été 1979, l'inspectrice des pharmacies avertissait la Commission du fait que le Dr L. et moi-même prescrivions simultanément à plusieurs patients. Avec des mois de retard, le Dr L. fut convoqué; moi pas. Certains patients honnêtes m'avertirent du cumul des prescriptions. Je tentai à quatre reprises d'obtenir une entrevue avec le Dr L. Il refusa. Pourquoi la Commission ne nous a-t-elle pas convoqués ensemble? Et pourquoi, au nom du respect des malades, ne pourrais-je accuser la Commission d'avoir aggravé, par son inefficacité, la toxicomanie de dizaines de patients? Il m'a fallu réajuster de nombreuses posologies, lorsque le Dr L. interrompit ses traitements sous la pression de la Commission.

4. J'écrivis le 30-11-1982 une longue lettre, réclamant audience, en réponse à une circulaire que la Commission adressa le 30-10-1982 au corps médical. Son Président laissa ma lettre sans réponse parce qu'il n'était «plus possible de dialoguer avec Baudour en 1982» (*sic*, le 2-12-1983).

5. Pourquoi le Président, membre comme moi de la Commission d'Etude de la Drogue au Conseil de l'Ordre, n'a-t-il pas jugé utile de provoquer sa réunion dès 1979? Je crois pouvoir dire que l'Ordre et la Commission, embarrassés par l'imprécision légale du délit d'entretien de toxicomanie, ont préféré, pendant des années, intimider les médecins plutôt que d'oser engager leur responsabilité en préconisant une politique de traitement courageuse. La Justice admettra-t-elle qu'on prescrive de la méthadone à long terme, s'interrogeait-«on» jusqu'en 1983.

6. Pourquoi la Commission n'a-t-elle jamais cessé d'adopter une attitude dissuasive à l'égard des médecins prescripteurs? (Par crainte respectueuse du pouvoir judiciaire?)

7. Le Président a signalé les recommandations internationales des traitements à la méthadone. Il a dit que s'il y avait une faille dans les conditions de leur application, ces traitements perdraient leur cohérence.
Ma question: Existe-t-il des études épidémiologiques qui évaluent par analyse factorielle ou autre technique, les causes d'échec de ces traitements, au cas où l'une des conditions recommandées ne serait pas remplie?
Réponse: Non (le Président, le 3-12-1983).
Je n'en connais pas non plus.
Bien sûr, officiellement, face au Tribunal, le Président ne pouvait que prôner le respect absolu des directives internationales. Mais enfin, quoi? Le bon sens ne peut-il suffire à faire admettre qu'un toxicomane dont on ne contrôlerait pas les urines puisse néanmoins guérir? Et pourquoi pas un toxicomane qui s'injecte la méthadone au lieu de l'avaler?
Ma pratique prouve que mon respect de la piqûre m'a permis de conduire des dizaines de patients à la guérison.

8. Le Président a déclaré que l'un des buts scientifiques de la Commission depuis 1978 était de définir l'abus de prescription. La Commission a-t-elle établi des critères permettant de déterminer le caractère abusif d'une prescription médicale des stupéfiants?
Réponse: Non (le Président, le 3-12-1983).

Mission non accomplie! Le Juge Amores devra retenir d'autres critères!...

9. Pourquoi la Commission a-t-elle adressé au Parquet une lettre l'invitant expressément à arrêter les médecins, sans que ceux-ci en eussent été avisés? Les prescripteurs sont piégés par la maladie des toxicomanes: l'injection. Le médecin est accusé de détourner les consignes du Conseil de l'Ordre (27-12-1982)... Hypocrisie générale, nourrie de la complicité des institutions.

10. Pourquoi la Commission n'a-t-elle pas reçu les toxicomanes en 1982 alors que, par deux fois, ils réclamaient audience afin que leurs traitements fussent respectés? Ce n'est pas dans ses attributions, répondit le Président au Tribunal. L'Ordre aussi refusa en juillet 1983, alors qu'ils arguaient de non-assistance à personne en danger; de même en octobre 1983, au lendemain de mon arrestation. Alors? Qui recevra ces malades? Qui est habilité?
Il n'est pire sourd que celui qui ne veut rien entendre.

2 décembre

Question du Procureur Erauw au Président de la Commission: Au cours des cinq dernières années, combien de médecins ont dû être rappelés à l'ordre par la Commission?
35 à 40, dont 10 «gros» prescripteurs, et parmi eux 5 «irréductibles» qui ne se sont conformés aux avis et recommandations de la Commission.
Deuxième question: Le prévenu Baudour est à classer parmi...? Les «irréductibles»...
La tonalité des questions me suggère sur-le-champ qu'aux yeux du Parquet, LE délit par excellence est celui de la désobéissance. S'imagine-t-il que les médecins «désobéissent» sans avoir fondé leurs convictions thérapeutiques? Ou limite-t-il son rôle à être gardien de l'Ordre social en signalant aux tribunaux des infractions aux lois?
Le Juge Amores interroge les médecins-experts. Confirmez-vous la teneur et les considérants de votre rapport du 30 mars 1981? Oui. Ces quelques pages concluaient sur une ambiguïté (aisément dénouable). En substance, les experts disaient que si mon intention n'était pas l'«entretien de toxicomanie», il existait bien dans ma pratique. Je complète leur pensée: j'ai prescrit, à des fins thérapeutiques justifiables, de la méthadone à long terme. Tout simplement!
L'un des experts expose le principe des sevrages hospitaliers: «une toute petite partie du traitement est ainsi faite». Sevré de drogue, le malade «n'a plus le besoin physique d'en reprendre». Que c'est som-

maire! et qu'il est illusoire d'imaginer qu'à la faveur de «psychothérapies diverses» les malades «apprennent à trouver du plaisir avec autre chose qu'une drogue»! C'est parfaitement impraticable en ambulatoire pour les patients accrochés «psychiquement».

Après la séance publique de ce 2 décembre, mes Juges, le Procureur Erauw, Anne Krywin, Pierre Legros et moi nous réunissons en Chambre du Conseil: je requiers ma libération. Je remets au Juge Amores un document manuscrit par lequel je m'engage à ne pas prescrire de stupéfiant jusqu'à la fin de mon procès. Le Procureur, méprisant, ose dire que cette démarche ne vaut pas plus qu'un engagement de dernière minute dont les toxicomanes sont coutumiers... Je suis indigné, mais je me tais. Je crois saisir une nuance de commisération dans le regard que le Juge Amores lance au Procureur. Après avoir délibéré en secret, les Juges m'annoncent ma mise en liberté. Le Procureur laisse entendre que son office interjettera appel. En effet, à 18 heures, à la prison, je dois signer ma «confirmation».

3 décembre

J'écris une lettre ouverte au Parquet du Procureur du Roi. Le premier paragraphe concerne ma liberté, les trois suivants analysent la politique répressive du Parquet à l'égard des drogués et des médecins (voir en annexe). Partiellement publiée dans la presse, cette lettre n'aura jamais de réponse.
Je découvre, dans les «Notes» de «L'Homme révolté», quelques lignes du manuscrit qu'Albert Camus avait confié à son ami René Char: «A partir du moment où les hommes mentent, se taisent ou ne sont plus que l'écho d'un mot d'ordre, dans le silence des prisons et de la mort, la communauté revendiquée par la révolte n'est plus que la communauté des choses, l'entassement. Forcer à la solitude celui qui vient d'apprendre qu'il n'est pas seul, c'est le crime définitif contre l'homme».

4 décembre. Lettre à Francine

A la longue, le Parquet apparaîtra à l'opinion comme ridiculement odieux. Cette détention «préventive» qui s'allonge devient de plus en plus injustifiable. La presse finira par écrire ce mot-là, rejoignant «l'inadmissible» de Michel Graindorge, le 14 octobre. (...)
Peut-être qu'un nouveau communiqué du collectif d'avocats serait utile pour dénoncer l'abus de pouvoir du Parquet concernant le caractère abusif de la détention préventive. Une analyse argumentée. Sans compter que des dizaines de patients apparaissent aujourd'hui «en

manque» de leur psychothérapeute. Interférence grave de la Justice dans la fonction de soins médicaux brutalement brisés. (...)
De toute manière, j'ai décidé de ne pas me laisser «casser» par la détention préventive. Mais tout le scénario me démontre à suffisance combien sans toi d'abord, et toutes tes démarches, et sans les avocats, rien ne se ferait. Je finirais ma vie au trou, par la seule volonté du Parquet.
Que peuvent faire ici certains malheureux étrangers que je rencontre et qui, à première vue tout à fait innocents, n'ont personne pour les extraire de leur cellule ?

6 décembre. Lettre à Francine
J'ai déjà rêvé des dizaines de fois d'ouvrir toutes les cellules dans une totale non-violence.
Ce lieu ne peut que nourrir la révolte ou la haine de l'autorité aveugle. Le refus du dialogue y est sacré (...)
Par moments, j'ai besoin d'être seul, au préau, pour rêver que je marche avec toi. Je m'extrais des barbelés et des murs pour être au bord du Tarn, sur la crête d'où l'on voit le Pouget, sur les chemins de Rochehaut. A l'air. Libres. (...)
C'est extraordinaire, comme les gardiens, même les moins bêtes, sont im-bousculables dans leur conviction que ce qu'ils font est bien.
Camus écrivait en 1948 : «Il était et il est impossible à une victime des camps de concentration d'expliquer à ceux qui l'avilissent qu'ils ne doivent pas le faire. C'est que ces derniers ne représentent plus des hommes, mais une idée, portée à la température de la plus inflexible des volontés. Celui qui veut dominer est sourd. En face de lui, il faut se battre ou mourir».
(...) Effacer la vilenie. Il faut s'en accommoder. Puis, la combattre. Mais le problème est qu'elle fait partie de l'homme, et non des institutions. Mais quand, en plus, un homme vil se voit affublé d'une fonction de bourreau, qu'espérer encore de lui ?
(...) Comment se peut-il concevoir que cela aide jamais quelqu'un, lorsqu'un Pouvoir lui ôte sa liberté? Une leçon, une sanction, qui tente d'éteindre l'action, faute de réussir à faire taire la pensée.
De quel droit quiconque peut-il briser les élans de tendresse ? Qu'est-ce qui justifie ces barreaux «préventifs» des élans que les êtres ont besoin d'avoir les uns pour les autres, les amantes pour les amants ?...

6 décembre. Les vexations du régime carcéral
Pour la sixième fois depuis le 11 novembre, j'ai demandé par écrit au directeur de me dire pourquoi je suis à nouveau sous le régime

«STUPS». (J'en avais été dégagé, en octobre, grâce au psychiatre de la prison). Ce régime me prive de linge personnel. J'ai eu une réponse le 25 novembre: «Toute personne détenue pour 'stups', de près ou de loin, est privée, par ordonnance ministérielle, de tous colis de l'extérieur».
Et le 6 décembre: «Les réponses qui ont déjà été données à votre question me paraissent suffisantes», signé Van de Candelaer. Je demande une chemise de prison. Refusée.
L'ami Paul me glisse une chemise lors d'un tour de préau.

9 décembre. Chambre des Mises en Accusation

Solennité des trois juges. L'Avocat Général propose de ne parler que du document du 2 décembre. Il le lit, relève mon engagement à ne plus prescrire. Puis, immédiatement, déclare que j'ai détourné les directives du Conseil de l'Ordre alors que j'avais cessé de prescrire de la méthadone injectable. Dès lors, en fonction de cet antécédent, l'Avocat Général estime non crédible mon engagement et demande mon maintien.
Anne Krywin rétorque au nom de mon honneur, puis tente d'exposer ma pratique de la méthadone. Le Premier Président de la Cour d'Appel l'interrompt:

— Où est le reste du dossier du prévenu?...
— Chez monsieur Amores... qui nous attend à la 22e Chambre, complète Anne Krywin.

Je demande au Premier Président l'autorisation de parler. Avec le plus de concision possible, j'explique que ce sont les toxicomanes qui détournent — si l'on peut dire — les directives du Conseil de l'Ordre, et non moi. Le Président, plongé dans son demi-dossier, ne relève les yeux qu'à l'instant où je dis:

— Vous ne pouvez tout de même pas me maintenir détenu à cause de la maladie de mes patients qui s'injectent n'importe quoi!
— Oui, mais vous le saviez!
— Eh bien, monsieur le Président?

Pas de réponse!
Le Président s'adresse à mes avocats, et non à moi (que suis-je pour lui?): décision cet après-midi, ou mardi 13.

Ce même 9 décembre, j'arrive devant le Juge Amores, mécontent, à 11 heures. Brève séance. Un médecin-expert, interrogé sur la dose léthale de méthadone, reprend, assortis de nuances, les chiffres cités par Deglon: de 1 à 1,5 mg par kilo de poids corporel, pour un sujet sain. La littérature est peu abondante à propos des sujets toxicomanes, dit cet expert qui cite une étude de 12 cas: 150? 200 mg? Certains de mes patients se sont injecté 600 à 800 mg par jour, avant que je ne les traite et les persuade de renoncer à une inaccessible «défonce» à la méthadone.

10 et 11 décembre
Paul et moi, écœurés d'une détention préventive qui se prolonge odieusement, décidons la rédaction d'un manifeste. Nous y dénonçons l'invalidation des droits de la défense, la présomption de culpabilité plutôt que celle d'innocence, les conditions pénitentiaires intolérables, la non-motivation des appels interjetés par le Parquet. Nous avons assez parlé, Paul et moi, avec les détenus en préventive pour pouvoir affirmer au nom de tous: «Nous nous insurgeons tous contre certains attendus des arrêts de la Chambre des Mises en Accusation par lesquels, sans aucune preuve par les faits, nous sommes injustement considérés comme un danger public». Nous réclamons un examen critique des institutions judiciaires et la mise sur pied d'une Commission d'enquête publique sur la détention préventive.
Le «Manifeste du 12 décembre 1983» (voir texte complet en annexe) est signé clandestinement au préau par 19 détenus. La liste des signatures est adressée à Maître Anne Krywin.
Francine adresse le 14 décembre une prière d'insérer à tous les journalistes connus depuis le 14 octobre.
La pertinence des arguments du Manifeste a dû effaroucher la censure de tous les organes de presse: le texte ne sera pas publié.

13 décembre
Je suis maintenu. La Chambre des Mises réforme l'arrêt de la Chambre du Conseil du 2 qui me libérait. Je m'y attendais. J'écris sur-le-champ une lettre ouverte à monsieur le Premier Président de la Cour d'Appel de Bruxelles. En voici les principaux paragraphes.

«A l'encontre de l'avis d'autres nombreux Juges qui m'ont longuement entendu, et libéré, vous maintenez en détention — préventive — un psychiatre de quarante-cinq ans, membre du Conseil de l'Ordre des Médecins du Brabant francophone, élu par plus de cinq cents de ses confrères en 1979.

Les très minces ébauches de dialogue que vous m'avez accordées le 15 novembre et le 9 décembre 1983 me donnent à penser que vous présumez que j'entérinerais le fait que mes patients s'injectent les médicaments que je leur prescris.

Il m'incombe de vous faire savoir que, dès le premier entretien avec tout nouveau patient, je ne manque jamais de lui dire que guérir c'est réussir — parfois après des années d'efforts communs — à renoncer aux drogues illégales et médicaments substitutifs légaux, à l'usage de la seringue, et, pour finir, à la relation thérapeutique. Le renoncement à ces trois dépendances impose au patient et au médecin un immense travail psychothérapique individualisé d'analyse et de guérison des investissements psychiques qui sous-tendent les comportements toxicomaniaques. (...)

Il m'apparaît absurde que vous puissiez justifier le maintien de ma détention préventive par le motif que «je sais» l'usage «détourné» que mes patients font de leurs médicaments. En raccourci, tout se passe comme si vous persistiez à me détenir en raison d'une caractéristique fondamentale de leur maladie.

Ce qui cependant soulève encore plus mon indignation, c'est le fait que monsieur l'Avocat Général et vous-même sembliez ne pas accorder le moindre crédit à mon honneur d'homme et de médecin. Si, en effet, je m'engage solennellement, le 2 décembre, devant monsieur le Juge Amores et ses assesseurs, à ne prescrire aucun stupéfiant ou médicament de substitution jusqu'à la fin de mon procès, c'est bien là une parole d'homme et de médecin psychiatre depuis 1968, que j'engage. En quoi, libéré, serais-je un «danger public»? (...)

J'ose croire qu'il vous incombe de motiver valablement que ma remise en liberté puisse représenter un risque préjudiciable à «l'ordre social». Par contre, ainsi que je l'ai analysé dans de récentes lettres ouvertes à monsieur le Procureur du Roi, à monsieur le Ministre de la Justice et à monsieur le Secrétaire d'Etat à la Santé Publique, mon incarcération le 7 octobre 1983 semble bien avoir favorisé une recrudescence des désastres individuels et sociaux imputables à l'héroïne.

J'estime que c'est faire bien peu de cas de la liberté d'un homme — praticien engagé de surcroît — que de le maintenir abusivement en détention préventive, et ce sans même lui accorder le temps d'expliquer les fondements de son action thérapeutique, tant à l'échelon individuel qu'à celui de la santé publique.

Tout prévenu doit rester présumé innocent. Détenu, je crois bien être victime d'un abus de votre pouvoir.

J'estime enfin qu'une audience contradictoire, en présence de mes avocats, au nom du respect des Droits de l'Homme, devrait être réalisée avec la participation des Juges Lyna et Amores qui ont ordonné ma libération, respectivement les 7 novembre et 2 décembre 1983.

Je vous prie, monsieur le Premier Président, de faire droit à ma requête. (...)»

Pas de réponse.

Il est si aisé de refuser d'écouter, de comprendre, de rencontrer les arguments de l'incarcéré.

Anne Krywin m'explique peu après qu'aucun attendu de la Chambre des Mises ne lui paraît valable. L'un d'entre eux précise le risque que, libéré, je puisse rencontrer l'un de mes patients et influencer son témoignage! Et voilà ce qui justifie la prolongation de ma détention!

14 décembre

Un médecin généraliste vient de passer trois jours au cachot. Motif: il avait été surpris à 21 h 30 occupé à ouvrir une boîte de viande! Il avait faim! Il a demandé à Van de Candelaer quels étaient ses droits. Réponse: «Vous n'avez pas de droits, vous n'avez que des devoirs»!

15 décembre

Le Juge Amores a fait remarquer, deux fois en public, et une fois en Chambre du Conseil, que ce procès se déroulait trop lentement, qu'il aurait fallu prévoir une à deux semaines, comme en assises. C'est en Chambre du Conseil que le Procureur Erauw lui a répondu: «Je trouve, monsieur le Président, que ce procès ne va ni trop vite ni trop lentement». En clair: nous tenons le délinquant Baudour...

Le Parquet veut me maintenir incarcéré aussi longtemps que possible. Qui décide de ma liberté? Au nom de quoi? Le Premier Président «suit» l'Avocat Général. Derrière eux, qui décide?

Dans un authentique débat «démocratique» au sein du corps judiciaire à propos de ma liberté, il s'agirait que, sous la vigilance de mes avocats et de moi-même, les Juges «contre» et les Juges «pour» consentent à échanger leurs arguments. Le rôle des «pour» serait de démanteler les arguments des «contre» jusqu'à ce qu'ils n'existent plus, jusqu'à ce que les «contre» arrivent à penser «pour». Voilà une saine justice, qui ne devrait pas rester utopique. Avocats et détenus devraient être entendus, et leurs arguments soupesés, d'abord par les juges «contre», ensuite les juges «pour». Et tout cela conduit par un meneur de jeu qui, sans prendre part au débat de fond, veillerait seulement à l'expression de tous, à éviter que la parole de l'un n'écrase la parole de l'autre, soit d'autorité soit en vertu d'arguments étrangers aux motifs de privation de liberté.

Je crois que ce procédé aiderait à garantir que la détention «préventive» ne reste livrée à l'arbitraire du pouvoir de certains juges. A étudier. Quant à moi, c'est bien de ma liberté d'homme qu'il s'agit, puisque j'ai renoncé à l'usage de ma prescription.

18 décembre. Lettre à Francine

Tu dois bien réaliser que l'impuissance terrible à laquelle nous sommes ici contraints à chaque seconde est extrêmement rongeante. (...) Attendre que les journalistes publient, attendre que le Juge Amores avance, attendre la prochaine chambre pour réexaminer une nième fois une liberté injustement ôtée, attendre de te revoir, attendre de t'embrasser, attendre de revoir Emmanuelle et Grégoire, attendre de revoir le soleil, attendre de revoir les arbres et non les barbelés, attendre, attendre d'aimer, attendre l'échange de tendresse amoureuse, attendre, attendre, attendre, attendre, attendre, ...
(...) Que reste-t-il à faire? sinon dénoncer, dans les murs de la prison et dans les murs de la société 'démocratique', qu'un homme est enfermé — et toute son action thérapeutique anéantie — parce qu'on ne l'a pas interrogé assez pour qu'il JUSTIFIE sa pratique. (...) Mais ma pensée peut mourir à l'extérieur aussi si elle n'est pas diffusée.
Il y a dans tout cela pas mal d'amertune, qui naît de l'impuissance à laquelle les hommes me contraignent. Si seulement la Justice belge connaissait la sagesse par laquelle les Grecs avaient projeté sur leurs multiples dieux la limite de leur orgueil...
Les soi-disant démocrates du vingtième siècle se sont arrogé le pouvoir de décider de la liberté des êtres et, par un curieux retournement de sens, ils érigent en monstres punissables les précurseurs respectueux de la liberté des hommes.
Il faut donc que je poursuive ma démarche d'interroger les 'Pouvoirs' établis sur la manière dont ils veilleront à leur mission de respect de la liberté des citoyens.
Si un drogué s'est piégé dans la prison de sa seringue, il est absurde de lui infliger de surcroît celle de Forest qui ne peut qu'annihiler plus encore sa volonté de vivre, culpabiliser sa conscience déjà mortifiée par tant d'ignominies à l'égard de ses proches. (...)
Même les Pharisiens avaient pour ligne de conduite: 'Selon notre loi, nous ne pouvons condamner un homme sans l'avoir d'abord entendu et sans savoir ce qu'il a fait' (Jean, 7, 51)... La morale de l'Evangile est rudement adéquate à l'examen des mœurs de notre temps.

19 décembre

Ma condition absurde : maintenu en prison parce que trois juges ne croient pas en ma parole médicale.

Au nom de quoi leur absence de foi peut-elle justifier l'emprisonnement d'un homme, d'un médecin ?

Qu'en est-il de tous ceux qui se présentent devant eux et ne sont pas crus ?

N'est-ce pas un devoir de leur métier de ne juger que sur base de faits ? de preuves tangibles ?

N'est-ce pas un péché contre l'esprit que de se fier à des soupçons contre un homme dont on a à peine croisé le regard ? Faut-il qu'ils me fassent ainsi désespérer d'une certaine justice qui n'est même plus capable d'écouter ?

Oublient-ils que la fonction médicale essentielle est de guérir ?

20 décembre

Ou peut-être tout cela se résume-t-il pour eux à un refus d'obéissance ? Pourquoi Baudour n'a-t-il pas obéi à l'ordre de l'Ordre ? Personne ne m'a demandé de justifier ma « désobéissance » cependant fondée. Je reste incarcéré, sans preuve de rien. Il doit y avoir de nombreuses raisons cachées puisque tant d'autres juges m'ont déjà libéré. Des raisons « politiques », qui visent à quoi ? Pourquoi faut-il à toute force m'éteindre ?

21 décembre

Le procès s'éternise. Je suis fiévreux depuis trois jours. Défilé d'experts médecins à la demande du Parquet. Tous, sauf un en 1981, ne m'ont jamais interrogé, mais condamnent ma pratique. Notamment en raison des risques exceptionnels des injections pratiquées par le patient lui-même ! Ils condamnent sans connaître, estiment mes prescriptions abusives et ma démarche sommaire et expéditive. Qu'en savent-ils ?

La plus élémentaire démarche déontologique n'aurait-elle pas dû être celle d'un dialogue, suivie d'une authentique expertise ?

Et voilà qu'en 1984 je suis condamné par le jugement à régler les honoraires d'experts qui ne m'ont pas vu !

22 décembre. Journée des témoignages de la défense

Le professeur Sand (U.L.B.) souligne mon dévouement et ma compétence sur trois plans: à l'égard de mes patients, à l'égard des étudiants en médecine (dix ans de séminaires de médecine sociale en 3e doctorat) et au niveau de la recherche scientifique (planification des hôpitaux psychiatriques). Le Dr. Reisinger, praticien des toxicomanes, décrit son cheminement face à mon approche thérapeutique: d'abord opposé à la méthadone, il y adhère après avoir analysé l'échec des sevrages brefs. Il parle avec émotion et justesse de René, quinze fois hospitalisé, que Baudour a «recueilli quand plus personne ne voulait de lui».

Ma modestie me retient de rapporter les hommages que d'autres, chercheurs ou amis, m'ont adressés.

23 décembre

Francine, aussi enthousiaste que précise, situe l'historique de mon action: personne — ou presque — ne traitait les toxicomanes en 1978; qu'on ne fasse pas grief au Dr Baudour d'avoir soigné ceux dont personne ne voulait, et sans structures d'accueil. Il a demandé que les autorités les créent. Il n'y en a guère cinq ans plus tard. Je connais un grand nombre de ses patients; il les encourage, les dynamise, il les respecte plus qu'il n'est respecté d'eux.

Tandis que Francine s'exalte, le Procureur dort...

Francine reprend et s'insurge: Jacques Baudour, depuis des années, lutte contre l'enfermement; le voici enfermé. Et la plupart de ses patients vont très mal, reprennent de l'héroïne et le suivent en prison. Ce gâchis est néfaste, inhumain, insupportable.

Mes patients et leurs parents témoignent avec beaucoup d'émotion, de justesse de ton, sans pathos ni artifices. Après 77 jours d'isolement en cellule, leurs voix me donnent chaud au cœur. Après l'absence totale de confraternité des experts qui n'ont pas eu l'obligeance de me rencontrer, de me parler, de me saluer à l'audience, c'est un baume que les drogués m'apportent. «Si Jacques n'avait pas été là pour m'aider depuis des années, je me serais suicidée, monsieur le Président». Ainsi parle Sarah, simple, juste et généreuse. Je sens que chacun a mille choses à dire. Le Président les aide à formuler leur vécu, leur relation avec moi. C'est leur authenticité qui s'exhale, prenant du champ bien au-dessus des erreurs ou mensonges proférés ces dernières années.

A la fin de l'audience, le Procureur tente de disperser ceux qui viennent me serrer la main, m'embrasser. Pourquoi nous interdire ce réconfort mutuel? Parce que je «SUIS» «STUPS»? Puis, le rituel: menottes, gendarmes, cachot hideux, camion cellulaire, Forest. Je suis essoufflé, fiévreux.
«Enlève tes vêtements civils, allez!»

Réconfort au préau: le sourire de Paul. Un détenu m'apporte l'article de Rebuffat, dans «Le Soir» d'hier: toujours clair, généreux, sensible à l'humanité de ceux qui témoignent pour moi.

A travers cette solidarité, mon angoisse pointe et croît chaque jour: que cherche le Tribunal? Quelle est donc la «faute pénale» dont le Président parle depuis le premier jour? Serais-je condamnable pour des faits qu'il aurait décelés depuis le 16 novembre? Ne dois-je pas savoir ce qu'il cherche pour m'expliquer, me défendre?

Je suis essoufflé de trop de questions dans ma tête,
et de trop de paroles chaleureuses ce matin,
et de trop d'incompréhension des autorités médicales depuis tant d'années,
et de trop de détresses recueillies depuis 1978.

Sois sage, ô ma douleur, et tiens-toi plus tranquille...

Pierre Legros me rend visite à Forest. Amical, chaleureux, fraternel, lucide, il me demande un exercice identificatoire: Jacques, ne serais-tu pas embarrassé si tu étais à la place de tes juges? Comment condamner un homme qui paraît intègre, de bonne foi, consciencieux, courageux, et qui paraît cependant seul face aux avis «scientifiques» des experts? Quelles fautes as-tu commises?

Pierre, tu le sais bien, je ne cherche pas à avoir raison contre tous, par péché d'orgueil. Le respect de mes patients se situe dans la lignée des maîtres qui m'ont enseigné le respect des hommes. Mais c'est aussi ma nature, mon tempérament qui m'ont conduit à une écoute empathique, sereine, dynamique des toxicomanes. J'ai appris à respecter la piqûre dont ils ne peuvent s'arracher.

Tu vois, Pierre, personne, juge ou psychiatre, ne peut d'autorité faire oublier ce qui, en eux, a élaboré, jour après jour, l'investissement psychique d'années d'injections. La mémoire, consciente et inconsciente, du drogué a tout enregistré et ne consent à se dessaisir de rien: le premier flash, l'euphorie de la lune de miel, la période d'état («Je me pique pour être normal»), le désenchantement inéluctable, la perspective de la mort, alternativement désirée et redoutée.

Tu vois, je sais depuis longtemps qu'ils gardent l'illusion du plaisir (presque défunt parfois) et qu'ils ne veulent pas quitter leur servitude. Les experts prétendent que les médicaments non toxicomanogènes les libèrent de la dépendance physique. Oui! Mais les voilà démunis, malheureux, non soutenus, déprimés et parfois fous de privation. L'appel cellulaire, comme dit Roger... Et je les ai vus mourir trop nombreux à la sortie de l'hôpital ou de la prison. Comprends-tu, Pierre? Que quelqu'un me démontre que j'ai tort de les respecter, si j'ai tort...

Vois-tu, il est si simple, si réconfortant, de ronronner dans le tourbillon sans issue du conformisme international. Il est plus difficile d'assumer chaque jour une tâche de Sisyphe avec chaque patient : restaurer son estime de lui-même, vaincre son désir de suicide, lui réapprendre à vouloir...

Vois-tu, il me faudrait beaucoup de temps pour que mes Juges s'imprègnent du bien-fondé de ma patiente maïeutique... C'est par ma passion d'aimer que j'ai lentement compris l'essentiel.

Je n'ai pas commis de fautes, Pierre. Mais je peux imaginer que mes Juges me reprochent d'avoir «désobéi» à l'une ou l'autre consigne du Conseil de l'Ordre. Comment comprendront-ils qu'il m'a fallu douloureusement accepter de prescrire des comprimés ou du sirop de méthadone en assumant des risques qu'ils appelleront «fautes»? Alors que j'avais acquis la maîtrise d'un traitement fiable avec la méthadone injectable! Renoncer, sur ordre militaire, à ta pratique d'avocat, accepterais-tu si tu l'as fondée?

Vois-tu, je suis seul, car j'ai choisi la très longue persévérance de les comprendre tous, de les aimer. Et je suis seul parce que les médecins ne veulent courir aucun risque face à une problématique sociale, pharmacologique, psychiatrique et judiciaire qui les dépasse. Je suis seul, car j'ai décidé de les assister tandis que le consensus médico-judiciaire les oriente vers la prison ou les institutions semi-carcérales.

A la place de mes Juges, Pierre, je ne trancherais pas ce débat médical. Je me méfierais d'experts qui n'ont pas interrogé le prévenu, qui n'ont pas vécu son expérience clinique. Je renverrais le débat au corps médical, en lui recommandant de le hausser au-delà d'une déontologie précaire et transitoire, au nom de laquelle le praticien ne peut qu'avoir tort puisqu'il désobéit aux académiciens.

Et, ne tranchant pas, moi, Juge, je rechercherais la faute professionnelle et tenterais de l'évaluer face à cinq ans d'efforts de la vie d'un homme engagé dans un combat solitaire livré pour les incompris, les humiliés, les parias de cette fin de siècle.

La faute, Pierre, la vois-tu ? Qu'est-ce que le Juge Amores retiendra ?

Je ne sais pas, Jacques...

Pierre, l'abus de prescription ne résiderait-il pas dans la volonté (masquée par Hippocrate) d'exploiter lucrativement la dépendance du drogué pour le maintenir assujetti ? Or, tu le sais, Pierre, j'ai conduit au sevrage ceux qui en devenaient capables... Et mes patients m'ont bien plus exploité que la réciproque n'a été !
Où est la faute, Pierre ?

L'aveu du mot «imprudence»?, arraché par madame Coppieters le 28 mars 1983. «Si vous n'aviez pas accepté de reconnaître votre imprudence, je décernais un mandat d'arrêt contre vous; il était prêt!» Un aveu arraché est-il une faute pénale ? Tu le sais, je n'estime pas avoir été imprudent : face à chacun, chaque jour, j'estimais la dose de méthadone la plus adéquate à l'apaiser.

Et cependant, ce 28 mars, madame Coppieters me disait : «Au prochain mort, vous n'y couperez pas».

Il n'a pas fallu de mort, Pierre, pour qu'elle m'arrête le 7 octobre...

Comprends-tu, Pierre, qu'un Juge puisse imposer à un médecin l'infaillible devoir d'éviter toute mort chez des malades à risque de mort quotidien ?

Tout bien examiné, Pierre, à la place de mes Juges, je ne vois pas au nom de quoi je condamnerais Baudour.

28 décembre
Débat entre l'expert toxicologue mandé par le Parquet et Jacques Grosjean, biochimiste et généraliste.

Grosjean expose que les trois auteurs cités par l'expert ne sont pas fiables : chez chaque auteur, le nombre de cas de décès estimés imputables à la méthadone est trop bas : 10, 12 ou 15. De plus, Grosjean dénonce l'extrême dispersion des valeurs tissulaires de méthadone dans les cadavres, l'inclusion illogique dans la statistique de décès inopinés (accident de roulage !).

Le Juge Amores tente de dépasser le débat d'experts et de connaître la dose léthale de méthadone. L'expert du Parquet hésite, nuance, puis avance des chiffres plus élevés que ceux cités par le Dr Pelc. Le débat s'égare à propos de la dose léthale pour la souris ou le rat! Grosjean souligne que les extrapolations à l'homme sont sans valeur, mais aussi qu'un nombre illimité d'autres facteurs peut jouer un rôle dans le déterminisme d'un décès.

A cet instant aurait pu être amorcée la réflexion du Tribunal à propos d'une intrication de facteurs étiologiques en interaction. Cette réflexion ne paraît guère le privilège, jusqu'ici, que de ceux qui tentent d'appréhender les phénomènes humains dans une perspective non aristotélicienne (Korszypski) tandis que la science et la justice courantes croient pouvoir asseoir leurs vérités dogmatiques sur une naïve logique linéaire issue de Descartes et d'Aristote.

Surgit ensuite, ce 28 décembre, une jeune avocate qui se porte partie civile contre moi au nom des six associations représentant les organismes mutuellistes nationaux. Elle estime que ma pratique a «dépassé» le «cadre strictement médical» des soins curatifs et préventifs couverts par l'assurance maladie-invalidité. Sans aucune démonstration, elle prétend que les préventions contre moi «devraient être considérées comme établies». Elle réclame, à titre de paiements «indus», remboursement de la part versée par les mutuelles pour les consultations et médicaments de tous les patients cités, pour la période du 30-6-1978 au 1-1-1983, soit en première estimation cinq millions!

Réclamation odieuse, absurde, non pertinente: rien n'est plus coûteux à la société qu'un toxicomane livré à lui-même; rien n'est aussi efficace et peu coûteux qu'une thérapie ambulatoire, avec support de méthadone. Une enquête honnête prouverait aux mutuelles qu'elles ont tout bénéfice à couvrir les traitements à la méthadone alors qu'elles fondent leur réclamation sur le préjugé — non étayé — d'un préjudice non évalué.

Qui a manigancé cette nouvelle attaque institutionnelle?

29 décembre (10e séance du procès)
Le Procureur du Roi, monsieur Erauw, enfin!

Trois quarts d'heure pour rappeler les positions des autorités médicales: Inspection des pharmacies, Commission Médicale Provinciale, Ordre des Médecins. Monsieur Erauw me désigne comme l'insoumis, le rebelle. Le Parquet entérine sans examen critique la doctrine de ces institutions comme si elles incarnaient la sauvegarde de l'ordre public.

Par ignorance, monsieur Erauw lance un cri d'alarme reposant sur une mauvaise analyse de l'endémie drogue à Bruxelles: il «suit» les dires de l'inspectrice des pharmacies et croit pouvoir affirmer une «aggravation du phénomène de la toxicomanie dans l'agglomération» à partir de l'année 1980. Tout simplement, un plus grand nombre de patients sortent de la clandestinité, recourent aux soins médicaux et emplissent les listes de l'inspectrice des pharmacies! En outre, le Procureur Erauw reprend les rapports des médecins-experts qui selon lui se sont «prononcés en toute connaissance de cause», ... sans m'avoir interrogé.

Suit une très longue énumération de racontars de toxicomanes à partir de laquelle le Procureur croit pouvoir démontrer l'absence de sérieux de mes prescriptions.

Il conclut misérablement que ma pratique n'est faite que d'un amalgame de négligence, de naïveté, de générosité et d'irresponsabilité. Aucune confiance, dit-il, ne peut être faite à l'intéressé. Il réclame quatre ans d'emprisonnement, suivis d'une cinquième année d'interdiction professionnelle. Je suis plus frappé par la médiocrité de l'argumentation qu'abattu par l'énormité de la peine requise.

Je ne me reconnais vraiment pas dans le portrait que trace Erauw. Irresponsable? Moi qui me suis porté responsable, père ou mère de toxicos orphelins ou en rupture de famille, responsable jusqu'à être incarcéré au nom de ma fidélité à leur cause.

La négligence? C'est bien celle des institutions interpellées par moi qu'il faudrait stigmatiser!

30 décembre
En cellule, de 7 à 18 heures, je rédige un mémoire de synthèse: 55 pages qui abordent 24 thèmes parmi lesquels j'aurai à choisir mes «derniers mots» de janvier, ma «défense» en face d'une hypothétique «faute pénale», indéfinie à ce jour.

4 janvier 1984
21 h 30. Le guichet de ma porte est brutalement ouvert. Un chef «trois étoiles» me crie: «Transfert demain matin, 6 h 30, Saint-Gilles». Il referme aussitôt le guichet.

Stupeur. Mon transfert est-il l'annonce de la prolongation de mon incarcération? Après un quart d'heure d'angoisses, de tergiversations, je l'appelle. « C'est normal... après trois mois... il y en a six qui partent... » Je ne saurai rien de plus.

5 et 6 janvier 1984

Durant ces deux matinées, Anne Krywin parle pendant deux heures avec une extraordinaire ferveur jointe à une impeccable rigueur intellectuelle, morale et juridique. L'écouter m'enthousiasme et émerveille l'auditoire très attentif de la 22ᵉ Chambre. Elle ne néglige rien de mon engagement, de mon «ministère», ni de l'analyse des thèmes fondamentaux qui eussent dû être les lignes de force de l'accusation, ni d'une compréhension aussi intelligente que passionnée de la problématique des toxicomanes.

Elle introduit sa plaidoirie par un avertissement aux trois Juges : à un autre titre que Baudour, ils sont aussi des otages. Otages d'une foule d'institutions qui n'ont pas délimité le délit d'entretien de toxicomanie (lois successives, arrêtés royaux, instances médicales), mais plus encore otages des carences institutionnelles : ni le Parlement, ni les médecins, ni les responsables judiciaires n'ont doté le pays d'infrastructures hospitalières ou extra-hospitalières capables d'accueillir ou de soigner les toxicomanes.

Baudour était quasi seul en 1978. Qu'on ne lui fasse pas grief d'avoir assumé sa mission de la manière la plus totale. Qu'on ne parle pas du rebelle ou de l'insoumis ! Ce sont ses confrères qui ont refusé de dialoguer avec lui, qui n'ont pas envisagé avec lui la politique de traitement qu'il réclame depuis 1978. Il a respecté toutes les recommandations de l'Ordre ou de la Commission Médicale, au-delà de leur incohérence au long des années et dans la mesure où elles étaient compatibles avec les exigences cliniques de sa pratique quotidienne.

A travers toute la plaidoirie d'Anne passe un souffle de vérité, de chaleur humaine, d'authenticité, de précision, tant juridique que scientifique. Rien n'est tronqué, malmené, détourné. Elle ne plaide pas, elle explique. Elle me sait parfaitement honnête, arrimé depuis 1964 aux antipodes de la délinquance. Elle convainc naturellement. Au terme de quatre heures d'un exposé magistral, il va de soi qu'elle requière mon acquittement.

Des trente-sept pages d'attendus et de conclusions qu'elle remettra au Président Amores le 12 janvier, j'extrais les arguments et thèmes principaux.

I. Entretien de toxicomanie

I.1. Eléments constitutifs du délit

I.1.1. Selon la Loi du 24 février 1921, les conditions d'existence du délit sont:
- qu'il ait été commis par un praticien;
- le fait d'avoir prescrit, administré ou procuré *sans nécessité* des stupéfiants;
- *de manière à* créer, entretenir ou aggraver une *toxicomanie*.

En 1975, le Gouvernement estima que le critère d'absence de nécessité pouvait conduire le Juge «à se prononcer de manière directe sur le bien-fondé d'une thérapeutique qui, selon les dispositions légales régissant l'art de guérir, doit échapper à sa compétence».

Dès lors, le Gouvernement préféra la notion de prescription abusive.

I.1.2. Loi du 9 juillet 1975

Selon l'article 3, § 3 de cette loi, le délit est l'infraction:
- commise par tout praticien de l'art de guérir;
- qui aurait *abusivement* prescrit, administré ou délivré des médicaments contenant des substances soporifiques, stupéfiantes ou psychotropes;
- *de nature à* créer, entretenir ou aggraver une *dépendance*.

(Les termes soulignés ont fait l'objet de très longues analyses sémantiques. Le Jugement du 16 février 1984 rend compte de ces nombreux méandres interprétatifs qui échoueront enfin sur le sens le plus commun de ces termes...) En 1975 donc, le délit s'articule autour de la notion d'abus, abus de la liberté thérapeutique, abus du droit de prescrire, tout en précisant qu'il faudra l'apprécier «dans chaque cas d'espèce en fonction de l'exercice normal de la liberté thérapeutique, principe qui doit rester sauf dans l'intérêt même des patients».

I.1.3. Les travaux préparatoires (Annales Parlementaires 1970-1971) à la loi de 1975 soulignent le souhait du législateur de sanctionner tout abus de liberté thérapeutique, eu égard au «rythme rapide des découvertes scientifiques qui mettent sur le marché des substances nouvelles, utiles lorsqu'elles sont employées à bon escient et dans le contexte d'une thérapeutique dirigée par un médecin expérimenté, mais qui par contre, lorsqu'elles se trouvent dans des mains inexpérimentées, peuvent conduire rapidement à l'accoutumance et à l'assujettissement».

Anne Krywin cite au Tribunal les tonnes de benzodiazépines impunément délivrées par les médecins depuis une vingtaine d'années dans le monde entier...

I.1.4. Le concept de «dépendance» remplace celui de «toxicomanie», trop étroit; l'emploi inconsidéré et non thérapeutique de ces substances engendre en effet une dépendance tant physique que psychique.

I.1.5. L'abus de la liberté thérapeutique consiste donc dans l'emploi inconsidéré et non thérapeutique de ces médicaments. Il n'y aura pas abus dès lors que ces médicaments sont employés à bon escient et dans le contexte d'une thérapeutique dirigée par un médecin expérimenté.

I.2. Résumé des dispositions légales

I.2.1. Le droit de prescrire des stupéfiants est un droit (et parfois une obligation) reconnu par la loi aux praticiens de l'art de guérir (A.R. N° 78 du 10 novembre 1967);

I.2.2. L'abus de la liberté thérapeutique consiste à user du droit de prescrire à des fins autres que celles dont le législateur a clairement fixé les objectifs et les limites: soulager, soigner, guérir;

1.2.3. La prescription de stupéfiants est abusive si elle a effectivement engendré une dépendance; le délit est ainsi une infraction de résultat qu'il incombe au tribunal de vérifier.

En aucun cas, déclare avec justesse Anne Krywin, le Parquet n'a démontré que Baudour ait abusé de sa liberté thérapeutique telle que les lois et la jurisprudence la cernent.

I.3. Les preuves de l'abus

I.3.1. Le non-respect des recommandations du Conseil Provincial de l'Ordre des Médecins (Brabant francophone). Le non-respect par le Dr Baudour de TOUS les termes des lettres-circulaires du Conseil ne permet pas d'établir qu'il s'est rendu coupable d'abus dans l'exercice de sa thérapeutique.
- les recommandations de ces lettres n'ont pas la qualité de règles juridiques contraignantes;

- le législateur n'a pas conféré de pouvoir réglementaire ni d'injonction aux Conseils Provinciaux;
- aucun texte légal, réglementaire ou déontologique n'autorise le Conseil de l'Ordre à interdire ou à limiter une pratique thérapeutique. Le Conseil du Brabant s'est illégalement autorisé d'enjoindre au Dr Baudour de suspendre l'utilisation de la méthadone injectable, «sous peine de sanctions disciplinaires très lourdes» (recommandée du 14-2-1983);
- partant, la violation éventuelle des recommandations ne peut constituer une faute «in se» et n'est pas suffisante pour établir le délit d'entretien de toxicomanie;
- c'est erronément que les 27-12-1982 et 24-2-1983 le Conseil du Brabant se croyait autorisé à exiger de ses membres le respect de règles qu'il voulait impératives.

Anne Krywin souligne ensuite l'étonnante fluctuation des recommandations émises par le Conseil de 1976 à 1983. Un exemple: en 1976, «l'arrivée d'un malade en état de besoin est une urgence médicale qui nécessite la prescription de drogue ou de méthadone». C'est cependant ce qui me sera explicitement reproché dans le jugement à propos de Bruno (voir mon analyse de la 6e norme dans le chapitre intitulé «Le Jugement»).

Anne Krywin met en évidence la limitation de plus en plus étroite de la liberté thérapeutique au cours des années; elle analyse longuement les directives du 27-12-1982:
a) le médecin isolé doit prescrire un médicament sous une forme qui n'en permet ni la vente, ni la cession, ni la consommation excessive, ni la falsification, ni la manipulation. Afin d'atteindre cet objectif, le médecin veillera à ce que le médicament soit consommé ou administré sous sa surveillance;
b) le médecin commet un abus de la liberté thérapeutique lorsqu'il assume un traitement en isolé alors qu'il est insuffisamment informé de la thérapeutique des drogués;
c) le médecin qui prend des toxicomanes en charge doit jouir d'une compétence particulière ET disposer d'une structure médico-sociale adéquate.

Anne démontre que Baudour n'a pas cessé de respecter les recommandations qu'il lui était possible de respecter. Baudour revendiquait depuis 1978 la création de structures médico-sociales. Son abondant courrier à l'Ordre et à la Commission Médicale en témoigne. Il a estimé, à juste titre, que son devoir médical était de poursuivre les traitements en cours selon les règles de sa conscience même s'il ne pouvait contrôler lui-même la prise des médicaments (cf. lettre du 28 mars 1983, reproduite à la fin du chapitre: «Les amours condamnées»).

L'Ordre savait que Baudour et tous les praticiens «isolés» du Brabant ne disposaient d'aucune «structure médico-sociale adéquate». N'était-il pas absurde de la leur imposer du jour au lendemain? Et sous la menace de poursuites disciplinaires pour «abus de liberté thérapeutique»! L'Ordre a fait fi des relations de confiance établies entre les médecins et leurs patients.

Et que signifie l'intrusion de l'Ordre dans l'appréciation scientifique des patients traités par Baudour? Au nom de quoi le Conseil pouvait-il le menacer de sanctions disciplinaires s'il estimait devoir lui interdire l'usage de la méthadone injectable?

Anne Krywin souligne enfin:
1. qu'il n'existe dans les différents dossiers répressifs aucun document, aucun témoignage, aucune pièce, aucune expertise qui établirait que dans tel ou tel cas l'injection n'était pas pleinement justifiée eu égard à l'état du patient;
2. que les témoignages de ses patients se confondent avec les critères définis par le Conseil de l'Ordre comme caractéristiques du bon usage de la liberté thérapeutique:
   - dose dégressive ou adaptée aux rechutes,
   - passage de l'injectable à la voie orale,
   - psychothérapie pendant et après le traitement médicamenteux,
   - suivi du patient jusqu'à désintoxication complète si possible,
   - contrats thérapeutiques,
   - anamnèse, entretiens et examens physiques répétés,
   - compétence psychiatrique;
3. que Baudour a cessé de transmettre à l'Ordre et à la Commission la liste des cas pris en charge en raison de son inefficacité (avouée par le Président de la Commission lui-même en décembre 1983);
4. que le réquisitoire du Procureur Erauw n'a jamais démontré en quoi consistait l'abus de la liberté thérapeutique.

Anne Krywin conclut que Baudour n'a pas abusé de sa liberté thérapeutique en ignorant ou en méconnaissant les recommandations du Conseil de l'Ordre: il les a suivies dans toute la mesure du possible, avec le constant souci du respect de ses malades.

I.3.2. Les déclarations des patients

Anne Krywin réduit aisément à néant les assertions fallacieuses du Procureur quant à l'exploitation que le Tribunal correctionnel pourrait faire des témoignages des patients. Ces déclarations doivent être écartées des débats, car elles ne présentent aucune des garanties de sérieux, de sincérité ou d'objectivité que doivent revêtir les témoignages en justice. Elles sont le fait de patients perturbés par leur maladie, par l'usage de drogues et par leur qualité de délinquant: leur interrogatoire est non valide, du seul fait qu'ils se savent considérés par la loi comme coupables de délits. De plus, les conditions de leur interrogatoire (inculpation, mise sous mandat d'arrêt, pressions morales de la B.S.R., de la Police Judiciaire, du Juge d'Instruction) rendent leurs dires non crédibles.

Et, de toute manière, en quoi l'opinion des patients quant au sérieux de la prescription, ou de l'examen médical, ou du traitement psychothérapique peut-elle être retenue comme «preuve» de l'abus de la liberté thérapeutique?

I.3.3. Le résultat

a) A supposer même que pour l'un ou l'autre patient — ce qui n'est pas établi — Baudour ait cependant abusé de sa liberté, encore faudrait-il, pour que le délit soit établi, que la prescription dite abusive ait créé, entretenu ou aggravé une dépendance.

b) Les experts

Sur les 50 patients figurant aux citations, seuls 4 d'entre eux ont été vus, interrogés ou examinés par un expert afin d'évaluer la gravité de leur état toxicomaniaque et l'éventuel entretien de cet état par Baudour!

Il n'est pas contesté que ces patients étaient toxicomanes lorsqu'ils ont consulté le médecin. Mais en l'absence d'expertise sérieuse analysant chaque cas d'espèce et éclairant le tribunal sur la réalité d'un entretien de toxicomanie, un tel délit ne peut être imputé à Baudour. Son objectif est resté constant: aboutir au sevrage de méthadone grâce à la résolution de la dépendance psychique au terme de la psychothérapie.

D'authentiques expertises auraient permis à Baudour de justifier, dans chaque cas clinique, la thérapeutique et les doses prescrites; les experts auraient alors distingué «l'entretien de toxicomanie» et la psychothérapie prolongée couplée à la prescription de méthadone. Les experts auraient ainsi pu se rendre compte — cas par cas — de l'usage à bon escient des médicaments ainsi que des fins thérapeutiques réelles des traitements.

Dans tous les dossiers soumis à l'examen du Tribunal, les experts se sont bornés à émettre des considérations sur la méthadone sans aucune référence scientifique.

A propos des décès de Bruno et de René, au chapitre «discussion», les experts recopient simplement un avis sommaire sur la méthadone; les conclusions de leurs rapports sont identiques alors que les deux cas auraient dû être analysés distinctement. Interrogés à l'audience, ils ont avoué n'avoir même pas discuté des cas avec Baudour. Ils ont prétendu qu'il «n'a pas agi selon les règles de l'art»; s'ils l'avaient interrogé, ils auraient pu apprécier l'anamnèse réellement effectuée dans chaque cas, le diagnostic posé et l'adéquation du traitement choisi.

Par ailleurs, les experts n'ont aucunement pris en considération les quantités de stupéfiants prescrits. Les chiffres cités par le Procureur sont totalement irrelevants: ils sont globaux et ne tiennent aucun compte de l'état de santé évolutif de chacun.

Anne Krywin cite des experts en droit pénal pour souligner que la force probante des expertises ne s'attache qu'à des constatations précises, suivies d'analyse, d'appréciations personnelles et de conclusions. Le manque de sérieux des experts dans l'examen des patients et de Baudour disqualifie leurs rapports.

c) Le Juge et les querelles scientifiques

Un jugement du tribunal correctionnel de Bruxelles (1969) reprend à son compte un arrêt de la Cour de Cassation française datant de 1862: «Il n'est pas de la sagesse du juge de s'ingérer témérairement dans l'examen de théories ou de méthodes médicales et prétendre de discuter ainsi de questions de pure science».

Anne Krywin cite en outre un autre «classique» du droit: «Rien n'interdit au médecin, s'il ne voit aucune chance de succès dans l'emploi des traitements connus et usuels, de tenter un traitement qui ne jouit pas encore de l'autorité d'une doctrine scientifique établie». (...)

Je rappelle ici que l'usage extensif de la méthadone injectable m'a permis de soulager TOUS les patients, même les moins «motivés» et d'en sevrer des dizaines, après des mois ou des années de psychothérapie.

II. HOMICIDE INVOLONTAIRE

Anne Krywin analyse l'éventuelle «faute» et commente ma pratique médicale d'urgence à la lumière de deux critères principaux:
- la prise de risque, qu'elle distingue soigneusement de l'imprudence;
- l'état de nécessité, tant médical que juridique.

II.1. La prise de risque

En 1976, les recommandations mêmes du Conseil de l'Ordre font un devoir à tout médecin se trouvant en face d'une urgence médicale, à savoir d'un toxicomane en état de manque, de lui prescrire de la drogue ou mieux de la méthadone; «et dans ce cas il semble ne pas y avoir de problème...» (1976). Sanctionner le praticien qui dans de telles circonstances répond à l'urgence en soignant son patient, priverait tout toxicomane du recours à un médecin, commente Anne Krywin.

Elle cite Savatier: «L'exercice de la médecine est une continuelle prise de risque; et si le patient souffre de la réalisation d'un risque dû à l'acte médical et prévisible pour le médecin, celui-ci ne doit pas en répondre si, dans une appréciation légitime, il n'a provoqué ce risque que pour éviter un mal plus grave. Il s'agit à chaque instant pour le médecin d'évaluer les poids respectifs du risque thérapeutique et du risque d'abstention thérapeutique (Chammard et Monzin).»

En matière d'héroïnomanie, Deglon cite dans son ouvrage une foule d'études qui démontrent que c'est l'abstention thérapeutique qui est grevée du plus lourd pourcentage de décès... sans compter, à terme immédiat, le risque d'overdose à l'héroïne et le maintien de la délinquance.

Ne plus jamais prendre de risque reviendrait à ne plus poser un acte médical. Encore faut-il une longue expérience clinique pour le poser à bon escient; et à ce propos Anne Krywin souligne que le réquisitoire du Procureur n'a relevé aucune imprudence à ma charge.

II.2. L'état de nécessité

C'est dans le courant de pensée de Savatier que se conjuguent le plus clairement l'état de nécessité au sens médical et l'état de nécessité au sens juridique. J'ai clairement analysé dans les «Impasses» (en annexe) la nécessité médicale — en urgence et à long terme — de l'administration de la méthadone.

La notion juridique, elle, peut s'illustrer par un exemple médical: si un chirurgien lèse volontairement (acte « théoriquement punissable ») l'intégrité physique d'un malade, c'est par l'évaluation — aussi raisonnable que nécessaire — du bien escompté de son intervention en regard du mal qui résulterait de sa non-intervention.

Un arrêt de la Cour d'Appel de Bruxelles (8 septembre 1983) précise même que l'acte médical justifié par l'état de nécessité reste non punissable même si en réalisant « le mal » pour obtenir « le bien » un événement extérieur aux soins cause un mal plus grand.

Anne Krywin souligne, à propos des décès de Nadia, de Bruno et de René, que Baudour ne pouvait pas prévoir l'usage abusif que ses patients feraient de la méthadone prescrite malgré ses mises en garde pressantes, et notamment en l'associant à l'alcool, ou à des tranquillisants, ou en s'injectant dans le cou des comprimés écrasés.

II.3. Les expertises toxicologiques

Le professeur Daenens n'est formel sur rien: un autre facteur que la méthadone peut être intervenu dans le déterminisme d'un décès; il ne peut préciser avec certitude si la concentration de méthadone dans les viscères des sujets décédés peut avoir été léthale. Les références de la littérature scientifique citée sont insuffisamment fondées. D'autre part, selon le Dr Grosjean, contre-expert, la dispersion des taux dans les divers organes analysés est telle qu'elle ne permet pas de définir une corrélation certaine entre les concentrations et le décès.

II.4. Le rapport de causalité

Pierre Legros complète la plaidoirie d'Anne Krywin par une analyse du lien de causalité entre l'homicide involontaire et le défaut de prévoyance ou de précaution.

Il signale d'abord que le Ministère Public n'a pas fait la démonstration dont la loi lui impose la charge; il n'a même pas évoqué, dans son réquisitoire, la nécessité de rapporter cette preuve!

Pierre Legros établit (longue argumentation que j'épargnerai au lecteur) l'absence du lien de causalité à propos des trois décès: aucun expert, ni le Ministère Public, ni la partie civile n'ont démontré que le traitement appliqué par Baudour était seul à l'origine des décès. En outre, dans le cadre de la « théorie de la causalité adéquate », le prévenu ne pouvait pas prévoir que son traitement devait « normalement » entraîner la mort, puisque le même traitement appliqué à des centaines d'autres patients, parfois durant des années, avait un résultat positif.

Pierre Legros conclut qu'il n'est pas établi que les prescriptions litigieuses de Baudour soient la cause «nécessaire» ou «adéquate» des cas de décès pour lesquels il est poursuivi.

5 janvier 1984. Lettre à Francine

Il émerge, tu le sais bien, lentement, mais avec une inattendue ferveur insoupçonnable il y a dix ans, un homme nouveau, un homme qui commence à plus désirer ÊTRE qu'AVOIR.

Les Procureurs vont s'éteindre, mourant de leurs propres ignominies, de leurs mensonges institutionnalisés.

Les Ordres crouleront lentement, sous l'incohérence de leurs ordres contradictoires. (...)

Il y a un chemin plus passionnant que celui de s'opposer à la société ou de s'y soumettre : c'est celui d'analyser ses rouages, de les démonter, de ne pas s'en accommoder et de proposer des réformes qui restaurent la liberté des citoyens, le respect de chacun par chacun. (...)

La conscience de l'absurde qui imprègne la civilisation doit maintenir vigilante l'exigence de la révolte.

A la suite de Camus, l'homme révolté doit se retremper sans cesse dans le vif de l'injustice pour nourrir le juste sentiment de la révolte afin que cette dernière ne s'étiole pas dans le conformisme idéologique de la révolution permanente.

Courage!

6 janvier 1984. Lettre à Anne Krywin (extraits)

Je ne m'étais jamais imaginé que quelqu'un pût parler de moi et de ma pratique avec autant d'exactitude et de compréhension de la ferveur que j'injecte dans mon métier.

Et tout cela a donné l'impression, et d'une construction, et d'une spontanéité vibrante qui n'a rien négligé de l'essentiel, ni de ce que je suis, ni des thèmes fondamentaux qui eussent dû être les lignes de force de l'accusation, ni de la tendresse compréhensive que tous auront pu percevoir que tu partages avec moi au sujet des toxicomanes.

Car c'est l'authenticité, la vérité de tout ce que tu as dit qui aura paru à tous si juste que ton élan rigoureux aura, sans restrictions, provoqué l'adhésion unanime.

C'est aussi extraordinaire parce que j'étais déterminé à ne rien dire de moi, et à m'efforcer d'être au mieux de mes forces, de mes connaissances, de mes convictions, le porte-parole des toxicomanes qui ont un bien grand besoin d'être entendus.

7 janvier 1984
   Télégramme de Pierre Galand, Président du C.N.A.P.D.[7] et Secrétaire Général d'O.X.F.A.M. - Belgique

«Bonjour, Jacques.

Ton combat pour le respect du patient et pour une autre conception des rapports humains et sociaux t'honore. Avec toute mon estime et mon amitié».

Pierre GALAND

8 janvier 1984. Lettre à Francine (extraits)

Il fait très froid. Mais ce matin à 8 h 30 au préau le ciel était d'un bleu de Loire extraordinaire...

Puis la neige a étendu sa mélancolie dans mon cœur l'après-midi. Il a fallu dix minutes pour que je prenne conscience de cette solitude — ici — où je ne partage pas cette neige avec toi, avec mes enfants. Une neige qui enveloppe ma solitude de prisonnier.

Je venais d'écrire précisément quelques lignes très compactes, issues de ce que je dirai le 12. Je ne réussirai pas à tout formuler sur cet immonde enfermement des hommes. Inutile pourrissoir des âmes. Mais lieu de l'utile révolte de quelques-uns.

Francine m'a adressé récemment deux poèmes: «Femmes», puis «Nuit». Femmes évoque les meurtrissures de celles qui rendent visite aux détenus. Nuit suggère les années où Francine accueillit mes patients. Nuit, poème de la désolation après l'effort d'aimer, empreint de retenue mélancolique,

... retenue qu'effleure la limite de ta lutte face au mur où ils avaient enfoui leur espoir

... et tu avais beau leur ouvrir fenêtres et sourires de ton visage... ils avaient trop désappris à ne plus voir, à ne plus espérer.

Ton poème cependant inonde la cellule de ta lumière.

Tu as limé les barreaux et tu es fleur devant moi.

12 janvier 1984

Il reste très peu de temps ce jour à la 22ᵉ Chambre pour «les derniers mots» du prisonnier.

Des 55 pages que j'ai préparées en décembre, je n'aurai ce jour que l'occasion de lire l'introduction et la lettre ouverte au ministre Gol.

Voici l'introduction.

Depuis que vous m'avez interrogé, monsieur le Président, le 16 novembre 1983, le Tribunal que vous présidez s'est penché sur d'éventuelles «fautes pénales» que j'aurais commises dans le cours de ma pratique médicale à l'égard des toxicomanes que j'ai traités de juillet 1978 à octobre 1983.

J'avais présumé que les débats s'orienteraient plus largement à propos des toxicomanes, de leur traitement, de leur vie, de la notion d'entretien de toxicomanie, des responsabilités médicales que j'assume, et même des responsabilités sociales que la Belgique devrait, selon moi, assumer à leur égard. Vous avez, monsieur le Président, interrogé chacun avec une exemplaire sagacité et un intérêt humain qui visaient à ne rien éluder. L'erreur vient toujours d'une exclusion, disait Pascal.

L'extraordinaire complexité des problèmes médicaux, judiciaires, sociaux, moraux, légaux et tout simplement humains que nous posent les drogués rendra extrêmement délicate la tâche que je me suis assignée aujourd'hui, à savoir: tenter de vous faire partager la compréhension que j'ai acquise au terme de plus de cinq ans de psychothérapies intensives d'une population de plus de 300 toxicomanes soignés entre juillet 1978 et juillet 1983. Car, en effet, si fautes il y avait, ce serait certes par rapport à l'investissement de cinq années d'une vie de praticien responsable qu'il conviendrait de les estimer.

Je ne cesserai pas de vous parler en toute franchise, comme je l'ai déjà fait le 16 novembre. Je pourrais tout aussi bien, comme tous les témoins que vous avez interrogés, prêter le serment: «Je jure de dire toute la vérité, rien que la vérité». J'y apporterais cependant une importante nuance. Il y plus de 5 ans que j'ai attelé mon énergie à guérir les toxicomanes réputés si peu curables. Je connais encore si peu de choses à leur sujet et mon temps est si limité que je n'aurai pas la prétention de dire « toute la vérité » : je tâcherai de vous communiquer les quelques vérités que j'ai comprises. Je crois pouvoir dire que, dans le domaine de la toxicomanie, je ne suis qu'à mi-chemin de mes découvertes.

J'ai mené une lutte solitaire extrêment rude. J'ai dû décider seul, dès 1978, d'assumer les cas les plus lourds, les moins motivés à « guérir ». Dès 1979, j'ai assumé l'instruction judiciaire qui a enfin, après bientôt 5 ans, abouti à l'actuel procès. Dès 1979, j'ai dû assumer une tout aussi interminable instruction disciplinaire à l'Ordre des Médecins du Brabant francophone. Le dernier épisode, provisoirement, de mes démêlés avec l'Ordre, fut celui au cours duquel le Conseil, par une ignoble tactique, tenta de me contraindre à démissionner le 12 avril 1983.

Il est très périlleux pour le psychiatre que je suis de frayer le chemin d'une vérité nouvelle qui réussisse à éviter d'éluder la vraie problématique des toxicomanes, car ce chemin est parsemé des embûches du pouvoir de l'acquis médical, et des impasses médicales, légales, judiciaires, voire simplement sémantiques qui entravent la reconnaissance du mode d'être toxicomaniaque.

Je tâcherai néanmoins, en toute honnêteté, avec le plus grand souci de rigueur médicale et humaine, d'exprimer la synthèse de ce que j'ai conçu, même si certaines découvertes et options thérapeutiques paraissent contrevenir aux connaissances et pratiques à la mode.

Si étrange que cela puisse paraître aux yeux du scientifique ou du profane, c'est par un respect de la personne entière du toxicomane, y compris ce qu'il nomme lui-même « le vice de la piqûre » que j'ai pu réaliser, après des années d'efforts et de persévérance aimante, la guérison ou la très grande amélioration de quelque 300 malades.

Ce respect se situe dans la lignée des maîtres qui m'ont enseigné, par leurs écrits ou leurs paroles, le respect des hommes. Je veux citer Freud, Sacha Nacht, Winnicott, René Spitz, mais plus encore ceux qui m'ont nourri de leur enseignement psychanalytique quotidien durant mes années de formation : je veux ici rendre hommage à Daniel Luminet, actuellement professeur à Liège et à René Henny, mon patron à Lausanne en 1969-1970.

Pour clore cette introduction, je désire vous faire part de mon étonnement quant au contenu du réquisitoire de monsieur le Procureur du Roi. Je dialoguais en effet avec lui, en pensée, depuis quelque deux ans. J'argumentais. Et je me trouve en face d'un exposé très peu charpenté qui ne reprend même pas de manière clairement formulée la prévention d'entretien de toxicomanie qui cependant m'apparaissait fondamentale en ce procès.

Il me paraît tout à fait inconséquent, à l'égard d'un des très rares spécialistes bruxellois, d'envisager de l'incarcérer pendant 4 ans et de proposer une suspension de sa pratique médicale pendant 5 ans, et ce en raison de sa prétendue insoumission aux règlements médicaux du moment (très fluctuants, comme je le montrerai) et d'un relevé arithmétique de milliers de milligrammes de médicaments.

Si j'analyse objectivement ce réquisitoire, je n'y trouve aucune raison valable d'incarcérer un médecin. Et je crois pouvoir m'appliquer aujourd'hui les quelques lignes du résumé de la Conférence de presse que j'ai tenue le 28 juin 1983 à l'occasion de la mise en détention préventive de madame le docteur Pletinckx. Excusez-moi de me citer :

1. Les autorités judiciaires et médicales (Ordre des Médecins, Commission Médicale Provinciale) réalisent une collusion qui condamne « l'entretien de toxicomanie ». Celui-ci apparaît comme l'usage estimé abusif d'une prescription médicamenteuse adéquate aux avatars incessants de la vie du drogué. Les autorités méconnaissent l'immense travail psychothérapeutique au long cours réalisé dans le dialogue continu patient-médecin.

2. Il est inadmissible
- qu'une somme globale de prescriptions médicamenteuses,
- que les circulaires des autorités médicales et
- que des avis d'«experts» — qui n'ont pas interrogé les praticiens — permettent aux juges d'incarcérer les médecins qui affrontent en première ligne les drames quotidiens des drogués.

3. Cette incarcération aura pour conséquences immédiates :
- le recours au marché clandestin de l'héroïne, source de délinquance inéluctable,
- un risque accru de décès par suicide ou surdose,
- et pour conséquence à terme, la désespérance des drogués de pouvoir s'en sortir, après l'avortement d'une longue psychothérapie de soutien.

Ces conséquences sont démontrées par les faits qui ont succédé à mon arrestation le 7 octobre, ainsi que j'en ai fait part dans ma lettre (en annexe) du 10 décembre 1983 à monsieur le Ministre Gol.

Ce 12 janvier, j'ai lu cette lettre. Le Président Amores m'a fait remarquer qu'il n'était pas le président de la Chambre des Représentants. Il m'a recommandé de développer mes idées de politique sanitaire dans les symposiums médicaux... J'ai dû l'irriter; j'étais plus préoccupé de l'endémie héroïnomaniaque que de ma «faute pénale»...

15 janvier 1984

Absurde procès. On a enfermé l'agneau. Celui qui délivre les hommes des pièges de la drogue, non par miracle, mais par patience respectueuse, aimante, lente. On l'a déclaré tigre et mis en cage 24 h sur 24 pendant 100 jours. On l'a déclaré danger public. On a oublié que sa vocation est de guérir, de conduire à la liberté, à la vie sans drogue, d'accompagner l'homme jusqu'à ce qu'il se libère de ses chaînes.

Et c'est lui qu'on a enchaîné. Sans le voir. On a dit le 5 octobre: «veuillez décerner un mandat d'arrêt à l'encontre de la personne de J. Baudour.»

Et le 19, on me sortira de ma cage. On dira à l'agneau-tigre: maintenant, parle, tu peux, tu as tout le temps; mais ne te trompe pas d'auditoire. N'adresse pas de message politique. N'oublie pas que tu es là d'abord pour justifier tes actes.

On n'a pas cessé de parler de toi. On a polémiqué à ton sujet. On a déjà pris parti. Chacun déjà s'est situé, les uns du côté de l'insulte, de la répression, les autres du côté de la compassion compréhensive. Et la majorité, encore ignorante du fond du débat, reste perplexe.

Le bon sens populaire, lui, s'étonne: pourquoi un médecin qui soigne devrait-il être condamné? La fonction de soins est si éloignée de toute action délictueuse. Alors?

Interminable procès, où je paie mon maigre temps de parole en semaines de prison.

Ma place est celle de l'amour auprès de Francine, auprès de tous ceux qui m'attendent et que j'attends.

19 janvier 1984

En Chambre du Conseil, devant le Juge Amores et ses assesseurs, Pierre Legros, Anne Krywin et moi introduisons une nouvelle demande de mise en liberté afin de m'éviter d'attendre à Saint-Gilles le jugement fixé au 16 février.

Cette demande est soutenue par un nouveau texte d'engagement solennel à l'égard du Conseil de l'Ordre. J'avais signé en décembre que je ne prescrirais aucun stupéfiant avant l'issue du procès; je m'engage aujourd'hui à ne recevoir aucun patient avant le 16 février. Le Juge Amores me demande de préciser que je ne résiderai pas à mon cabinet médical.

Durant près d'une heure, les Juges délibèrent. Nous sommes rappelés. Monsieur Amores nous lit une argumentation très élaborée qui motive la décision de mise en liberté. Il explique longuement que la détention préventive n'a plus aucune justification: tous les témoins ont été entendus; mes engagements garantissent la sécurité publique.

Reste une heure pour ma «défense». Trop peu.

Je n'ai toujours aucune idée de la «faute pénale». J'imagine plausible qu'elle puisse être la désobéissance aux directives de l'Ordre. Directives auxquelles j'ai souscrit aussi longtemps qu'elles étaient praticables. Ne serait-il pas insensé que je sois condamné rétrospectivement?

Parmi les 55 pages préparées pour ma déclaration finale, je sélectionne quatre thèmes principaux:
- la dépendance à la seringue;
- l'issue de mon procès: condamnation ou acquittement, et ses conséquences dans les deux hypothèses;
- nécessité d'un accord entre les autorités sanitaires et judiciaires quant aux garanties de traitement des toxicomanes;
- la conscience professionnelle est-elle un délit?

Le premier thème a été suffisamment développé dans cette Esquisse pour que je ne reproduise pas ici mes paroles du 19 janvier.

Je m'adresse ensuite à mes Juges dans les termes suivants:

«Le jugement que rendra votre Tribunal,
monsieur le Président, madame, monsieur le Juge,
sera, je pense, très déterminant dans l'orientation des possibilités thérapeutiques à l'égard des toxicomanes belges.

Au vu des résultats internationaux et de mes résultats personnels (mes patients en ont témoigné), j'estime que vos décisions, qui ne manqueront pas de devenir aussitôt jurisprudentielles, doivent respecter la liberté thérapeutique des praticiens.

Comme je l'écrivais le 3 décembre 1983 dans ma lettre ouverte au Procureur du Roi : « Il appartient aux tribunaux et aux instances médicales, judicieusement 'éclairés', de se prononcer sur les impasses légales, médicales et judiciaires du traitement des toxicomanes afin d'y déceler les intentions et les résultats thérapeutiques, au-delà du mercantilisme facile de certains praticiens égarés ».

La tâche de votre Tribunal est délicate vu que la Commission Médicale Provinciale n'a pas cerné la définition des prescriptions médicales « abusives » et que l'Ordre des Médecins vient à peine de définir — et fort maladroitement — l'abus de liberté thérapeutique dans le chef du praticien « isolé » et « insuffisamment informé des problèmes de la thérapeutique des drogués ».

Sur le plan du droit, l'analyse faite par maître Krywin d'une part, et celle que j'ai rédigée dans les « Impasses légales » montrent, à mon sens, qu'il convient de rester dans la ligne de pensée de monsieur le Procureur Général de le Court.

Par ailleurs, la gravité de la situation induite par les directives intempestives de décembre 1982 de l'Ordre des Médecins ne doit pas, à mon avis, se coupler à une sévérité exemplaire dans le cas Baudour, car elle dissuaderait plus encore tout praticien belge de se servir jamais de tout stupéfiant de substitution. Ce point de vue est longuement explicité et motivé dans ma lettre ouverte au ministre Gol.

Pratiquement, je veux résumer ici les conséquences immédiates et à moyen terme de la décision de votre Tribunal.

1. En cas d'acquittement :
- poursuite des psychothérapies et traitements à la méthadone jusqu'à l'abstinence éventuelle et à la réadaptation psycho-sociale;
- mise sur pied d'un dispensaire spécialisé;
- réduction du « marché noir » des stupéfiants sur ordonnance;
- possibilité de limitation de l'héroïne illégale à Bruxelles, endéans 3 à 5 ans, à condition de pouvoir mettre à pied d'œuvre une équipe d'une quinzaine de praticiens très motivés, dont j'assumerais la direction.

2. En cas de condamnation :
- interruption brutale des traitements en cours ;
- rechutes dans l'héroïne (60 à 75 % des cas) ;
- retour à la délinquance ;
- réinsertion sociale impraticable ;
- désespoir et risques de suicide accrus ;
- arrêt très probable de tous les traitements à la méthadone ;
- recrudescence de l'héroïnomanie par prosélytisme ;
- régression de la Belgique par rapport à la situation internationale ;
- accroissement incommensurable du coût social de la toxicomanie (arrêts de travail, actes délinquants, incarcérations, procès, invalidités, hospitalisations, etc.).

Troisième thème : Nécessité d'accords Justice - Santé Publique.

Je crois pouvoir affirmer que bien moins de 2 patients parmi les 306 que j'ai traités en 5 ans seraient décédés si les autorités sanitaires et judiciaires de ce pays avaient marqué leur accord sur les points suivants :

1. Le traitement ambulatoire à long terme des héroïnomanes par la méthadone est indispensable pour sauver la vie des patients et enrayer l'héroïnomanie dans le pays.

2. Ce traitement est justifié par l'état de nécessité, compris dans le sens aussi bien juridique que médical :
- juridique : justification de prescrire un médicament qui maintient une dépendance de type morphinique afin d'éviter des dommages plus sévères ;
- médical : justification d'un traitement prolongé durant des années afin de rétablir la santé physique, la santé mentale et l'aptitude au travail des héroïnomanes gravement atteints.

3. Ce traitement doit être confié à des gens très motivés qui ont une solide expérience du maniement des toxicomanes. Les traitements de sevrage bref ou les psychothérapies sans méthadone font courir aux malades et aux thérapeutes un très haut risque d'échecs qui découragent les uns et les autres.

4. Il incombe à ces mêmes autorités d'assumer la responsabilité de créer dans le pays plusieurs dispensaires de traitement assurant tant les urgences que les longues prises en charge. Le coût de ces dispositifs thérapeutiques est, à résultat égal, dix fois moins élevé que celui des institutions fermées.

5. En ce qui me concerne, en raison de la confiance réciproque durement conquise entre mes patients et moi, en raison du nécessaire respect de tous les traitements en cours, ce serait une ignominie sociale que de les rompre. Cela précipiterait environ les trois quarts des patients dans la délinquance de l'héroïnomanie.

6. Enfin, suspendre ma pratique compromettrait probablement toute pratique actuelle ou future à la méthadone en ce pays, vu qu'aucun praticien n'oserait plus s'y risquer.

Quatrième thème : La conscience professionnelle est-elle un délit ?

Je rappelle d'abord que le jugement du Tribunal risque bien d'orienter toute la politique de santé à l'égard du traitement des toxicomanes. Anne Krywin a souligné que le Tribunal était en quelque sorte l'otage d'une foule impressionnante d'institutions qui n'avaient pas assumé leurs responsabilités en temps utile.

Les thérapeutes de drogués sont très peu nombreux, partout dans le monde. Ils se sont encore raréfiés à Bruxelles depuis plusieurs années à cause des pressions conjuguées du Parquet, de l'Ordre des Médecins et de la Commission Médicale Provinciale.

Vu l'extrême difficulté et la longueur des traitements, vu les menaces multiples qui pèsent sur les praticiens, la situation est devenue telle qu'il faut une vocation pour se risquer aujourd'hui à traiter les toxicomanes. Pourquoi les médecins seraient-ils suicidaires ?

Quant à moi, je tiens à dire une nouvelle fois à quel point la péroraison du réquisitoire du Procureur du Roi m'est apparue absurde, injuste et injustifiable. Avoir consacré 5 ans de sa vie à ceux que tous croient incurables mérite-t-il 4 ans de prison et 5 ans de suspension de pratique médicale ? Peut-on légitimer cette abominable sanction par un relevé de milligrammes de stupéfiants, par des racontars de toxicomanes et par un refus — cependant très argumenté — d'obéir aveuglément à des circulaires médicales aussi fluctuantes que comminatoires ?

L'équipement sanitaire belge d'aide aux drogués est gravement lacunaire, presque inexistant. Ne serait-il pas insensé de l'amputer encore d'un de ses volets thérapeutiques majeurs qui a fait ses preuves dans le monde entier depuis 1964 ? Non seulement insensé, mais indigne d'une démocratie très largement médicalisée. Car il est prouvé, depuis vingt ans, que les traitements ambulatoires à la méthadone permettent d'équilibrer, puis parfois de guérir complètement, des héroïnomanes gravement atteints. Indirectement, mais avec certitude, ces traitements font diminuer l'offre des stupéfiants sur le marché illégal, premier risque épidémiologique de contamination des jeunes.

J'écrivais déjà en 1981, dans mon rapport à madame le Juge Lyna, qu'il me paraissait nécessaire et urgent de faire respecter tous les modes d'approche, médicaux ou non, de l'assistance aux toxicomanes. N'est-il pas superflu, stupide, voire dangereux de discréditer rapidement certaines techniques d'aide, tandis que le très petit nombre de thérapeutes engagés dans la lutte quotidienne laisse un nombre considérable de drogués à la dérive, faute de disponibilités de prise en charge? Dans le cadre limité de ma seule pratique, je dois refuser et orienter judicieusement ailleurs quelque 200 demandes par an.

L'Ordre des Médecins du Brabant a dramatiquement réalisé la suspension de centaines de traitements depuis un an, sous prétexte de les réglementer, et afin d'éviter, ce qui est légitime, le «marché noir des drogues sur ordonnance». C'est ainsi qu'une fois déployé le parapluie déontologique, les toxicomanes sont retournés à la clandestinité. Ils ne manqueront pas, pour survivre dans l'illégalité, de vendre la poudre aux débutants qui, faute d'expérience, risqueront d'en mourir.

Je le répète en deux mots: tous les drogués sont guérissables, à condition qu'ils rencontrent des thérapeutes qui leur fassent confiance d'abord, et à qui ils fassent confiance ensuite, au cours d'années de dialogue, de renaissance, de responsabilisation, de retour à la vie.

Car enfin, quoi? Où mènera donc la politique tranchante du Parquet en Belgique? Qui justifierait un raisonnement aussi puéril et irréaliste que celui qui consisterait à proclamer qu'il suffit d'incarcérer cinquante médecins et mille malades pour que «la drogue» disparaisse de ce pays? C'est ici que je m'arrêterai, monsieur le Président, madame, monsieur le Juge. Je n'ai pas plaidé pour moi, mais bien pour des hommes et des femmes humiliés. Il ne m'a jamais fallu dire que je suis innocent, puisque je le suis et le resterai. Anne Krywin n'a pas plaidé mon acquittement, elle l'a requis.

J'ose croire que vous jugerez Baudour avec sagesse et humanité.

Permettez-moi de terminer en citant mon maître à penser, Albert Camus, décédé il y a vingt-quatre ans d'un absurde accident d'auto. Agé de 27 ans, il écrivit en 1940, un court essai intitulé «Les Amandiers». Il disait: «Notre tâche d'homme est de trouver les quelques formules qui apaiseront l'angoisse infinie des âmes libres. Nous avons à recoudre ce qui est déchiré, à rendre la justice imaginable dans un monde si évidemment injuste, le bonheur significatif pour des peuples empoisonnés par le malheur du siècle. Naturellement, c'est une tâche surhumaine. Mais on appelle surhumaines les tâches que les hommes mettent longtemps à accomplir, voilà tout»[8].

Il débutait «Les Amandiers» par une réflexion de Napoléon à un grand maître de l'Université.

«Savez-vous, disait Napoléon à Fontanes, ce que j'admire le plus au monde, c'est l'impuissance de la force à fonder quelque chose. Il n'y a que deux puissances au monde : le sabre et l'esprit. A la longue, le sabre est toujours vaincu par l'esprit»[9].

J'accompagnai ma citation de deux gestes : la main gauche désigna le sabre-Procureur, et la droite l'esprit-mes Juges.

Il y eut une longue ovation, que le Président Amores fit taire rapidement. Quelques minutes de baisers, de mains serrées : le réconfort de chaque fin d'audience. L'émotion de tous est intense aujourd'hui. Mon discours de liberté me vaut les habituelles menottes... Retour à Saint-Gilles.

19 janvier

18 heures. Le Directeur m'appelle : «Le Parquet a interjeté appel. Vous n'êtes pas libéré aujourd'hui».

Tandis que le Parquet s'acharne à me maintenir en prison, la presse écrite ne cesse d'informer de l'extension de l'héroïne dans le pays. Au nom de quoi dois-je rester détenu? Qui décide? Aussi bien l'incarcération que le procès émanent d'une décision institutionnelle : le Parquet m'a décrété délinquant et coupable. Tandis que moi, innocent, je dénonce l'inertie coupable des institutions médicales et la politique insensée du Parquet qui incarcère mes confrères et moi, en pleine lutte contre la drogue. Par sottise, le Parquet nous identifie aux trafiquants. J'analyse cette folle politique dans ma lettre ouverte au Parquet. Quand me répondra-t-on? Quand donnera-t-on une réponse à la population? Qui répondra? Que dois-je faire dès lors que je suis livré à la surdité psychique de ceux qui détiennent le pouvoir de me priver de liberté sans en donner le motif?

Avoir été l'otage des toxicomanes, puis des institutions judiciaires ne fait progresser personne : le débat de santé publique n'a pas démarré grâce à mon procès.

L'acharnement qu'«on» déploie contre moi doit satisfaire quelques volontés politiques malveillantes, ou... des intérêts ? N'est-il pas absurde qu'une institution m'incarcère tandis qu'aucun patient ne se plaint de moi ? Qu'il est étrange que ceux qui pèsent le poids des âmes se retrouvent en prison pour avoir trop pesé, trop aimé.

Comment faire pour convaincre les autorités auxquelles je me suis adressé à répondre aux questions que j'ai posées ? Le Parquet agit comme l'Ordre : il ne répond pas, il n'analyse pas, il ne s'auto-critique pas ; il sanctionne. Jamais, avant d'être incarcéré, je n'imaginais que tant d'incompréhension des vrais problèmes pourrait permettre à certains d'en étouffer les justes solutions.

22 janvier 1984. Lettre à Francine
Ma liberté est le jouet des Juges de la ville. Ils se l'arrachent. Les uns me harponnent, les autres me sourient. Ne se jouent-ils pas de moi ? Ils ignorent que ma lucidité croît en fureur. Que leur importe ?

Et tous, même empreints d'élégance, paraissent avoir oublié que je suis médecin. Depuis vingt ans bientôt.

Détenu... prévenu... nu, quoi ! Homme dépouillé.

Me croient-ils brisable ?

27 janvier 1984. Chambre des Mises en Accusation
Monsieur le Premier Président de la Cour d'Appel me recommande de me taire : «Laissez parler vos avocats».

Il relit l'essentiel de l'ordonnance de la Chambre du Conseil, rédigé par monsieur Amores le 19 janvier.

Anne Krywin et Pierre Legros s'évertuent à confirmer que ma détention préventive n'a plus aucun sens. Mais les trois juges restent imperturbables.

Anne cependant est détendue : elle sent que rien ne peut plus s'opposer à ma libération.

Avez-vous quelque chose à dire ? me demande le Premier Président.

Je vous ai écrit le 13 décembre, monsieur le Président ; j'espérais une réponse...

Je ne reçois pas d'autre réponse qu'un léger haussement d'épaules accompagné d'un sourire qui a l'air de signifier: vous n'y pensez pas, voyons!...

16 heures. Un surveillant m'ouvre la porte de la cellule: «Tu es libéré. Fais tes bagages.»

Je suis si abasourdi que je n'arrive pas à m'enthousiasmer, à rassembler mes vêtements, les centaines de lettres lues et relues. J'échange quelques mots avec le surveillant. Je rassemble mes affaires, mais pas assez vite à son gré. Il referme la porte. A 17 heures seulement, il me libère.

A 18 heures, hors des murs, enfin. Francine, enfin!

Je retrouve le droit de regarder, le droit d'aimer, le droit de dire, le droit de vivre, le droit d'être, le droit de marcher, le droit d'embrasser, le droit de recevoir la terre des hommes, le droit de me donner, le droit d'écouter.

Aucun de ces droits ne devrait jamais être ôté à quiconque, en aucun lieu, en aucun moment, en aucun siècle.

16 février 1984

Le Président Amores lit les principaux attendus du Jugement. Je suis condamné à trois ans de prison avec trois ans de sursis. Durant sa longue lecture, j'ai le sentiment que cette condamnation, que je sens peu à peu émerger des attendus, ne concerne pas ma qualité de médecin et d'homme. Projeter de m'emprisonner trois ans si je dérogeais à l'une de ces huit normes que le jugement institue m'apparaît totalement absurde.

La lecture terminée, monsieur Amores commente simplement: «Revoyez vos méthodes. Bonne chance, docteur Baudour».

Il lève la séance. Une dizaine de micros guettent mes réactions, mes paroles. Je ne désire rien dire.

20 février 1984

Mon père décède. Il n'a pas résisté à mon emprisonnement d'abord, à l'annonce de ma condamnation ensuite. Il avait subi un infarctus en

1970 et souffrait depuis lors d'angine de poitrine. Il était si malade qu'il n'a pas pu me rendre visite à la prison. Il n'a pu que m'écrire. Il ne cessait de se ronger.

L'annonce de ma condamnation lui a été fatale.

25 février 1985

NOTES

[1] Camus, A., «L'homme révolté (1951)» in Camus, A., op. cit., 407-709.
[2] Chirurgien, à la fois membre de la Commission médicale et du Conseil de l'Ordre, qui avait, le 12 avril, déclenché le processus de ma démission forcée.
[3] Eric mourra en mai 1986.
[4] G.E.R.M.: Groupe d'Etude pour une Réforme de la Médecine, fondé en 1964.
[5] Meursault, héros de «L'Etranger» (1942), roman d'Albert Camus, in: Camus, A., «Théâtre, Récits, Nouvelles», Paris, Gallimard, bibliothèque de la Pléiade, 1962, pp. 1121-1212.
[6] Foucault, M., «Surveiller et punir», Paris, Gallimard, 1975.
[7] C.N.A.P.D.: Comité National d'Action pour la Paix et le Développement.
[8] Camus, A., op. cit., p. 836.
[9] Op. cit., p. 835.

Chapitre 8
Le jugement

> « Il n'est qu'une manière d'être juste : c'est d'être charitable. On n'abstrait pas, sans altérer, la justice de l'amour. Summum jus... Cette suprême injustice, c'est la justice; la justice qui ne consent pas à se dépasser recule dans l'iniquité ».
>
> Gustave Thibon
> Destin de l'homme[1]

16 février 1984.
Jusqu'à ce jour, j'avais imaginé qu'il fût plausible que je fusse acquitté. Tout au long du procès, je n'avais cessé de m'interroger, en cellule, avec Francine, Anne et Pierre, sur « la faute pénale » que mes Juges retiendraient. Aucun de nous ne la concevait. La stupéfaction fut donc grande lorsque le Président fit la lecture condensée du jugement : pour l'essentiel, était érigé au statut de faute pénale le non-respect des directives du Conseil du Brabant, alors que, dans un long préambule, le juge Amores expliquait, au travers d'attendus contradictoires, que les directives du Conseil n'avaient pas force de loi. Voilà qu'il la leur conférait par sa jurisprudence.

Sa conception personnelle de la prescription abusive délimitait dorénavant le délit d'entretien de toxicomanie. Le juge Amores se gardait bien de signaler ce que j'avais établi le 2 décembre : en réponse à l'une de ses questions, le Président de la Commission Médicale avait accordé que celle-ci (dont c'était la tâche, dite par lui-même) n'avait jamais établi les critères scientifiques permettant de définir le caractère abusif d'une prescription médicale de stupéfiants. Comment dès lors le Tribunal aurait-il pu définir les critères de la prescription abusive, dont le non-respect permettrait de me condamner ? Et mes confrères de même ?

«Le Tribunal a manqué d'imagination», avoua le Président Amores, comme s'il lui fallait se justifier. Je fus en effet consterné de l'entendre énumérer les directives déontologiques du Conseil du Brabant, hâtivement élaborées pour la plupart le 27-12-1982. Voilà qu'une «norme déontologique» acquiert une valeur jurisprudentielle et que son non-respect est érigé en «faute pénale». Dorénavant, un médecin isolé ne peut plus prescrire sous peine de violer la norme n° 7! (voir plus loin).

Et quant à moi, n'est-il pas aberrant, absurde, injustifiable de condamner en février 1984 une pratique qui a débuté en juin 1978, et ce au nom de «normes» communiquées au corps médical en janvier 1983?

Mais ma stupeur fit place à de l'écœurement lorsque le Juge Amores annonça qu'il faisait droit à la requête des Mutuelles: le Tribunal me condamne à un franc provisionnel d'une somme estimée provisoirement à cinq millions; «le médecin qui a prescrit abusivement pouvant être déclaré responsable du préjudice qui en est résulté et être condamné à payer à titre de dommages et intérêts les sommes dépensées ou avancées par les organismes mutuellistes pour l'acquisition de médicaments de substitution à la drogue». C'est pourquoi le Tribunal désigne un expert «avec mission, après s'être entouré de tous avis spécialisés nécessaires:

1. d'établir le volume de produits pharmaceutiques et la valeur de remboursement de ces produits prescrits et délivrés pendant la période visée par les préventions et qui ne peuvent être considérées comme prescrites et délivrées dans le cadre des soins de santé
 (A quel substantif se rapporte considérées, prescrites et délivrées?...)
2. d'établir le nombre de consultations médicales et la valeur de remboursement dans la même période et qui ne peuvent être considérés comme des prestations de soins de santé»
 (A quel substantif se rapporte considérés?)

Passant outre à l'imprécision des termes du jugement, je compris sur-le-champ que le Tribunal considérait abusive et dès lors remboursable aux Mutuelles toute ma pratique psychiatrique (du 30-06-1978 au 1-6-1983), y inclus les traitements psychothérapeutiques. J'étais scandalisé, révolté, révulsé: depuis 1964, jamais la prescription médicamenteuse n'atteignait le dixième de mon travail de psychothérapeute, et voilà qu'il était scandaleusement nié! Non seulement je n'avais jamais eu au long de ma carrière autant de difficultés à faire honorer mon travail, mais encore le Tribunal me condamnait-il à rembourser les Mutuelles pour les médicaments et consultations «abusifs» de 50 patients!

Pourquoi le Tribunal avait-il décidé de faire droit à la requête des Mutuelles alors que le Juge Amores, en décembre, avait publiquement laissé entendre qu'il la rejetterait?

Lorsque j'écris ces lignes en septembre 1984, je reste immergé dans la même consternation que celle où me plongea le Juge Amores le 16 février. Puisque dès ce jour le silence s'est refermé sur le cas Baudour et le traitement à la méthadone, il m'incombe de mettre en évidence les éléments d'analyse suivants:

1. Au plan moral:

- Le Tribunal semble vouloir méconnaître l'immense travail médical nécessaire à la reconstruction morale et sociale du toxicomane, c'est-à-dire la dimension temps du traitement;
- Les Juges n'ignoraient pas que Baudour était désargenté: l'instruction qui motiva mon incarcération n'avait apporté aucune information, en novembre 1983, quant à mes patients, mais avait révélé mes très modestes déclarations fiscales des cinq dernières années. Le Juge Amores devait donc savoir que celui qu'il comparait au Messie le 16 novembre n'avait pas «gagné sa vie» en traitant les drogués.

(J'y avais, moi, gagné l'honneur d'aider une population que tous marginalisent et humilient.)

- Tous les patients et parents qui ont témoigné au procès ont souligné le rôle capital de mon soutien moral auprès de tous, le besoin impérieux de LEUR psychothérapeute. Sans le dire, le jugement bafoue l'essentiel de mon travail.

2. Au plan du droit:

- N'y a-t-il pas glissement abusif des prescriptions jugées abusives aux «prestations de soins de santé» jugées elles aussi abusives? Il faut relever là une fallacieuse assimilation pseudo-logique qui m'apparaît injustifiable si je reconnais l'extraordinaire minutie avec laquelle le Juge Amores a conduit ce procès et rédigé la plupart de ses attendus.
- Qui peut s'arroger le droit de considérer comme «abusif» le traitement psychothérapique prolongé des 50 patients cités dans la cause I? (du 30-6-1978 au 1-2-1983).

3. Au plan institutionnel:

- On verra plus loin, dans l'analyse générale du jugement, à quel point le Tribunal, conscient du flou des directives des organismes professionnels (Inspection des pharmacies, Commission Médicale Provinciale, Ordre des Médecins) finit cependant par fonder ma condamnation sur la désobéissance aux directives du seul Conseil de l'Ordre du Brabant.
- A propos des Mutuelles, il apparaît que le Tribunal, sans argumentation étayée, donne encore raison aux institutions. Ceci est d'autant plus désolant et non pertinent en l'occurrence si le Juge Amores s'est penché — comme il l'a fait par ailleurs en vue de me condamner — sur l'analyse fouillée que Deglon présente des raisons socio-économiques qui justifient le long traitement des drogués. Les organismes mutuellistes, eux aussi, auraient bien fait, avant de se porter partie civile contre moi en décembre, d'examiner leur vrai intérêt après avoir assimilé Deglon, auquel le Juge Amores fit référence dès l'ouverture du procès.

Je cite Deglon:

«Une prise en charge efficace et durable des héroïnomanes se justifie aussi pour des raisons sociales et économiques, car un toxicomane actif revient très cher à la communauté, sans compter les dégâts qu'il peut commettre par son propre prosélytisme militant et son trafic de poudre.

Pris entre le manque et la «défonce», passant rapidement tout son temps à la recherche de drogues, il se montre incapable de travailler régulièrement et doit être pris en charge par les services sociaux, les caisses de chômage, etc. Les autorités fédérales ont estimé à 1.000.000 (million) de francs (suisses) le coût d'un héroïnomane devenu invalide.

Sur le plan médical, en raison des nombreuses maladies favorisées par la toxicomanie (hépatites aiguës et chroniques, septicémies, endocardites, abcès,...), des problèmes dentaires, des overdoses, des accidents liés aux états narcotiques, aux arnaques ou aux bagarres, et en raison du nombre élevé de jours d'hospitalisation dans des services hautement spécialisés, les héroïnomanes constituent une lourde charge pour les caisses maladie et la collectivité, dans la mesure où ils ne sont pas suivis de manière régulière et efficace.

Aux départements de Justice et Police aussi. Arrêtés, condamnés, incarcérés, récidivant sans cesse, ils encombrent les établissements pénitentiaires sans d'ailleurs s'y trouver à leur place (...).

Un traitement sérieux par la méthadone, avec toute une action psychothérapique, éducative et sociale, permet assez rapidement une réinsertion socio-professionnelle de la grande majorité des patients motivés. Le coût moyen global de ces cures atteint environ 5.000 francs (suisses) par an. (...) A titre de comparaison, le coût annuel d'un héroïnomane dans un centre thérapeutique spécialisé revient en général à plus de 50.000 francs (suisses).

Un économiste pourrait calculer l'avantage considérable que représente pour l'Etat et la communauté en général cette grande majorité de sujets qui peuvent renoncer aux rentes diverses, indemnités de pertes de gain, allocations de chômage, tout en évitant les frais d'hospitalisation, de justice et de prison, et qui, de plus, paient régulièrement des impôts chaque année plus élevés et leurs multiples dettes[2] »...

Dès octobre 1983, j'avais personnellement évalué que la somme dépensée à incarcérer 30 toxicomanes bruxellois durant un temps moyen de 6 mois permettrait le financement d'une épuipe spécialisée de 7 personnes (selon le modèle de celle de Deglon) qui assure le traitement ambulatoire de 100 patients durant un an. Le peu de temps de parole que le Juge Amores m'a accordé (16 novembre 1983, 12 et 19 janvier 1984) ne m'a pas permis d'exposer publiquement ces questions d'économie sanitaire. Dans le même esprit, il ne m'apparaissait pas utopique de proposer la mise sur pied d'équipes dirigées à Bruxelles par 15 médecins, équipes qui, d'après mon estimation, pourraient se fixer raisonnablement comme but la régression de l'héroïne dans la capitale endéans les 5 ans (achever les traitements en cours, et ouvrir des places de traitement pour les cas nouveaux réclamant de l'aide en 1984-1985).

De tout cela, il n'a guère pu être question de parler durant le procès. Si j'avais été libre, il en eût été tout autrement. La privation de liberté fut aussi privation de possibilités d'actions publiques. Aussi je garde encore dans mes cartons, depuis novembre 1983, le projet d'une conférence-débat avec le Parquet de Bruxelles où — enfin — un dialogue démarrerait qui permettrait d'ébaucher une authentique politique médico-judiciaire de prise en charge des drogués.

Pour en revenir à ma condamnation face aux Mutuelles, je reste meurtri que le Tribunal ait opté pour l'écrasement financier du psychothérapeute dont il connaissait les très minces revenus professionnels. Car enfin, qui donc a subi un préjudice de 1978 à 1983 ? Certes pas les patients, ni les Mutuelles, ni la société tout entière, puisque j'ai assumé à moindres frais l'équilibre individuel et social de centaines de délinquants. C'est bien moi qui ai subi d'importants préjudices depuis 1978: harcèlement quotidien des drogués, jusque dans ma vie privée, non-règlement d'honoraires (200.000 francs en moyenne d'honoraires annuels jamais perçus), coups, menaces à main armée à mon domicile,... et 113 jours de détention.

    Qui est lésé?

    En prime, 156.000 francs de frais judiciaires. Contrairement à ce qu'il affirme au 62e feuillet de son jugement, le Tribunal ne s'est pas limité à une «une sanction prise uniquement sur le plan pénal»...!

    Etrangement, le 16 février 1984, le Juge Amores atténua de deux manières la sanction pénale: il parla d'une «condamnation de principe» et prononça un étonnant lapsus linguae: le Tribunal me condamnait à trois mois d'emprisonnement, alors que le 63e feuillet précise TROIS ANS (avec sursis de trois ans). Ses deux assesseurs rectifièrent en chœur sur-le-champ.

    Faut-il voir dans cette attitude l'expression d'une certaine sympathie qu'il m'avait manifestée dès le 16 novembre et que la presse avait été unanime à relever?

    Il serait fastidieux pour le lecteur non spécialiste que j'élabore ici 50 pages de réponses précises aux attendus du jugement. Il convient que je me limite aux huit «normes et critères d'abus», après avoir formulé avec vigueur les remarques suivantes à la lumière desquelles le lecteur analysera mes commentaires sur les huit critères d'abus.

1. Extrême restriction de la liberté thérapeutique.

Le Tribunal prend une position judiciaire définitive dans un champ médical où les tâtonnements et divergences des thérapeutiques sont légion. De toute évidence, les redondances du conformisme international du traitement à la méthadone orale ne peuvent qu'inciter un Tribunal à condamner une thérapeutique dont les risques sont cependant extrêmement réduits, contrairement à ce que présument le consensus international et les experts qui ont défilé à mon procès sans m'avoir interrogé (à l'exception du collège nommé par Madame Lyna) ni avoir examiné les résultats de ma pratique. En fait, être novateur m'a conduit à un taux de décès significativement inférieur à celui des larges équipes américaines (cf. ma lettre du 8 octobre 1983 au Président du Conseil de l'Ordre).

    Il n'est pas tolérable que, dans une matière médicale aussi évolutive, le pouvoir judiciaire s'arroge le droit d'imposer une «prescription excluant les mélanges médicamenteux » ou de ne l'accorder que « dans le cadre d'un traitement d'ensemble médico-psycho-social ».

2. Le Jugement donne à répétition l'impression de vouloir sanctionner la désobéissance du médecin rebelle aux directives nationales et internationales. Il est stupéfiant de constater que les experts et les membres du Conseil du Brabant se sont bornés à bannir ma pratique sans s'imposer la nécessité d'en analyser la validité et les lacunes. Ils laissaient ainsi aux Juges la tâche délicate de trancher un débat scientifique non amorcé. Car personne n'a pu démontrer que j'avais tort de respecter le toxicomane, piquomanie incluse. Je n'ai jamais prétendu avoir raison. Ne pouvait-on imaginer que la compétence (que le Juge Amores me reconnaît) acquise par une longue expérience clinique ait pu fonder ma « désobéissance » ?

3. Le Jugement vient condamner RÉTROACTIVEMENT une pratique remontant à juin 1978, alors que les principales normes auxquelles il se réfère ont été élaborées le 27-12-1982 par le Conseil du Brabant. De quel droit me condamner au nom de règles qui n'existaient pas entre 1978 et Noël 1982 ? La Commission Médicale avoue elle-même (lettre au Dr Grosjean en date du 29-6-1984) que « durant les dernières années, il existait un manque de précisions quant à la notion d'abus en matière de prescription de stupéfiants et un vide juridique relatif à cette question ».

4. Baudour a été le bouc émissaire d'une foule d'institutions plus ou moins concernées par le problème de la drogue : citons au moins le Parquet, les Tribunaux, les instances médicales de contrôle, les Mutuelles, la B.S.R., le Patriarche,...

Il n'est pas jusqu'au personnel carcéral qui ne m'ait fait payer ce que la charge des toxicomanes lui a coûté.

Un des buts principaux de cette Esquisse est de solliciter une fois de plus l'organisation, par les soins des « responsables gouvernementaux de la Justice et de la Santé publique, d'une large confrontation entre toutes les personnes, associations et organismes officiels concernés, en vue de jeter les bases d'une politique cohérente de recherche et d'aide thérapeutique aux toxicomanes » (communiqué du G.E.R.M. à la Conférence de Presse du 14-10-1983).

Il fut commode, tout spécialement pour la Commission Médicale, l'Ordre des Médecins et le Parquet, de se lancer l'un à l'autre la balle Baudour afin d'éviter d'assumer, en temps utile, les responsabilités médicales et judiciaires que requérait (et requerra de plus en plus) l'endémie toxicomaniaque.

Il était aussi commode qu'expéditif de crier haro sur l'homme isolé, puis de l'incarcérer et de le mettre ainsi hors d'état de pratiquer. L'ultime manière d'éluder le problème des drogués en y associant sans cesse le nom de Baudour fut probablement le vœu, conscient ou non, que le Juge Amores réglât le compte de ce «rebelle». Ainsi fut fait. Il résulte de tout ce gâchis que les prédictions et conclusions des Impasses, que je rédigeais en cellule le 23 octobre 1983, apparaissent de plus en plus flagrantes aux yeux de tous en 1984 (voir en annexe).

C'est tout spécialement à l'attention des praticiens que je transcris ici les «normes et critères d'abus» (feuillets 30 et 31) précédés de la remarque rédigée comme suit par le Tribunal:

... «il ne s'agit certes pas de règles strictement impératives, mais simplement de modalités pratiques d'exercice de la profession correspondant à la manière dont l'exercerait un praticien prudent et avisé, soucieux de tenir compte des données médicales certaines et de l'état actuel de la science»;

1. Nécessité d'un examen du patient avant toute prescription médicamenteuse;
2. Sauf cas exceptionnels justifiés, exclusion de la prescription en 'injectable';
3. En cas de recours initial à l'«injectable», évolution vers la prise de médicaments 'per os';
4. Exclusion de la prescription de médicaments de substitution sous une forme qui en permet la manipulation par le patient;
5. Prescription strictement limitée aux besoins personnels du patient;
6. Réévaluation constante de la prescription pour tendre au sevrage et à la guérison;
7. Prescription accordée dans le cadre d'un traitement d'ensemble médico-psycho-social;
8. Prescription excluant les mélanges médicamenteux.

Définitivement, le Tribunal fige toute liberté thérapeutique en précisant que «la prévention de prescription abusive sera ou non établie selon que, dans chaque cas déterminé, ces normes auront été respectées ou qu'une ou plusieurs d'entre elles ne l'auront pas été».

Mes commentaires des 8 critères :

1. L'examen du patient : Dans le cas de Nadia, « l'absence d'examen même simplement et sommairement physique apparaît acquis et prouvé par la discordance entre les dires du prévenu et les données d'autopsie » (...). La conviction du Tribunal va jusqu'à écrire : « il en résulte que cette patiente ne présentait pas de traces de piqûres lorsqu'elle s'est présentée le 2-9-1982 ». Elle en présentait bien, en vérité. Mais c'est à partir de mon souvenir, imprécis lors de mon interrogatoire du 16-11-1983, après 40 jours de détention, que le Juge Amores infère que je n'ai pas examiné Nadia. Ce fut au contraire mon premier réflexe médical, soucieux que j'étais de savoir si elle s'était « fixée » dès sa sortie de Tribomont.

Quant à Bruno, le Juge Amores omet de signaler qu'il m'a demandé d'expliciter le 16 novembre l'état de manque dans lequel le patient s'est présenté à moi ; cet état justifiait ma modeste prescription d'urgence, l'état clinique misérable de Bruno étant bien le reflet de sa parole « Je suis un très vieux toxicomane ». Pour ce cas, le Juge Amores donne raison au collège d'experts qui, eux, n'ont même pas pris la peine de m'interroger un instant sur Bruno.

Pour d'autres patients, le Juge Amores se fonde sur leurs déclarations (dont, ailleurs, il se méfie).

Je ne conteste aucunement la nécessité de l'examen physique. Mais quel médecin belge le pratique systématiquement, lors de chaque consultation ? Il est tout de même clair, dans la pratique courante, que bien souvent les données d'anamnèse suffisent à permettre l'établissement d'une prescription adéquate.

Enfin, et plus fondamentalement, j'estime qu'il s'agit de préciser en quoi l'absence d'examen clinique permettrait de définir le caractère abusif de la prescription d'un psychotrope.

2. Sauf cas exceptionnels justifiés, exclusion de la prescription « en injectable ».

De très longs attendus du Jugement se réfèrent aux directives du Conseil de l'Ordre et aux avis des médecins experts désignés par le Parquet : ces deux sources d'information soulignent les risques d'autoperfusion intra-veineuse chez des patients présentant un état plus ou moins sévère de délabrement physique et/ou mental. Ma très large expérience clinique de 1978 à 1983 infirme l'ampleur de ce risque. S'il est vrai que les héroïnomanes non traités présentent un large éventail de pathologies relevé par les experts, il faut souligner l'extrême rareté de complications infectieuses chez les patients bien informés qui s'injectent de la méthadone pure en intra-veineuse.

Le Juge Amores a ajouté foi aux dires des experts qui, soit n'ont pas mon expérience, soit se réfèrent à des cas qui échouent à l'hôpital, faute de prise en charge ambulatoire adéquate. Je rappelle au lecteur ce que j'ai rédigé à ce sujet au chapitre «L'aurore thérapeutique».

Une pratique qui a remarquablement amélioré la santé physique et mentale de centaines de toxicomanes ne peut être qualifiée d'«incontestablement abusive», comme le prétend le Jugement (page 37).

3. En cas de recours initial exceptionnel à «l'injection», évolution vers la prise de médicaments substitutifs «per os». Et
4. Exclusion de la prescription de médicaments de substitution sous une forme qui en permet la manipulation par le patient.

Si je suis d'accord avec le Juge Amores qui souligne, comme les experts internationaux, que «le souci majeur du praticien doit être de tenter l'éradication de l'attachement de son patient à la seringue», je rappellerai que c'est l'une des tâches de mon entreprise psychothérapique. Les patients qui «décrochèrent» trop vite, sous mon insistance, et me quittèrent, ne manquèrent pas de rechuter, de contracter hépatites ou abcès, voire de mourir (3 % de la population traitée en 5 ans — cf. lettre du 8-10-1983). *Le risque d'abandonner trop tôt l'injection est donc bien plus élevé que celui de la garder, fût-ce longtemps.* C'est par méconnaissance de ces éléments cliniques que le Tribunal affirme: «devra, dès lors, être considérée comme abusive la prescription à un patient de médicaments de substitution en injectable pendant de nombreux mois, sinon des années, sans que les tentatives d'arrachement du toxicomane à sa seringue n'aient été entreprises.»...

J'estime regrettable que le Tribunal ait choisi, pour illustrer son propos, le cas de Robert D., dont j'ai parlé plus haut. Sous ma pression permanente, Robert réalisa trois tentatives de sevrage. Mais sa misérable situation sociale, familiale et affective le fit échouer à répétition.

Si le Tribunal accorde que l'exercice de la médecine est une «continuelle prise de risques dans le choix thérapeutique», il souligne néanmoins «que cela ne vaut toutefois que lorsque le médecin s'écarte des règles consacrées par l'usage en adaptant sa thérapeutique à chaque malade, dans le seul intérêt de celui-ci et dans la limite de la liberté de traitement que le code de déontologie lui reconnaît».

Personne, en vérité, ne peut démontrer que «l'état particulièrement lamentable «de Dominique H., décrit le 21-12-1983 par un médecin-légiste, résultait à coup sûr de mes prescriptions jusqu'en septembre.

C'est bien à bon droit que je peux invoquer les injonctions comminatoires de l'Ordre qui m'ordonna de «suspendre l'injectable» sans avoir évalué scientifiquement «un traitement qui ne jouit pas encore de l'autorité d'une doctrine scientifique établie» (le Juge Amores).

Si, par ailleurs, la santé de Robert D. s'améliora en prison, un médecin ne peut tout de même pas préconiser l'emprisonnement comme traitement!

Enfin, tout autre produit que la méthadone est proscrit par la Commission Médicale Provinciale. Alors, que faire? Surtout lorsqu'on a l'expérience de l'immense travail psychothérapique indispensable pour conduire le patient au sevrage de méthadone. Pour conclure ce point, relevons encore que le Jugement accorde crédit au Collège des médecins-experts qui a précisé le 2-12-1983 que «les symptômes de sevrage sont parfaitement traités, à l'heure actuelle, par un grand nombre de médicaments, non morphiniques, non toxicomanogènes». Je formulerai à ce propos quatre remarques:
- le toxicomane n'est qu'exceptionnellement motivé au sevrage;
- le terme «parfaitement» serait unanimement démenti par les patients sevrés à l'hôpital;
- l'efficacité thérapeutique des sevrages brefs est proche de zéro (cf. Deglon)
- le risque d'overdose mortelle, dès la porte de l'hôpital franchie, est bien connu de nombreux toxicomanes et des praticiens consciencieux. Mais jusqu'où s'étend la responsabilité du médecin hospitalier si le patient fait «une sortie exigée» après avoir dû signer une décharge?

5. Prescription strictement limitée aux besoins personnels du patient. Nul ne peut contester, je crois, que cette norme soit fondée dans son principe. Un attendu du Jugement précise que cette norme «se justifie par le souci que doit nourrir le praticien de ne pas voir détourner par son patient la thérapeutique qu'il lui a instaurée pour propager sa maladie à d'autres» (...) Un autre attendu souligne que «le respect strict de cette norme est d'autant plus impérieux qu'est avérée la tendance au prosélytisme du toxicomane et à son goût pour l'usage collectif des drogues». Et ailleurs, «la prescription par certains médecins de médicaments de substitution a entraîné en Belgique vers l'année 1979 un marché noir de la méthadone venant s'ajouter à celui des

drogues illégales et attirant de nouveaux adeptes». Et de renchérir avec le risque, signalé par Deglon, de «l'apparition de personnes méthadono-dépendantes sans antécédents d'héroïnomanie».

Tout ceci mériterait vingt pages de commentaires critiques; je me limiterai à quelques remarques essentielles.

a) De 1978 à 1983, je n'ai rencontré qu'une jeune fille devenue méthadono-dépendante après une initiation de quelques jours seulement à l'injection d'héroïne.

b) Le «prosélytisme» des héroïnomanes n'a rien à voir avec celui des fumeurs de haschich. On pourrait même parler d'un anti-prosélytisme, tant il est vrai qu'ils se volent les uns les autres, s'arrachent le peu d'héroïne disponible. Ou de méthadone s'ils ont eu la chance de s'en faire prescrire. Chacun est d'abord avide de soulager son manque. Beaucoup plus exceptionnellement, un héroïnomane éprouve assez de sollicitude identificatoire pour «dépanner» modestement un copain en manque. C'est très humain, fraternel, mais pas «légal». Donc punissable...

c) A l'échelle sociale, la réduction drastique de la méthadone disponible à Bruxelles, suite aux directives des instances médicales de contrôle, m'apparaît être la première cause de la flambée du trafic d'héroïne qui consume le pays depuis 1983. J'explique amplement ce drame dans mes lettres ouvertes au Parquet (3-12-1983) et au Ministre de la Justice (10-12-1983) reproduites en annexes.

Ces faits sont bien plus fondamentaux que les mini-manœuvres entre toxicomanes qui ne risquent vraiment pas de «fausser le déroulement du traitement instauré» par le praticien : qu'est-ce en effet que les écarts occasionnels des prises de méthadone lorsque l'ensemble du traitement réadaptatif dure 3 à 5 ans ?

d) Il vaut infiniment mieux qu'un patient qui se croyait momentanément tiré d'affaire reprenne un peu de méthadone plutôt que de l'héroïne ! Le temps ne guérit que très lentement le désir de drogue...

Deglon souligne aussi l'indispensable disponibilité de l'équipe thérapeutique afin de reprendre en cure sur-le-champ le toxicomane qui «rechute».

6. Réévaluation constante de la prescription pour tendre au sevrage et à la guérison.

Tel est bien le but poursuivi avec chaque patient. Mis à part les menteurs invétérés, tous peuvent confirmer mon acharnement orienté vers le sevrage.

Ici encore, le luxe de détails apparemment accablants dans les attendus du Jugement ne me permet pas de faire de chacun d'eux un commentaire exhaustif. L'essentiel de mes réflexions portera sur la méconnaissance complète des données cliniques dont le Tribunal ne peut présumer le rôle essentiel dans la détermination de la posologie de la méthadone.

Je choisis à dessein les cas apparemment les plus critiquables si on se limite au simple relevé des milligrammes de méthadone au cours des années.

6.1. Eric ou l'âme toxico

Eric est mort en juin 1984. Francine et moi l'aimions beaucoup. Et il nous le rendait bien. Il incarnait depuis 1979 la souffrance, la solitude, le désir de défonce, le respect de la justice fraternelle, la misère sociale, la lutte anarchiste contre tous les abus de pouvoir, la solidarité avec les plus démunis. Il aimait partager. Il était l'âme de ma consultation, connu, aimé de tous. Quand certains trouvaient qu'il exagérait dans ses appétits de défonce, ils l'encourageaient à résister. D'autres ne supportaient pas son intégrité, sa soif de liberté. Eric est mort. Tous ceux qui l'ont connu sont venus me dire: «ce ne serait pas arrivé si tu avais pu continuer à lui donner son Méphénon».

A travers mille péripéties douloureuses, des pré-comas barbituriques, de très difficiles et précaires amours — Eric était d'abord un très grand solitaire —, d'interminables heures fraternelles, Eric et moi convînmes, après trois ans d'efforts conjugués de sevrage, qu'il valait mieux que je le maintienne en vie avec une dose adéquate, fût-elle élevée, de méthadone. Après quatre ans de thérapie et de rares boulots fugaces, Eric était toujours en appétit d'héroïne. Et particulièrement traqué par la Justice en 1983. L'évitement de l'héroïne et toutes ses tensions psychiques justifiaient bien de l'équilibrer avec 100 mg de méthadone par jour en 1983. Qu'importe qu'il ait consommé en moyenne deux fois plus qu'en 1981: Eric vivait alors. Il s'enthousiasmait à l'idée de la mise sur pied du dispensaire pour tous ses compagnons de misère. Eric est mort. Hommage.

6.2. Françoise M., ou la souffrance du sujet désintoxiqué

Ici encore, le Tribunal s'alarme de l'augmentation de Méphénon injectable de 1979 à 1982, et affirme (p. 47) que «rien ne permet de justifier une croissance aussi rapide et importante des prescriptions», alors qu'il reconnaît (p. 28) que les relevés de l'Inspection des pharmacies «sont sans signification en tant que tels en raison de leur caractère d'abstraction».

Si le Juge Amores m'avait questionné le 16 novembre 1983 à propos de Françoise, je lui aurais apporté les indications cliniques indispensables. Je résumerai: l'histoire de Françoise, Gérard et Sami mériterait cent pages.

L'histoire de sa toxicomanie et de son couple, les difficultés de sa psychothérapie et la longue dépression de sevrage sont à ce point exemplaires qu'elles méritent de larges commentaires.

Remarque préalable: qu'il soit acquis, une fois pour toutes, que la liberté d'évaluer la posologie de la méthadone devrait rester l'apanage de la conscience du praticien, à l'instar de toute autre situation médicale. En 1984, nul ne s'arrogerait le droit d'ordonner à un médecin de réduire les anxiolytiques ou anti-dépressifs ou neuroleptiques qu'il prescrit dans le cadre de troubles psychiatriques chroniques.

Le malentendu — non dit — émane peut-être d'une viciation sémantique; pour nombre d'esprits, même scientifiques, la méthadone est auréolée d'une sombre connotation: plutôt que médicament, elle est baptisée «drogue», et qu'elle soit dite «de substitution» jette un voile de réprobation sur les thérapeutes qui la prescrivent. De plus, la politique du sevrage indispensable hante les milieux judiciaires et médicaux, si bien que le Tribunal en vient ainsi à proclamer sa sixième norme — critère d'abus de prescription.

Cette injonction judiciaire empiète sur la nécessité humaine de maintenir la méthadone et la psychothérapie aussi longtemps que la situation clinique du patient les requiert. C'est ce que la littérature mondiale recommande (Cf. Dole, Stimmel,... cités par Deglon). Mon arrestation a provoqué une rechute immédiate de la prise d'héroïne chez quelque deux tiers de mes patients et a déclenché une dépression grave, durable (chez certains, non guérie fin 1984) chez Françoise et tant d'autres... Monsieur Erauw a erronément minimisé les dégâts lorsqu'il a prétendu que ce n'était pas une catastrophe pour les drogués...

Françoise avait 27 ans lorsqu'elle me demanda une «cure» le 30 mai 1979. Sa toxicomanie avait commencé quelques mois après la naissance de son fils, Sami, le 4 juillet 1970. Son ami-mari, Gérard, de deux ans son aîné, ne désirait pas d'enfant. Elle s'était trouvée enceinte de lui à 17 ans. Il l'avait recueillie à l'occasion d'une fugue d'un home de jeunes. Battue à 14 ans par son père sicilien, placée par le Juge de la Jeunesse, de home en home, Françoise était en quête de tendresse et d'amour.

Or, en 1970, Gérard vivait de peu et fréquentait une bande de jeunes consommateurs de haschich et de L.S.D. Quelques-uns d'entre eux s'injectaient de l'opium. Françoise désemparée estima que sa grossesse était un accident et quitta Gérard «pour lui laisser sa liberté».

En 1984, elle n'est pas encore dégagée de sa culpabilité d'avoir indirectement forcé Gérard à assumer leur fils. Françoise vécut seule pendant six mois. Cependant, une fois Sami né, Gérard prit la décision de tenter de vivre avec Françoise et son fils. Mais il restait fort ambivalent, voulait sa liberté tandis que Françoise espérait son amour.

Lorsque Sami eut trois mois, à l'occasion d'une dispute, Gérard s'en alla vivre chez un couple de junkies. Il commença par refuser de prendre de l'opium; puis se sentant seul, déprimé, coupable, il se laissa tenter par l'offre de son copain Eric. Peu après, Eric, son amie Dani et Gérard perdirent leur logement et vinrent habiter chez Françoise. «J'étais là toute seule avec mon bébé, dit-elle en 1984, eux avaient leur drogue. J'étais seule, sans amour. J'ai voulu prendre de la drogue comme eux, pour me sentir avec eux. Gérard me l'a interdit. Et comme toujours, face à un interdit, je me suis révoltée».

Françoise avait à peine commencé sa «lune de miel» à l'opium qu'elle se rendit à Infor-Drogues, avec les trois autres. Lorsqu'elle réexamine son expérience avec 14 ans de recul, elle estime — à juste titre — que le médecin d'Infor-Drogues commit l'erreur de lui donner 100 mg de méthadone par jour, sans perspective de dégression, alors qu'elle venait à peine de débuter l'usage de la seringue et l'intoxication à l'opium, bien plus légère que la dépendance à la méthadone, selon elle.

De 1970 à 1979, elle tenta infructueusement de nombreux sevrages auprès d'un grand nombre de médecins, sans aide psychothérapique.

Et les années s'écoulèrent péniblement: une vie de couple très insatisfaisante, peu d'amour, la misère, l'un ou l'autre boulot de serveuse, la paresse de Gérard, le chômage des deux, l'enfant à nourrir et surtout la toxicomanie qui ronge tous les liens d'amour et d'amitié.

Quand elle arrive en 1979, déprimée, triste, livide, à bout de ressources morales, elle déclare que Gérard et elle sont très accrochés, qu'elle n'a plus guère l'espoir d'en sortir jamais.

Sami, d'après elle, ignore que ses parents sont toxicomanes.

«Gérard ne fait rien, je n'en peux plus, il dort le jour, lit la nuit, ne bouge jamais de la maison. C'est moi qui fais tout». Il n'a même pas le courage, dit-elle, de consulter un médecin pour lui demander de la méthadone.

Le début de cure est marqué par le décès de la maman de Françoise. Peu après l'été, Françoise approvisionne son couple par «les soins» d'autres médecins, désinvoltes, qui la mettent à la porte après quelques mois. Retour en décembre 1979: désolation, incapacité de quitter la drogue: «Je suis toxicomane depuis 1970». S'amorcent alors quatre années d'une longue thérapie persuasive:
— Mais oui, il vous sera possible de quitter la seringue et la méthadone.
— Nous n'arriverons pas, Gérard me dit toujours qu'il décrochera si je décroche. Mais nous ne nous comprenons plus, il n'a plus de goût à vivre... Et puis, j'aurais dû vous le dire plus tôt, il consomme deux fois plus que moi. Je n'osais pas, j'avais peur que vous ne nous abandonniez.
— Qu'il vienne. Je vous aiderai ensemble.

Gérard vient en février 1980. Une fois seulement. Méfiant. Interprétatif. Tortueux. Il rejette sur Françoise l'incapacité du couple à cesser d'être toxicomanes.

Je comprends d'emblée qu'il faudra que je les traite ensemble. Mais Gérard ne viendra guère qu'une fois par semestre.

Françoise noue avec moi de longues et bonnes conversations. En 1980, elle réussit temporairement un traitement mixte volontaire: injectable et oral. En 1981, enfin des vacances d'été sont possibles, chez des amis, près de Marseille. L'ambiance est propice à décrocher, mais le congé trop court. Françoise doit subir une intervention chirurgicale en raison d'une grossesse tubaire. Elle a fort mal, est démoralisée et reprend l'injection de méthadone... Je persévère à croire qu'elle s'en sortira, même si Gérard ne participe pas.

1982. Le dialogue du couple se dégrade de plus en plus. Gérard est de plus en plus inerte, malade, écroulé, aboulique, selon Françoise qui invente mille mensonges pour justifier ses doses accrues. Je dois menacer de suspendre la méthadone de Gérard pour qu'il consente à venir dialoguer. Françoise envisage de le quitter avec de plus en plus de détermination. Je travaille à l'en dissuader. Gérard devient de plus en plus malade, boit, gonfle et présente de sévères douleurs lombaires. Il refuse de consulter quiconque.

Enfin, en mai 1983, un phlegmon de la main le conduit à l'hôpital universitaire; il y subit une opération de hernie discale enfin diagnostiquée et il décide de décrocher. (C'est là une circonstance motivante exceptionnelle.)

Durant toutes ces années, Françoise n'a cessé de dire: «J'ai bien plus discuté avec vous que durant toute ma vie avec Gérard.» Je suis très conscient de l'attachement que Françoise me manifeste, si bien que parfois j'enrage qu'elle me mente encore; puis je pardonne. Gérard a mûri seul: un long cheminement intérieur l'a fait se décider à l'opération et à l'abandon de la méthadone. Dans les mois suivants, il baignera dans le flou, la vulnérabilité, l'angoisse, l'extrême perméabilité à l'agressivité sociale, l'insomnie de tous ceux qui quittent la protection chimique. Mais il reste fidèle à sa décision et sent très lentement naître en lui un homme volontaire et aimant.

Entre temps, Françoise s'active dans l'atmosphère fébrile qui précède mon procès. C'est le Manifeste de Juin 1983, l'échec du dialogue souhaité avec l'Ordre des Médecins. Soutenue par la méthadone et par la solidarité qui s'est créée entre tous autour de ma personne, Françoise mène à bien deux enquêtes dont j'ai élaboré le questionnaire.

— Mai-juin 1983: 75 patients (pour la plupart pris en charge par deux psychiatres) sont interrogés sur leur avenir au cas où la méthadone ne serait plus disponible. 24 garçons sur 50, et 12 filles sur 25 prévoient qu'ils reprendront de l'héroïne; 12 garçons et 4 filles tenteront un sevrage individuel, sans soins (d'où échec probable); 1 garçon et 2 filles annoncent l'intention de se suicider. Les autres sont hésitants.

Cette enquête offre en outre une intéressante constatation à propos de l'inefficacité des cures hospitalières ou des séjours au Patriarche: 27 patients sur 75 ont déjà expérimenté une fois au moins l'une de ces deux formules:

- les 12 qui ont séjourné chez le Patriarche (de 4 heures à 2 ans) rechutent tous dès leur sortie;

- les 15 qui ont effectué un séjour hospitalier (de 3 jours à 10 mois) rechutent dès le premier jour, sauf un.

— Août-septembre 1983 : cette enquête concerne 32 patients traités par moi seul, la plupart au long cours. Quelques résultats :
- 30 sur 32 estiment que le traitement leur a rendu confiance en eux.
- 11 sur 32 disent que le traitement leur a permis de retrouver du travail.
- 28 sur 32 trouvent que le traitement leur est indispensable.

Quant à la méthadone injectable,
- 31 sur 32 l'estiment nécessaire pour ne plus reprendre d'héroïne.
- 27 sur 32 l'estiment nécessaire pour accepter une psychothérapie.
- 24 sur 32 l'estiment nécessaire pour améliorer leur santé.

Enfin, pour 28 patients qui ont subi la suspension de la méthadone injectable (1-3-1983),
- 22 estiment que cette mesure leur a fait du tort, et
- 6 seulement pensent que cette mesure leur a fait envisager plus sérieusement qu'avant une désintoxication.

Françoise déploie un merveilleux dynamisme durant cette année 1983. Elle mûrit aussi son envie de décrocher, depuis que Gérard a franchi le pas. Dès mon arrestation, la catastrophe débute pour elle. Elle, d'habitude si prudente, s'injecte la méthadone d'un vial brisé sur le sol de sa cuisine. Septicémie. Et c'est le premier séjour des six qu'elle effectuera dans les hôpitaux de Bruxelles d'octobre 1983 à avril 1984. Sa dépression de sevrage la conduira même dans un service psychiatrique fermé.

Malgré son misérable état physique et moral, elle héberge pendant 4 mois Eric et Sophie, couple très instable de jeunes toxicomanes velléitaires. C'est Gérard qui tient la barre de ce radeau du désastre. C'est Sami, le fils de Françoise, qui perçoit le mieux l'amour renaissant de ses parents, les échanges de tendresse enfin résurgente. Sami m'écrit en prison «L'amour nous sauvera tous».

Le 9 avril 1984, je revois enfin Françoise, amaigrie de 24 kg, figée, littéralement traînée jusqu'à moi par Gérard, dépressive, sans courage pour rien. «Je n'arrive pas à la sortir une demi-heure de la maison», dit Gérard. C'est à peine si Françoise trouve la force de s'exprimer. Elle se tutoie : «T'as perdu 15 ans de ta vie. Tu ne sais plus pourquoi tu vis. Tu n'as plus de goût à rien...
Mais j'ai enfin compris que Gérard m'aime. Et Sami est très chic avec nous. Que serais-je si je ne les avais pas ?...

La vie est hors de ta portée, tu comprends, Jacques ? Tu veux bien que je t'appelle Jacques ? Je t'ai toujours dit vous ».

Gérard, lui, extériorise différemment sa vulnérabilité :
— Sans méthadone, j'ai peur du regard des gens ; tu vois, je sens bien que mon strabisme les dérange ; je n'arrive pas à me décider à me faire opérer ; j'ai trop peur.
— Je t'aiderai à mûrir ta décision, ce n'est qu'une petite intervention, lui dis-je.

Nous avons de longues heures d'entretien. Ils sont beaucoup plus sensibles qu'autrefois, plus conscients de leur misère sociale, mais ils veulent rester lucides, ils restent fiers de leur détermination. « A l'hôpital universitaire, l'héroïne circulait. Si j'avais eu envie, j'en aurais pris ; mais je ne voulais plus reculer », me dit Françoise. La méthadone non plus, ils n'y toucheront plus. Ils promettent de revenir, car ils pensent avoir besoin de moi : « Jacques, dit Gérard, tu es devenu un symbole pour nous tous. C'est parce que tu avais foi en ton travail et en nous que tu es allé en prison. C'est notre faute à tous »[3].

Alors, Monsieur Amores, face à toute cette souffrance que cependant vous écoutiez si bien lors des audiences du procès Baudour, qu'importe la dose de méthadone, injectable ou non !... Et le sevrage !

Mon arrestation en a endommagé bien d'autres : Christian et Denis ont failli mourir, Eric est mort, Marie et Jeanne restent très déprimées, non équilibrées un an plus tard... Et combien aujourd'hui — nul ne sait — sont en prison, ont repris de l'héroïne, et en vendent pour survivre... ?

6.3. Bruno G. ou la dernière chance d'un très vieux toxico. J'ai dit, dans « l'Aurore thérapeutique », le peu que j'ai connu de Bruno. Comment comprendre le Tribunal dans ses commentaires au sujet d'un patient auquel je n'ai donné que 40 mg de méthadone, après l'avoir orienté vers d'autres médecins ?

Le Jugement me reproche « une attitude permissive injustifiable » et d'être « mû par une générosité déplacée », et qu'ainsi j'en « arrive à faciliter au malade l'absorption éventuellement de plus en plus élevée de médicaments substitutifs même sous prétexte de procurer enfin au patient une vie plus apaisée ». Sans invoquer longuement Claude Bernard, le premier rôle du médecin n'est-il pas de soulager ? Pourquoi donc critiquer que j'aie voulu « lui assurer une journée de bien-être de plus » ? Comment mon geste d'urgence d'une part, et ce que mes

Juges ont pu comprendre de mes persévérants efforts thérapeutiques d'autre part, autorisent-ils le Tribunal à estimer: «adopter pareille attitude signifie que le praticien a admis une fois pour toutes le caractère irréversible de la dépendance que présente son malade et renonce définitivement à tenter de l'en tirer, niant ainsi l'objectif essentiel de l'"art de guérir" qu'il devrait pratiquer strictement»?

Cette esquisse tout entière, mes déclarations avant le procès, l'interrogatoire du 16 novembre 1983 et enfin la littérature universelle à propos de la chronicité de la dépendance héroïnomaniaque démontrent à suffisance les années de travail nécessaires pour arracher peu à peu le malade à son état. Toute mon action depuis 1978 est sous-tendue par la négation du caractère irréversible de la «maladie». Dans cette perspective, que peut-on reprocher au fait de prescrire 40 mg en urgence à un vieux toxico très mal en point?

7. Prescription accordée dans le cadre d'un traitement médico-psychosocial

Trois pages du Jugement sont consacrées à établir que «l'infrastructure inexistante» de mon cabinet me place en position de «non-respect de cette norme» et «en situation de prescription abusive pour ce qui concerne pratiquement l'ensemble des cas».

Il y a grande malice intellectuelle à ériger en norme 1984 d'abus de prescription l'absence d'organisation pluri-disciplinaire d'une pratique engagée dès 1978 et mue par la volonté d'assumer au mieux — fût-ce seul — ma responsabilité de médecin.

Toutes mes démarches pour sensibiliser les pouvoirs sanitaires ou judiciaires sont restées sans réponse (multiples sollicitations du Conseil de l'Ordre; absence de réponse de la Commission Médicale à ma lettre du 30-11-1982... mais son Président a osé dire publiquement lors du procès qu'il n'était plus question de dialoguer avec Baudour en 1982; lettre recommandée au Procureur du Roi le 31-1-1983).

Devant chacune de ces instances, je revendiquais, j'explicitais l'urgence de la mise sur pied de dispensaires spécialisés. Il est vraiment trop facile, a posteriori, de définir comme critère d'abus de prescription une lacune de mon travail de pionnier qui assurait, toutes réflexions faites, l'essentiel: la psychothérapie prolongée et la prescription de méthadone.

Personne ne m'a donné d'argent pour engager une secrétaire, un assistant social, un infirmier. Il reste que j'ai assumé les tâches qu'ils eussent accomplies, couplées à mes tâches médicales:

- accueil en urgence de tous,
- anamnèse, examen clinique et diagnostic psychiatrique,
- soins médicaux courants (abcès, bronchites, phlébites superficielles),
- prescription de médicaments,
- envoi dans les hôpitaux pour soins spécialisés ou sevrage,
- visites en prison (Forest, Saint-Gilles, Louvain, Namur),
- téléphones : aux pharmaciens, aux confrères, aux juges d'instruction, au Procureur du Roi,
- dépositions à la B.S.R.,
- orientation vers les institutions spécialisées (Choisis, ...),
- contacts avec les parents, entretiens de guidance,
- contacts avec les C.P.A.S., etc.

Qu'on ne me dise donc pas en 1984 que j'ai prescrit abusivement de la méthadone vu l'absence de paramédicaux à mes côtés !

J'ai assumé, seul, depuis 1978, le maximum de responsabilités possible. Et je ne justifie pas ma manière d'agir par la «carence absolue de notre pays en centres structurés, hospitaliers ou non, pour absorber tous les cas de toxicomanie et leur présenter des possibilités thérapeutiques adéquates».

Enfin, je trouve bien malveillant de laisser entendre que mon action puisse «aboutir à briser l'action des structures existantes». Il n'échoit vraiment pas sur ce point «d'avaliser le témoignage du Président de la Commission Médicale (25-11-1983) : «Tant qu'il existe des possibilités pour le toxicomane d'obtenir, à sa demande, de la méthadone, dans le cadre de cures 'sauvages', ce malade n'est nullement attiré par les centres de santé mentale qui pourraient organiser des cures à la méthadone, mais sous contrôle strict». Le problème, tant en 1978 qu'en 1984, est qu'il y a trop peu de médecins qualifiés, compétents en matière de toxicomanie. Il n'y a pas de toxicomanes en traitement au long cours dans les centres de santé mentale belges.

«On» pourrait organiser... Qui? Quoi? Quand? Comment?... Et pour quels patients?

8. Prescription excluant les mélanges médicamenteux.

Ici encore, le Tribunal prend position en matière médicale et accrédite l'avis de Deglon. Il faut avoir longuement fréquenté les toxicomanes pour mesurer l'opportunité — dans certaines situations choisies — d'associer la méthadone aux amphétamines.

La plupart des patients visés dans le jugement par «le non-respect de cette norme» avaient en réalité reçu ailleurs des quantités exagérées d'amphétamines. Mon rôle était de modérer, puis de tenter d'en suspendre l'administration. En aucun cas et jamais, il ne s'est agi pour moi de «prescrire des dérivés d'amphétamine pour combattre la somnolence que pouvait entraîner l'administration de méthadone, ce qui implique nécessairement que le médecin préconisant cette double administration prescrivait trop de méthadone» (assertion du Président de la Commission Médicale, le 25-11-1983). Ceci dit, expériences faites depuis 1978, je crois utile de recommander aux praticiens de ne pas associer méthadone et amphétamine, sauf exceptions où la suppression de l'un ou de l'autre serait dommageable à l'équilibre psychique du patient.

C'est une fois de plus la clinique qui me permet d'affirmer que le respect de cette huitième et dernière norme ne peut être absolu. Il m'apparaît sain que le jugement clinique du médecin puisse prévaloir, dans chaque cas d'espèce, sur le respect de cette règle, dont la violation ne peut systématiquement entraîner «la prescription abusive réprimée par la loi» (Jugement, p. 51).

Les décès par overdose

Le tribunal m'absout pour Bruno et René, estimant que «dans chacun de ces deux cas, le prévenu ne pouvait raisonnablement prévoir les actes personnels de ses patients cumulant des médicaments comme conséquence nécessaire de sa prescription».

Les mots «conséquence nécessaire» sont bienvenus, judicieusement choisis si le tribunal, pour une fois clément, ne cherche que le lien causal unique: dose léthale de méthadone - décès. Baudour ne peut être estimé responsable si ses patients consomment autre chose que sa prescription, fût-elle en soi estimée «abusive» (à tort, comme je l'ai montré dans l'analyse des huit normes).

Je dois néanmoins à la vérité de dire que tout clinicien expérimenté sait que le patient en manque s'enverra de l'héroïne ou/et un cocktail analgésiques-tranquillisants si la dose adéquate de méthadone ne lui est pas offerte. Il faut une très longue expérience des situations quotidiennes pour apprécier au mieux la dose individuelle optimale qui tienne compte de l'état somatique, psychologique et d'imprégnation pharmacologique. Plus précisément, donner trop peu conduit presque à coup sûr le toxico à «s'envoyer n'importe quoi»; idem si le médecin «avisé et prudent» (c'est-à-dire qui ne se mouille pas) décide de ne rien prescrire du tout. Nombre de médecins ignorent que l'abstention thérapeutique en situation d'urgence peut conduire au décès. Et que, de toutes les démarches thérapeutiques, c'est l'abstention qui est statistiquement grevée du plus lourd pourcentage de décès.

Je sais cela depuis longtemps. Anne Krywin a longuement expliqué, les 5 et 6 janvier, que ma pratique témoignait d'une prise de risques aussi précise que possible. Ne rien prescrire, voilà un geste (une absence de geste!) qui pourrait (devrait?) être vu comme répréhensible.

Le Tribunal retient comme «circonstance aggravante», l'overdose de Nadia (voir «Le Réveil des Oiseaux»), en raison de la mise à disposition de 300 mg de méthadone pour trois jours (vendredi, samedi, dimanche) malgré mon ordonnance (délivrance quotidienne *stricte*: 100 mg/jour). Si Nadia s'en était tenue à ma recommandation, elle ne serait pas décédée. Et si je n'avais rien prescrit, le Tribunal n'aurait pas eu l'occasion de me rendre responsable d'un seul décès sur 306 patients traités en cinq ans. Mais, selon toute probabilité, Nadia aurait été la dixième qui se serait «défoncée à mort» après une soi-disant «guérison» chez le Patriarche (voir ma lettre du 8 octobre au Président de l'Ordre où je signale avoir appris en 5 ans le décès de 9 patients «guéris» par un sevrage trop rapide).

Si tous les praticiens belges étaient examinés comme moi, le Juge Amores condamnerait des centaines d'hommes pour déficiences d'estimation de risques thérapeutiques (assumés ou méconnus). Les cliniciens les plus consciencieux, dans toutes les branches de la médecine, savent reconnaître leurs limites, leurs fautes, leurs négligences, leurs échecs, leurs faiblesses et même parfois leur pusillanimité face aux situations humaines qui les dépassent. Je ne crois pas qu'on ait déjà incarcéré en Belgique un praticien prescripteur de tranquillisants dont le patient se serait suicidé à la suite d'une prise abusive... C'est cependant ce risque de mort que j'ai assumé depuis 1978, chaque jour, pour tous.

Mais il n'y aurait peut-être pas eu de procès Baudour si la méthadone n'avait été malencontreusement baptisée «drogue», plutôt que médicament. Impasse sémantique du traitement des toxicomanes.

Novembre 1984

NOTES

[1] Thibon, G., *Destin de l'homme,* 1941.
[2] Deglon, J.-J., op. cit., p. 57.
[3] Françoise est décédée accidentellement le 13 décembre 1985. Gérard et Sami m'ont dit : « Elle ne s'est pas suicidée, tu sais, Jacques. Mais elle était si faible, si faible depuis deux ans... »

# Chapitre 9
Les issues des impasses

> « *L'homme qui ne peut qu'obéir est un esclave; s'il ne peut que désobéir, il est un révolté (et non pas un révolutionnaire); il agit par colère, par désappointement, par ressentiment, et non pas au nom d'une conviction ou d'un principe* » *(1963).*
>
> Erich Fromm (1900-1980)[1]

Qu'il aurait été réconfortant, apaisant, sécurisant d'obéir aux autorités médicales ou judiciaires belges si ma conscience professionnelle les avait trouvées attentives aux problèmes individuels et collectifs posés par les usagers des drogues dures et aptes à leur offrir des solutions alternatives orientées vers leur épanouissement, leur liberté, plutôt que la prison ou le simple refus d'écoute.

Cette Esquisse démontre au contraire combien toutes les institutions (... jusqu'aux Mutuelles qui disent représenter, comme l'Ordre des Médecins, « la défense des intérêts des malades ») réalisèrent, de 1978 à 1984, un consensus tacite manifeste ou malicieusement élaboré en coulisses, tel en tous cas que les toxicomanes et quelques dizaines de médecins « prescripteurs » furent réprimés avec la plus grande sévérité, faute d'avoir été compris.

Un an après mon passage carcéral, il continue de m'apparaître odieux, absurde et inhumain d'avoir emprisonné des médecins belges au nom d'une désobéissance aux règles en cascade d'institutions interconnectées. Cette désobéissance, quant à moi du moins, je l'avais forgée au creuset de ma conscience humaniste nourrie de ma douloureuse expérience quotidienne.

Comment se fait-il qu'il ne se soit pas trouvé d'autres hommes, et particulièrement des médecins, pour comprendre que j'assumais cette désobéissance au nom d'une observation clinique dont le bien-fondé m'était confirmé par les «rechutes» des drogués ? Rechutes innombrables à l'héroïne et à l'aiguille après quelques jours ou semaines de sevrage trop hâtif, et à l'occasion d'une frustration d'amour, d'une détresse, d'une rencontre...

Dès lors, ce dernier chapitre tentera de résumer 6 ans d'expériences, de réflexions, de recommandations, de solutions. Une partie de ce texte terminal est extraite des 55 pages préparées comme un «mémoire» à l'attention du Tribunal en janvier 1984. Très peu en fut dit.

1. Les toxicomanes

1.1. Histoire naturelle de l'héroïnomanie

1.1.1. La consommation d'opiacés pour soulager les douleurs physiques et/ou morales remonte aux origines de l'humanité.

1.1.2. Le comportement toxicomaniaque du sujet qui utilise des opiacés s'étend sur des années, voire des dizaines d'années, de sorte qu'il m'apparaît absurde de poursuivre pénalement les «malades» (peu se reconnaissent tels). A moins bien sûr que leur prosélytisme n'intoxique leurs proches et que leur compulsion invincible les pousse à des actes destructeurs de la vie, des biens et de la liberté d'autrui.

1.1.3. Vaillant[2] (U.S.A.) a analysé en 1973 le devenir de 100 toxicomanes choisis au hasard, dépendants des opiacés et admis en 1952 dans un hôpital. L'enquête les suit pendant 20 ans et montre que 35 d'entre eux restent en phase active de toxicomanie. 35 autres présentent une abstinence durable vis-à-vis des opiacés, 7 n'ont pu être classés avec précision, 23 sont morts, dont près de la moitié pour cause de drogue.

1.1.4. Si tel est le mode de vie toxicomaniaque, n'est-il pas illusoire, socialement inopérant et inhumain d'incarcérer «préventivement» un consommateur occasionnel ou chronique et de le condamner pour toute détention déclarée «illicite» si elle n'est pas «médicalement licite»?

N'y aurait-il pas lieu, dès 1985, d'envisager une dépénalisation du toxicomane non délinquant? Mais qui gardera le courage de proclamer que les victimes des assuétudes sont avant tout des malades?

1.2. Le traitement des toxicomanes

1.2.1. Particularités de l'approche thérapeutique des drogués.

Cette esquisse l'a, j'espère, assez montré: la majorité des drogués paraît ne jamais vouloir «guérir». «Vouloir» décrocher est une entreprise qui nécessite des années. «Vouloir» reste longtemps de la poudre (...!) jetée aux yeux du thérapeute pour s'assurer son appui, sa complaisance, sa prescription. «Vouloir» est chaque jour battu en brèche par tous les incidents de la vie que la faiblesse du Moi du toxico n'assume pas.

Dès lors, pour qu'une thérapeutique ambulatoire continue existe, il faut et il suffit que la méthadone puisse «retenir» le patient. Même les plus inaptes à exprimer une motivation à l'approche psychothérapique apprécient les effets anti-dépresseur, anti-délirant et énergisant du médicament.

L'autorisation du maintien de la dépendance à l'aiguille permet aux cas les plus difficiles de bénéficier du programme de soins. Dans les programmes quasi universellement préconisés à la méthadone orale, on observe, dans les premiers mois, 20 à 40 % de renvois, d'abandons ou d'arrêts volontaires; cela signifie que 2 à 4 sur 10 demandeurs de soins replongent dans l'héroïne. La mort peut leur être évitée.

Enfin, n'est-il pas bien étrange de constater que c'est seulement dans le cas du traitement des drogués que le médecin s'arroge souverainement le droit de refuser un malade? Narcissisme thérapeutique déçu? Désespérance?

Or, il faut bien 6 mois pour que les malades s'engagent vraiment dans le processus de «désintoxication psychologique». Ce mot est le leur. Six mois pour envisager de ne plus rechercher la «défonce», pour se croire guérissable, pour concevoir que le cercle vicieux drogue-oisiveté-drogue pourra être rompu.

Alors?... Patience, persévérance, tolérance, amour.

1.2.2. L'indispensable complémentarité méthadone-psychothérapie.

La méthadone maintient la dépendance de type morphinique et rend l'approche psycho-sociothérapique praticable. A la dose de 60 à 100 mg/jour, elle sature les récepteurs morphiniques cérébraux et rend l'héroïne inopérante (... dépense inutile du toxico en mal de défonce).

Mais vu que le souvenir et le désir de la poudre durent de longues années, voire la vie entière, il ne faut stopper la méthadone que lorsque le toxico a rendu un sens à sa vie, restauré son équilibre affectif, social et professionnel.

Des centaines d'études dans le monde confirment ces données fondamentales de la clinique.

Je cite Deglon : « Sans méthadone, la psychothérapie des héroïnomanes reste très décevante et sans grand effet sur la limitation de l'usage des stupéfiants.

» Après une dizaine d'années d'expériences multiples, nous estimons aujourd'hui que la méthadone permet le succès de la psychothérapie, en même temps que cette dernière renforce considérablement l'efficacité de la cure. Chacun de ces éléments nous paraît donc complémentaire et indispensable pour assurer le succès de l'autre.

» Nous-mêmes, avant de recourir il y a cinq ans à la méthadone, avons connu pendant des années le déprimant cercle vicieux des rechutes constantes de nos patients, en assistant le plus souvent impuissants à leur dégradation, leurs arrestations et parfois à leur enterrement. Sans moyen de stabiliser les pulsions héroïnomaniaques, nous ne pouvions entreprendre de psychothérapie qui ne soit rapidement vouée à l'échec[3]. »

1984 s'achève. Je n'ai pas represcrit la méthadone car la Commission Médicale et le Parquet me guettent. Le moindre mésusage qu'un patient ferait de sa méthadone me conduirait en prison ! Même si j'avais pu disposer en 1984 d'une équipe distribuant la méthadone orale sous contrôle quotidien, il y aurait eu un fameux gâchis qui aurait eu quelques analogies avec la situation des patients égarés et récupérés par le « projet Lama » après mon arrestation. Son directeur médical signalait en effet lors d'une conférence de Presse (26 avril 1984) que 9 patients sur 10 s'injectaient les opiacés les plus divers à la Noël 1983 ! Cet échec (que j'espère momentané) témoigne pour moi :
1. de l'inexpérience du Lama et de leur rejet des toxicos à travers leur refus de compréhension de la dépendance à l'aiguille ;
2. de l'inadéquation des « cures normales » universellement préconisées.

Quant à moi, je n'ai pas revu le quart de mes patients. « Baudour ne donne plus rien ». Alors, sans méthadone, pouvoir payer une consultation ? Rien que pour parler ? Peut-être la moitié des absents consomment-ils simultanément méthadone et héroïne ? Une vingtaine en prison ? Quelques entretiens discontinus avec les moins infidèles. Une seule psychothérapie régulière : Jeanne, 27 ans, universitaire, beaucoup plus déprimée que sous méthadone, incapable de se priver du bien-être moral des morphiniques et qui m'angoisse chaque jour: elle a échappé à 4 ou 5 overdoses en 1984. Va-t-elle mourir comme son amie Marie qui vient de décéder ce 1er décembre? Je connaissais Marie depuis 1978. Tendre, généreuse, amoureuse pendant 8 ans d'un seul homme, des dizaines de lettres d'encouragement pendant et après mon arrestation, la gentillesse même. Suicidaire depuis un an. Marie aussi, comme Eric, je l'avais maintenue en vie par ma confiance toujours renouvelée... et la méthadone. «L'amour ne suffit pas» (Bettelheim).

Non. Non. Non. Ça ne va pas. Je ne peux plus supporter qu'ils meurent. Je ne vois qu'une issue à cette impasse: avec le dernier carré de médecins non encore abattus, trouver les fonds nécessaires à la mise sur pied du dispensaire indispensable depuis 1978, où nous donnerons la méthadone et agirons selon notre conscience, et dans le respect des normes du Jugement du Tribunal.

1.2.3. Méthadone ou héroïne?

Alors que les cliniques londoniennes depuis 1969 utilisent simultanément ou successivement héroïne et méthadone, parfois injectée[4], les responsables d'Amsterdam s'interrogent depuis 1983. Administrerait-on gratuitement de l'héroïne de bonne qualité à 300 junkies sélectionnés qui ne veulent pas décrocher? Par nécessité de bien-être individuel et public. Le débat médico-civil n'est pas encore tranché en 1985. J'ose croire que la méthadone injectable, après quelques mois de tâtonnements, eût satisfait les «incurables». Ses propriétés anti-dépressive et anti-psychotique l'emportent sur les aspects anti-thérapeutiques de l'héroïne, drogue qui libère l'agressivité, la susceptibilité et accroît les réactions égocentriques de sujets déjà bien assez abouliques et narcissiques. Néanmoins, l'héroïne fournie gratuitement aurait pu réduire notablement (si l'expérience avait été généralisée aux toxicomanes recensés) le marché illégal amstellodamois.

A Bruxelles, avec nos habituels dix ans de retard dans la prise de décisions politico-sanitaires, on risque bien d'incarcérer en vain — et au coût maximal — quelques centaines de toxicomanes et de trafiquants chaque année à venir. Alors que le marché de l'héroïne pourrait être enrayé en quelques années par la délivrance contrôlée de méthadone injectable à ceux qui ne peuvent provisoirement s'en passer, de méthadone orale aux «moins accrochés».

Ceci est une recommandation épidémiologique aux hommes responsables des décisions politiques, aux ministres de la Santé et de la

Justice, aux sénateurs, à tous ceux qui ont conscience du fléau qui gonfle. Faudra-t-il attendre l'overdose d'un fils de ministre pour qu'enfin cette urgence chronique de santé publique soit débattue, examinée, puis résolue dans la perspective que je trace? Peut-on espérer qu'il n'y ait pas, en ce petit pays, de puissants intérêts financiers, aujourd'hui clandestins, qui veillent au maintien du marché de l'héroïne illégale? Comme le disent judicieusement les toxicos, «si l'héro était taxée comme le tabac ou l'alcool, nous n'irions pas en prison».

Le système social a-t-il «besoin» de son chancre drogue pour justifier la survivance de l'appareil répressif?

1.2.4. Les autres traitements.

1.2.4.1. Les traitements médicaux brefs et leur échec.

Une controverse internationale sépare les milieux médicaux en deux clans, selon le lieu de la pratique: hospitalière pour les sevrages brefs, extra-hospitalière pour les traitements ambulatoires à la méthadone. Et cependant, l'échec des sevrages brefs est quasi total.

Vaillant (New York, 1973), cité par Deglon[5], analyse le devenir de 360 hospitalisations volontaires: 2,5 % de succès! si le succès est défini par le critère de l'abstinence pendant l'année qui suit le passage hospitalier.

Deglon commente (et mon expérience le confirme): «les différentes cures de sevrage à court terme (traitements ambulatoires avec ou sans méthadone, hospitalisations, séjours en prison, ...) se soldent presque toujours par des échecs rapides. Peut-il en être autrement dans la mesure où ces traitements de 2 à 3 semaines sont habituellement suivis d'un état asthéno-dépressif spécifique, le syndrome déficitaire lié à la 'souffrance' des récepteurs morphiniques trop rapidement 'déréglés', état qui précipite une rechute déjà facilitée par la persistance des problèmes psychologiques, affectifs, professionnels ou financiers et le peu de distance qu'a pu prendre le patient avec le milieu très séducteur de l'héroïne?» J'ajouterai que le sevrage exacerbe chez tous l'envie de la piqûre et que les stress quotidiens ne sont plus tamponnés par l'héroïne ou la méthadone, sources de plaisir ou d'apaisement.

Les psychiatres hospitaliers préconisent bien un séjour d'un an à la communauté du Solbosch (Bruxelles) ou de deux ans à celle de «Choisis» (en Hainaut). Mais les toxicos, s'ils s'engagent par un oui dans le contrat thérapeutique d'entrée, quittent l'hôpital en disant non à toute institution et retrouvent en hâte leur seringue et leur drogue favorite. Grâce à mes recommandations, je crois bien avoir évité de nombreuses overdoses après des séjours hospitaliers, carcéraux ou chez le Patriarche, vu l'acuité du désir de l'injection qu'éprouve le toxico lorsqu'il réaffronte brutalement le quotidien.

1.2.4.2. L'incarcération et son échec.

La prison est le prototype d'une carence radicale de traitement dont seul le paramètre durée est parfois connu. Je ne connais pas de lieu plus déshumanisant, plus avilissant qu'une prison. Y travailler pour quelques francs l'heure est une faveur et non un droit. La prison garantit l'humiliation, la dépression, le sentiment d'inutilité, la détresse solitaire, la désadaptation sociale, l'absence de motivations à vivre, le désir suicidaire lancinant. Et tout ce désastre moral pour un coût d'hébergement exceptionnellement élevé (1.840 F/jour à Forest en octobre 1980). Les toxicomanes, déjà carencés affectifs hors les murs, y apparaissent plus malheureux encore, même si les pommes de terre les gonflent, créant l'illusion de santé physique et morale.

La prison est bien plus que privation de liberté. Elle est privation d'amour, d'utilité sociale, de rôle familial, de sens à la vie. Le baiser est interdit et le plexiglas de la cabine de visite matérialise le règlement : aux stups, on ne peut rien recevoir et rien donner. Cela n'empêche pas la came de circuler comme en service psychiatrique fermé.

A qui sert la prison ? certes pas aux drogués. D'une statistique à l'autre on trouve 2 à 4 % seulement d'ex-détenus rendus ensuite abstinents par ce mode radical de sevrage.

Exemples : Vaillant (1973) analyse aux U.S.A. 363 incarcérations de moins de 9 mois. Un an après le sevrage forcé, il relève 3 % de succès, soit 11 abstinents.

Dans l'étude-pilote de Stimmel (1978) citée plus haut, 4 emprisonnés sur 89 sont abstinents après une durée moyenne d'un an d'incarcération. Cette carence incontestable de résultats me presse à inciter les membres du corps judiciaire à réexaminer la politique du Parquet telle que j'ai cru pouvoir la définir dans ma lettre ouverte du 3 décembre 1983 (voir en annexe). Trouver une issue à la plus coûteuse des impasses n'est pas une gageure : il faut et il suffit que les médecins puissent soigner ceux qui réclament de l'aide.

1.2.4.3. Quelques remarques sur les traitements institutionnels.

a) Mises à part les institutions gantoises où travaille le Dr Delmeire, les traitements résidentiels sont d'instauration trop récente en Belgique pour en évaluer l'efficacité.

b) L'association « Le Patriarche » jouit d'un prestige certain, entretenu par un prosélytisme et une publicité tapageurs. Le principe thérapeutique semble obéir à une pensée manichéenne : la société qui sécrète la drogue est mauvaise comme la came ; moi, le Patriarche, je sauve les victimes de l'une comme de l'autre.
Mais cette dialectique sommaire élude la plus élémentaire vérité : le toxico éprouve du plaisir à se droguer. C'est du reste ce que m'a spontanément avoué un « disciple » du Patriarche : rien de tel que le flash d'une bonne héro !

Sans m'engager dans la polémique stérile qui a longuement opposé Engelmajer et Olievenstein, chacun reprochant à l'autre ses « insuccès », je désire émettre le vœu que l'association « Le Patriarche » accepte, comme les médecins, l'évaluation épidémiologique de ses résultats thérapeutiques à long terme, sans éluder les rechutes et décès à la sortie. Il s'agirait aussi de pouvoir comparer des cas de gravité comparable. Néanmoins, s'il est exact que 40 % des toxicos quittent les centres gérés par l'association endéans les trois mois, il faut se poser des questions concernant le climat institutionnel et la faible capacité d'assurer un authentique travail responsabilisant, adéquat à la demande de chacun[6].
En effet (et bien qu'il s'agisse de toxicos new-yorkais en traitement ambulatoire à la méthadone) Dole a conclu en 1978 une très vaste enquête : « pour les abandons, renvois et autres arrêts prématurés, qui ne totalisent que 2 % et moins de succès, une rupture du programme doit être considérée comme une rechute quasi certaine et un échec du traitement » (cité par Deglon, p. 219).

c) Le coût des traitements institutionnels à l'étranger est en général dix fois plus élevé que celui des prises en charge ambulatoires. Avec un taux de succès qui culmine dans les deux cas aux alentours de 25 à 30 % après trois ou quatre ans de séjour. Que ces chiffres aident à décider les « bons » choix en période de crise et d'impasses budgétaires... !

2. Les aspects légaux

Pour éviter au lecteur les entrelacs de la pensée de mes Juges qui remplissent de nombreux feuillets, je crois utile de recommander la lecture de l'analyse que j'ai faite des lois de 1921 et 1975, dans la perspective limitée de l'articulation des exigences de la thérapeutique et des textes légaux: en annexe, les Impasses médicales, légales et judiciaires du traitement des toxicomanes (octobre 1983).

2.1. *Réflexions sur la notion d'entretien de toxicomanie*

2.1.1. Après 15 ans de travaux aux U.S.A., Dole affirme en 1978: «Lorsque l'héroïnomanie dure depuis des années, malgré les efforts de dissuasion, la prison et divers traitements, la probabilité d'une rémission volontaire devient moindre. L'indication se pose alors du traitement à terme non défini par la méthadone» (Deglon, p. 218). Le Juge Amores accorde bien, ainsi que l'Ordre du Brabant, que le traitement puisse être long, mais n'en impose pas moins la norme n° 6: «tendre au sevrage et à la guérison». Quid de la décision du médecin traitant adaptée à chaque cas?

Dole dit encore: «Le bon sens veut que l'on encourage les patients qui comptent de nombreuses années d'héroïne à rester en traitement. (...) Un patient avec une histoire d'héroïnomanie relativement courte, bien stabilisé socialement, jeune, employé, responsable dans son comportement, bien inséré sur le plan familial et ne présentant pas de tendances alcooliques, peut être encouragé à se sevrer. Mais même dans ce groupe (20 %), le tiers seulement a réussi à maintenir une abstinence durable» (Deglon, p. 219).

2.1.2. Petit piège sémantique.

Il va de soi, bien sûr, que si l'on considère, de manière simpliste, qu'administrer de la méthadone, qui maintient la dépendance de type morphinique, consiste à «entretenir la toxicomanie», aucune prescription à visée thérapeutique n'est plus possible. C'est le piège sémantique où l'expression «toxicomanie de substitution par une drogue toxicomanogène» (Goffioul) clôt d'emblée toute analyse critique du «délit d'entretien».

Cette remarque rejoint une question du Juge Amores à Anne Krywin concernant les substances «de nature à» créer, entretenir ou aggraver une toxicomanie. Mon travail personnel depuis 1978 et les enquêtes synthétisées dans cette esquisse démontrent qu'il convient d'«entretenir une toxicomanie de substitution» aussi longtemps que la condition clinique et sociale de l'héroïnomane l'exige.

2.1.3. Le procès Baudour.

a) Mon procès n'a guère examiné la délicate frontière, fluctuante d'une société à l'autre entre les toxicomanies «légales» (et encouragées par la société): tabagisme, éthylisme, ... et les toxicomanies «illégales»; pas plus que la très grande complexité de l'approche thérapeutique sur le terrain; pas plus que les risques médico-sociaux de l'enfermement des thérapeutes et des malades; pas plus que les conséquences pratiques de la limitation de la liberté thérapeutique. Le Juge Amores en effet a choisi une optique simplificatrice: la recherche d'une «faute pénale», d'une négligence professionnelle que ne commettrait pas «le praticien avisé et prudent placé dans les mêmes circonstances» que le prévenu. Image mythique! «Les mêmes circonstances» ne sont qu'une vue fictive de l'esprit!

b) Mon procès ne résulte pas de plaintes de malades lésés ou revendicateurs. Les toxicomanes, au contraire, ont trouvé en moi la détermination d'un praticien engagé qui, après les avoir compris, les encourage, les guérit et les défend.
Le procès émane d'une plainte médicale formulée en 1978 au Parquet de Bruxelles par des médecins — non praticiens du traitement des drogués qui paraissent bien, de 1978 à 1985, identifier la prescription de méthadone au long cours à «l'entretien de toxicomanie», en ignorant la nécessité de la prescription pour assurer la psychothérapie. «Justifiez vos prescriptions» a été la demande permanente — de 1978 à 1983 — de l'Ordre et de la Commission Médicale. Malgré mes explications réitérées, la controverse et le contrôle instaurés par les instances médicales ont conduit le pouvoir judiciaire «au nom de l'ordre social» à casser dramatiquement les traitements de malades en voie de guérison. Par irrespect et incompréhension du praticien, les instances médicales et judiciaires s'avèrent nuisibles à la santé des citoyens. Puisse cette esquisse lever les ambiguïtés et restaurer les dialogues!

c) Grâce à un guet-apens médico-judiciaire perfidement préparé, tout le procès s'est déroulé pendant plus de cent jours d'incarcération du thérapeute qui avait — naïvement — espéré que le Tribunal correctionnel de Bruxelles pourrait fournir l'occasion d'éclairer l'opinion et de débattre publiquement de la toxicomanie en Belgique. Le Parquet n'a certes pas eu ces visées sociales! Son stratagème a tenté de présenter le médecin innocent, comparaissant librement, sous les traits du délinquant coupable. Incarcéré, et ainsi réduit au silence, à la perte de la capacité de communiquer avec tous.

d) La plupart des «médecins-experts» ne m'ont pas interrogé: ne discréditent-ils pas l'honneur professionnel? Comment juger de la pratique d'un confrère sans l'avoir examinée? Et oser la condamner! N'est-ce pas un outrage à leur mission?

2.2. Réflexions sur la non-assistance à personne en danger

2.2.1. Le risque de décès des héroïnomanes non traités est établi, mesuré. Gunne, chercheur suédois, a publié en 1981 le résultat d'une enquête comparative[7]: il a analysé le devenir, durant 7 ans, de 17 patients traités à la méthadone et de 19 patients non suivis. Il conclut :

a) Les programmes de traitement à long terme par la méthadone réduisent de façon évidente le haut degré de mortalité et de morbidité, parmi une sélection d'héroïnomanes répondant aux critères d'entrée dans un programme de méthadone.
b) Le taux de mortalité annuel de 24 % dans le groupe sans méthadone est 59 fois plus élevé que le taux normal de décès des jeunes Suédois de 20 à 24 ans.

Quand un Tribunal belge condamnera-t-il un médecin pour refus d'assistance thérapeutique alors que la situation d'urgence est quotidienne ?

2.2.2. Y aura-t-il des procès en responsabilité médicale lorsque des toxicomanes trop hâtivement sevrés décéderont d'overdose, dès leur départ du service hospitalier ? Analysera-t-on judicieusement les mobiles de la décharge de « responsabilité hospitalière » qu'ici et là les malades sont contraints de signer ?

2.2.3. La rupture du contrat thérapeutique.

Le risque de l'interruption du traitement médical est si manifeste que Deglon fait signer une clause à la dernière ligne du contrat thérapeutique à Genève : « Je dégage mes thérapeutes de toutes responsabilités en cas d'accident survenant de ma faute ».
L'aveu de l'appétence toxicomaniaque à associer des drogues variées à la méthadone prescrite exonérera-t-il le médecin belge de sa responsabilité pénale ? Le contrat genevois serait-il praticable et accepté en Belgique ?

2.2.4. Au nom de quels critères éthiques, médicaux ou subjectifs se permettrait-on de refuser l'aide médicale aux patients qui ne s'intègrent pas dans les créneaux des critères internationaux ? Peut-on refuser de la méthadone à un patient qui tenterait de briser son héroïnomanie avant deux ans de dépendance continue ? Que deviennent les patients « refusés » ou « exclus » des « mauvais » programmes thérapeutiques, non soutenus par l'enthousiasme, la compétence et la sympathie des soignants ? Qui porte la responsabilité d'une exclusion ? Est-ce un droit du médecin ?

2.2.5. Refus du Conseil de l'Ordre de recevoir les toxicomanes.

En 1983, des dizaines de patients « en manque de médecins » sont arrivés chez moi en catastrophe. Ils ont interpellé l'Ordre au nom de l'impératif de la continuité des soins, à la suite de la rupture unilatérale des traitements causée par les directives ordinales du 27-12-1982. Voici le texte de leur pétition (juin 1983) :

« Nous soussignés, toxicomanes, déplorons l'abandon de soins où nous ont placés nos médecins à la date du 1er janvier courant. Ils nous ont déclaré que les directives du Conseil de l'Ordre étaient telles qu'ils ne pouvaient plus se charger de nous aider actuellement. Ils nous privent ainsi d'assistance médico-sociale, de conseils et de médicaments. Nous estimons qu'il y a rupture de la relation de confiance et d'aide que nous tentions d'instaurer avec nos médecins pour rompre d'avec le monde sordide et illégal de l'héroïne et autres stupéfiants, prescrits ou non.

Cette situation agrandit de surcroît notre instabilité, en ce qu'elle nous laisse comme unique possibilité d'aller et venir d'un médecin à l'autre, de dépannage en dépannage, aucun d'eux n'acceptant plus la responsabilité d'une prise en cure (découragés en cela par les circulaires émanant régulièrement de vos services), tout cela ponctué d'achats au marché noir.

Le résultat est que, n'étant plus régulièrement suivis par un médecin et obligés d'envisager l'avenir au jour le jour, notre état de dépendance ne peut qu'aller croissant et notre situation empirer au fil du temps.

Pour toutes ces raisons, nous demandons au Conseil de l'Ordre des Médecins du Brabant de bien vouloir nous recevoir afin que nous puissions ensemble essayer de remédier de manière cohérente à une situation qui ne peut aller qu'en s'aggravant ».

La réponse du Président du Conseil du Brabant (5-7-1983) se situe à côté de la demande des patients :

« Nous vous signalons que les instructions qui ont été envoyées par le Conseil de l'Ordre stipulent que le traitement des toxicomanes peut se faire par la prescription de méthadone en sirop. Nous précisions que la délivrance de ce sirop devait se faire sous la surveillance quotidienne du médecin ou du pharmacien. Veuillez agréer... »

La réponse élude la demande. Le Conseil veut rester sourd. Les patients et moi-même avons estimé que les médecins du Conseil manquaient à leur mission sociale et plaçaient les malades en situation de non-assistance à personne en danger.

Issue de cette impasse ? Ecoute, compréhension mutuelle et révision de la politique de l'Ordre à l'égard des patients et des médecins prescripteurs. Création d'une authentique déontologie des relations médecin-malade à l'élaboration de laquelle les bénéficiaires des soins participent.

... Toute l'activité médicale contemporaine affirmerait sa qualité humaine si elle adoptait des attitudes éthiques qui satisfassent les attentes des malades...

3. Le jugement du 16 février 1984

Après un an de réflexions et de dialogues, ce jugement marque amèrement ma vie d'une lourde déception. Cependant, même condamné avec sursis par le Tribunal correctionnel de Bruxelles, je n'ai pas cessé de garder le cœur net. Ma conviction intime de n'avoir jamais mal agi m'aide à analyser ma déception, puis à formuler des remarques critiques au sujet de la définition nouvelle du «délit d'entretien de toxicomanie».

3.1. Ma déception

3.1.1. A la suite de l'Ordre, de la Commission Médicale et du Parquet, le Tribunal choisit de sanctionner une pratique novatrice qui assurait d'indéniables bénéfices humains, individuels et collectifs.

3.1.2. Et la sanction émane d'une non-observance de règles déontologiques que j'étais le premier à connaître et à suivre, dans la mesure où elles me paraissaient praticables et compatibles avec mon effort permanent d'assurer à mes patients le meilleur état de santé possible.

3.1.3. Un jugement rétroactif n'est-il pas inacceptable en droit ? En effet, les critères d'abus de prescription de stupéfiants n'ont jamais été définis par la Commission Médicale. Quant à l'Ordre des Médecins, c'est le 27 décembre 1982 seulement qu'il a cerné, de manière exagérément sommaire, la notion d'«abus de liberté thérapeutique» dont mes Juges se sont servis pour me condamner à un emprisonnement de trois ans, avec sursis de trois ans.

3.1.4. Quelle valeur médicale et humaine gardent mes traitements depuis 1978 si le Jugement affirme en 1984 que le «non-respect» de la norme n° 7 (prescription accordée dans le cadre d'un traitement médico-psycho-social) est «ainsi général et a mis le prévenu dans une situation de prescription abusive pour ce qui concerne pratiquement tous les cas»? Je ressens cet aspect-là de ma condamnation avec un sentiment d'amère injustice, car je pense avoir été simultanément le psychothérapeute, l'interniste et l'assistant social de mes malades.

3.2. Définition nouvelle du « délit d'entretien de toxicomanie »

3.2.1. Le jugement allie l'honnêteté et l'ambiguïté : s'il déclare « qu'il ne peut être contesté que n'ont aucune force réglementaire et obligatoire les directives et recommandations adressées aux médecins, soit par leurs autorités professionnelles ou la Commission Médicale » (Jugement, 27ᵉ feuillet), il les exploite néanmoins pour définir les huit normes cernant DORÉNAVANT la « prescription abusive » de stupéfiants. A partir du 16 février 1984, la « faute pénale » est dorénavant caractérisée par la prescription « hors normes ».

3.2.2. Le jugement confère force jurisprudentielle aux directives de l'Ordre alors que l'analyse clinique des huit normes (cf. le chapitre « Le Jugement ») démontre à suffisance que leur validité scientifique n'a pas été établie par l'Ordre. Je soulignerai deux points :
– ma pratique *isolée* du traitement de 306 malades en 5 ans est d'une qualité telle que le taux de décès des patients en cure n'est que de 0,6 %, en contraste avec les 1,5 à 2 % qu'enregistrent les *équipes* structurées à l'étranger ;
– à ma connaissance, nulle enquête épidémiologique n'a à l'heure actuelle démontré qu'une équipe assure des soins de qualité supérieure à un praticien isolé en matière de traitement des toxicomanes. On sait par contre que la dilution et l'insuffisance de définition des responsabilités parmi les membres d'une équipe psychiatrique conduisent souvent à une insatisfaction du patient, voire à une plus grande aliénation de sa personne.

3.2.3. Tout minutieusement élaboré qu'il apparaisse, le jugement ne manifeste-t-il pas une inacceptable précipitation lorsque, par un subtil glissement conceptuel, le non-respect d'une norme déontologique sert à fonder un délit pénal ? N'eût-il pas été plus sain que demeurât condamnable l'« entretien de toxicomanie » à but lucratif, sans objectifs thérapeutiques, c'est-à-dire l'exploitation vénale de l'assuétude ?

3.2.4. Il résulte de tout ceci que la liberté thérapeutique est incarcérée. Je m'explique : A partir du 16-2-1984, tout praticien isolé peut être condamné. Or — je l'ai assez revendiqué —, le pays ne dispose pas de dispensaires thérapeutiques spécialisés. Les malades sont abandonnés depuis le 1-1-1983, et plus encore depuis le 16-2-1984.
Voici démontré comment les instances médicales, puis judiciaires, contribuent à nuire aux soins. (Ceci apparaît d'autant plus absurde qu'à propos d'une foule d'autres pratiques, l'Ordre n'a cessé de privilégier la médecine dite « libérale » !)

4. Issue de l'impasse disciplinaire de Baudour face au Conseil de l'Ordre du Brabant francophone

Douloureux et lent, trop lent accouchement des lignes qui suivent : l'Ordre n'a cessé de me tenailler de septembre 1979 à décembre 1984. Comment éviterais-je d'encourir encore ses foudres, si j'ose réaffirmer ma dignité et mon sentiment permanent qu'il n'est pas digne de s'acharner à condamner un confrère qui n'a cessé de lutter d'un cœur net et de travailler au-delà d'un formalisme déontologique paralysant, voire nocif à la santé des malades ? Jusqu'où puis-je oser écrire ?
Angoisse et révolte, permanentes depuis 1979, de subir une injustifiable suspension de ma pratique psychothérapique.

4.1. Repères de 1979 à 1982

a) En avril 1979, je suis élu membre du Conseil du Brabant par 540 confrères.

b) Par sentence du 3 juin 1980, le Conseil m'inflige la sanction de l'avertissement pour avoir :
- « négligé d'envoyer régulièrement la liste complète des patients drogués (...),
- abusé de la liberté thérapeutique en prescrivant à des patients des *drogues* dont la *nature* ou la *quantité* ou le *mode d'emploi* étaient *contre-indiqués*[8],
- ne pas avoir organisé une surveillance efficace ni exercé un contrôle suffisant pour empêcher que certains de ses patients n'utilisent ses prescriptions à d'autres fins moins avouables que la poursuite d'une désintoxication,
- avoir de la sorte et par suite de l'absence d'une organisation suffisamment structurée omis de veiller à prévenir le développement de toute toxicomanie ».

Cet avertissement fut l'issue d'une pénible instruction disciplinaire de 9 mois, à l'initiative d'une plainte truffée d'informations fausses et diffamatoires formulée par la Commission Médicale Provinciale.

c) A la suite de cette décision, le Conseil d'Appel de l'Ordre des Médecins fut saisi par le Conseil Provincial d'une requête en vue d'obtenir la déchéance de mon mandat (6 ans) de membre effectif du Conseil du Brabant.
Douloureuse incertitude jusqu'au 12 mai 1981. Ce jour, le Conseil d'Appel ne fait pas droit à la requête du Conseil Provincial aux motifs que (...) « les faits reprochés au Dr Baudour ne rendent pas opportune

et ne justifient en tous cas pas la déchéance sollicitée; que l'indignité morale ou professionnelle du médecin à exercer son mandat n'apparaît pas, en effet, de son comportement, celui-ci fût-il regrettable».

d) 1981-1982: Le Conseil du Brabant, peut-être désolé, est ainsi contraint de me réintégrer. (J'avais, par fair play, accepté, à sa demande, de ne plus siéger). Mais il accentue son contrôle sur ma pratique. Et me voilà sommé d'engager un(e) secrétaire pour m'aider aux tâches administratives, téléphoniques, etc. Sous pression, je promets. Un homme à l'essai pendant deux mois. Echec. Tant pis: j'assumerai seul toutes tâches.

4.2. 1983-1984: dix-huit mois d'attente du procès-verbal de ma «démission» forcée; ou comment tronquer la vérité

J'ai relaté, dans le chapitre «Les démêlés avec l'Ordre des Médecins», le chantage par lequel le Conseil me contraignit de démissionner le 12 avril 1983. Le 16 avril 1983, j'écrivis au Président mon refus de démissionner. Jamais de réponse. Qu'avait à voir, en définitive, l'impraticabilité des mesures déontologiques (27-12-1982) avec mon mandat de membre du Conseil?

Pour la séance du 21 juin 1983, Anne Krywin n'obtint pas le procès-verbal du 12 avril. Mais nous récusâmes les membres du Conseil: n'était-il pas inadmissible d'être jugé (et suspendu!) par des confrères qui m'avaient exclu?

Après de nombreux échanges entre Pierre Legros, le Président du Conseil d'Appel et le Président du Conseil du Brabant, ce dernier consentit enfin, le 9 octobre 1984, à adresser le P.V. du 12 avril 1983, indispensable pour justifier ma récusation. Stupeur: ce document n'a rien d'un procès *verbal*. Il ne relate pas les paroles d'un chirurgien s'exprimant par personne interposée: «si ce n'est pas le Conseil du Brabant qui a sa peau, c'est nous qui l'aurons». La parole de chacun des membres n'y est pas reproduite (bien que la séance ait été enregistrée...). La vérité n'est-elle pas bonne à transcrire...?

Cette falsification est-elle digne de la part de ceux qui devraient incarner et promouvoir une authentique dignité de la profession médicale?

Bien que Pierre Legros eût plaidé que le Conseil Provincial m'avait contraint à démissionner et avait ainsi transgressé la décision du 12 mai 1981 du Conseil d'Appel, ce dernier ne fit pas droit à ma requête de récusation: son jugement du 16 octobre 1984 se retrancha derrière une imperfection formelle de la demande introduite par Anne Krywin le 21 juin 1983. Le Conseil d'Appel n'a pas relevé non plus un argument péremptoire de Pierre Legros: le 12 avril 1983, chaque conseiller donna *verbalement* son avis à propos de mon exclusion en ma présence, alors que les questions relatives au statut d'une personne font toujours l'objet d'un vote secret. Pierre Legros souligna en vain que cette attitude manifestait une violation flagrante des principes généraux qui gouvernent les assemblées délibérantes.

Comment comprendre cette volte-face du Conseil d'Appel qui reniait ainsi son propre avis du 12 mai 1981? Fut-il l'objet de pressions qui l'inclinèrent à tenter de sauver l'autorité et la légitimité très contestées du Conseil du Brabant?

4.3. 1984-1985. *Comment un arrêt de la Cour de Cassation prépare le crépuscule de l'Ordre du Brabant*

Si le Conseil du Brabant s'autorisa un délai de 18 mois pour fournir au Conseil d'Appel le procès-verbal du 12 avril 1983 indispensable à ma défense, c'est le soir de ce même 16 octobre 1984 qu'il décida de me convoquer à la date du 4 décembre 1984 dans l'intention de suspendre ma pratique.

Dès juillet 1984, j'avais reçu une demande du Bureau m'invitant à comparaître afin de connaître mes «explications au sujet du grief suivant»: «avoir manqué aux règles de la déontologie médicale et au maintien de l'honneur, de la dignité et de la discrétion des membres de l'Ordre, pour avoir été l'objet, en date du 16 février 1984, d'un jugement de condamnation, actuellement coulé en force de chose jugée, à trois ans d'emprisonnement assortis d'un sursis de trois ans en ce qui concerne la partie de cette peine qui excède la durée de la détention préventive, pour des faits commis dans l'exercice de sa profession de médecin, ce comportement étant incompatible avec une juste appréciation de ses devoirs de médecin et entachant l'honneur et la dignité du corps médical». Ces termes vexatoires me scandalisent encore...

Je comparus devant le Bureau du Conseil le 18 septembre 1984. Le début de l'audition est tronqué dans le «procès-verbal»: je faillis bien n'être pas entendu du tout! Ni le magistrat ni les quatre médecins présents n'avaient une seule question à me poser!
J'"étais interloqué; je leur demandai pourquoi ils ne me demandaient rien. Le Président se décida: «Nous avons reçu une copie du jugement qui vous condamne à trois ans de prison. Vous n'avez pas interjeté

appel et vous n'avez plus aucun recours. Nous supposons donc que vous acceptez cette condamnation. Nous sommes forcés de transmettre ce dossier au Conseil (...) Pourquoi n'avez-vous pas interjeté appel de ce jugement?»

Calme, je répondis: «Il y a beaucoup de raisons à cela. Quand je suis sorti de prison, j'étais dans une situation financière épouvantable. Elle n'a du reste guère changé. J'ai deux enfants aux études et il était donc impérieux que je me remette à gagner ma vie, même modestement, comme c'est le cas pour le moment. Le fait d'aller en appel — ce qui aurait pu amener une révision du procès — ne me permettait pas, sur le plan déontologique, de pratiquer en toute liberté. Le jugement pouvait être revu: je pouvais éventuellement être acquitté ou je pouvais être condamné à une peine de prison plus lourde. De toutes manières, je ne pouvais plus faire face à des frais de procédure. Après 113 jours de prison, je trouvais que ce procès avait assez duré. J'avais hâte de retrouver les patients qui m'ont écrit de manière très abondante en prison, pour reprendre les psychothérapies qui avaient été endommagées par mon arrestation en octobre dernier. Voilà essentiellement les raisons pour lesquelles je ne suis pas allé en appel».

Il serait fastidieux de noter ici tout le dialogue de sourds qui s'installa alors. En voici quelques épisodes-clefs:

Baudour: — Je pensais que vous m'interrogeriez sur la manière dont mon comportement entacherait l'honneur médical.
Le Président: — Tout cela a été détaillé dans le jugement.
Baudour: — Pas du tout, le jugement ne détaille pas en quoi l'honneur du corps médical est entaché.
Le Président: — Je l'ai lu et, à chaque page, on dit que vous n'avez pas respecté les directives de l'Ordre des Médecins et de la Commission Médicale. Ce sont des choses qui ne sont pas normales pour un médecin.

Cette simple pensée confirme, une fois de plus, que le délit d'honneur repose sur la désobéissance aux normes déontologiques. J'argumentai — sans écho — que la faute pénale avait été établie rétrospectivement (février 1984) sur base de directives déontologiques (27-12-1982) intervenues cinq ans après le début de ma pratique. Je soulignai — sans réponse —: «Au niveau de la moralité et au niveau de l'honneur, Monsieur Amores en particulier, la presse en général et l'opinion publique n'ont pas considéré que j'entachais l'honneur médical. Personnellement, à moins que vous ne me démontriez le contraire, je continue de revendiquer l'honneur d'avoir traité une population dont personne ne veut s'occuper». Le Président estima ensuite qu'une condamnation à trois ans de prison «c'est tout de même quelque chose qui entache l'honneur du corps médical». Je répondis longuement: (...) «aux yeux de l'opinion publique, aux yeux des parents des toxicomanes que j'ai soignés, aux yeux du corps médical qui m'a félicité pour mon attitude pendant mon emprisonnement et par la suite, je n'ai pas entaché l'honneur du corps médical (...) Personne ne m'a jeté d'anathème». Le représentant du Conseil National fut encore plus simple: «On ne vous accuse pas d'avoir fait ce qui est noté dans ce jugement, on vous accuse d'avoir été condamné»!

Je terminai en insistant sur les conséquences désastreuses de l'arrêt de mes traitements: la mort d'Eric B., la débâcle des patients qui ne trouvent guère de médecins à Bruxelles, consomment et revendent de l'héroïne. Et je conclus par le chiffre extraordinairement bas des décès de mes patients: un seul cas sur 306, imputé par le Tribunal (cf. ma lettre du 8 octobre 1983).

Je percevais fort bien l'intention de m'imposer une suspension de ma pratique. Trois généralistes et moi-même rédigeâmes le 1er octobre 1984 une pétition (cf. annexe 5) destinée au Conseil du Brabant. L'idée maîtresse de ce texte précisait que les signataires estimaient que la condamnation ne constituait pas, en mon cas, «un manque au respect des règles de la déontologie médicale et au maintien de l'honneur, de la dignité et de la discrétion des membres de l'Ordre». Je récoltai de très nombreuses signatures en quelques jours. Mais ma répugnance à quémander m'arrêta. Je fus très heureux d'une longue entrevue avec le cancérologue Henri Tagnon, professeur émérite de l'U.L.B., qui me confia: «J'ai toujours soutenu la dissidence. C'est par elle qu'une société démocratique progresse».

Le 12 octobre 1984, je rencontrai le Vice-Président du Conseil du Brabant. Je ne dis presque rien. Il m'expliqua trop longuement qu'il me recommandait de me laisser condamner, de ne revenir en rien sur le jugement et le traitement des drogués. Il m'avertit qu'il tenterait — s'il était présent le 4 décembre — de parler en ma faveur. Il me conseilla vivement de ne pas aller en appel: j'encourrais pire. Son excessive courtoisie m'alerta: l'Ordre désirait trop que je fisse silence sur tout.

3 décembre 1984

Au Greffe de la Cour de Cassation, dépôt d'une requête en dessaisissement du chef de suspicion légitime. Mes avocats demandent que le Conseil du Brabant soit dessaisi de l'instruction disciplinaire à ma charge. Ils rappellent la procédure pour obtenir la déchéance d'un membre du Conseil. «Lorsque cette procédure a été appliquée au requérant, à la demande du Conseil Provincial, le Conseil d'Appel a estimé cette demande non fondée» (12 mai 1981).

Ensuite, ils précisent à propos de la séance du 12 avril 1983: «Par un avis donné oralement, chaque membre du Conseil a révélé, en présence du requérant, les sentiments d'hostilité qu'il entretenait à son égard en l'excluant du Conseil Provincial par une voie de fait». Et: «C'est le Conseil Provincial de l'Ordre des Médecins du Brabant qui, comme tel, a signifié — illégalement — au requérant son désir de ne plus le voir siéger en son sein».

4 décembre 1984

Je comparais devant le Conseil, assisté de Pierre Legros. A la demande du Président, j'explique à nouveau pourquoi je n'ai pas interjeté appel du jugement. Aucun commentaire. Pierre Legros annonce le dépôt de la requête. Un chirurgien intervient; il paraît s'indigner que nous osions suspecter la non-impartialité des membres du Conseil. Pierre rétorque que la requête vise à protéger le Conseil lui-même de tout soupçon qui pourrait naître, à nos yeux, ou aux yeux de tiers, de sa partialité.

14 février 1985

Enfin justice m'est rendue! Enfin la plus haute Cour de Justice du pays rend un arrêt qui met fin aux incessants abus de pouvoir du Conseil du Brabant: «Attendu qu'il résulte du procès-verbal de la séance tenue le 12 avril 1983 par le Conseil de l'Ordre des Médecins d'expression française du Brabant que chacun des membres assistant à cette séance exprima, en présence du requérant, l'avis que ce dernier s'était mis en opposition formelle avec les règles édictées par le Conseil en matière de traitement des toxicomanes et que, dès lors, bien qu'élu membre de ce Conseil, il s'en était exclu automatiquement; que depuis cette date les membres dudit Conseil, tant effectifs que suppléants, participent à la juridiction sans que le requérant ne soit convoqué; Attendu que ces circonstances sont de nature à inspirer au requérant et aux tiers une suspicion légitime à l'égard de la stricte impartialité des décisions à intervenir;
PAR CES MOTIFS,
Ordonne le renvoi de la cause au Conseil Provincial de l'Ordre des Médecins du Hainaut;
Condamne le défendeur aux dépens (6.435 francs).

Avril 1985
Analyse des conséquences de cet arrêt.

Depuis sa création en Belgique (1938), l'Ordre des Médecins n'a cessé de cumuler l'exercice des trois pouvoirs que cependant notre démocratie distingue : le législatif, l'exécutif et le judiciaire. Le cumul permet d'intolérables abus de pouvoirs souverainement conjugués dans les mêmes mains :

1. sans consultation du corps médical ni de la population soignée, l'Ordre a promulgué en 1975 un «Code de déontologie» (qui n'a pas force de loi) et, de manière plus limitée, mais tout aussi arbitraire, les critères d'abus de liberté thérapeutique en matière de traitement des toxicomanes (27-12-1982);

2. les mêmes médecins opèrent l'instruction des contrevenants aux directives;

3. les mêmes médecins prennent des sanctions disciplinaires : c'est ce qui faillit m'arriver le 21 juin 1983 et le 4 décembre 1984.

Ce processus, fût-il celui du droit «coutumier», échappe à tout contrôle démocratique.

Mais l'institution ordinale va mourir, du vice même dont elle a nourri son pouvoir. Voici pourquoi.
L'arrêt du 14 février 1985 signifie que l'institution ordinale siège dans l'illégalité, puisque ses membres «participent à la juridiction, sans que le requérant soit convoqué». L'Ordre du Brabant s'est arrogé le pouvoir illégal de démissionner l'un de ses membres, bien qu'il eût été averti, par l'arrêt du Conseil d'Appel du 12 mai 1981, que ma déchéance n'était pas fondée, et, par ailleurs, hors de ses attributions !

La Cour de Cassation se garde de prendre position avec clarté au sujet de cette démission, mais affirme «la suspicion légitime à l'égard de la stricte impartialité des décisions à intervenir» : l'Ordre du Brabant n'est pas en état de condamner Baudour.

C'est ainsi par l'illégalité de ma démission forcée que la juridiction ordinale se saborde, enfin justement entravée dans l'exercice de son exorbitant pouvoir disciplinaire.

Comme s'il ne suffisait pas, par ailleurs, que j'eusse été condamné à trois ans de prison, au nom des mêmes raisons «déontologiques» !
Ceci est élaboré dans la pétition du 1ᵉʳ octobre 1984 (annexe n° 5) dont les membres du Conseil n'ont jamais eu — officiellement — connaissance.

Le glas de la réforme de l'Ordre a sonné.

«Rester honnête même bafoué c'est vivre au plus profond de soi la liberté» (René Char, 1972).

4 mai 1985

NOTES

[1] Fromm, E., op. cit.
[2] Cité par Deglon.
[3] Deglon, J.-J., op. cit., p. 129.
[4] Stimson et Ogborne, 1970 et 1975; Stimson, Oppenheimer et Thorley, 1977 et 1978; Organisation Mondiale de la Santé; Les Problèmes de la Drogue, dans leur contexte socio-culturel; Genève, 1982; pp. 114 à 126.
[5] Deglon, J.-J., op. cit.
[6] Pierre De Visscher et Anne Jacob ont réalisé l'analyse organisationnelle la plus rigoureuse de la Communauté du Patriarche à Tribomont: in «Les cahiers de psychologie sociale», 1986, cahier n° 31, juillet 1986; Université de Liège; 74 pages.
[7] Cf. Deglon, op. cit., p. 207.
[8] Je souligne.
[9] Char, R., «La nuit talismanique, I. vers aphoristiques» in Char, R., «Œuvres complètes», Paris, Gallimard, bibliothèque de la Pléiade, 1983, p. 495.

Chapitre 10
Ephémère épilogue

Par la vertu d'une précipitation décisionnelle qui gagne les meilleurs esprits en cette fin de siècle, le destin de cette esquisse risque bien d'être éphémère. Du moins aurai-je tenté de ne rien éluder d'essentiel. Cet épilogue s'attachera à montrer combien la société actuelle, à maints égards, adopte elle-même des attitudes toxicomaniaques vis-à-vis d'êtres qui lui font peur. L'ardeur et la hâte répressive du milieu judiciaire (et parfois médical) doivent bien trouver quelque origine au sein d'inavouables pulsions que l'homme «normal» refoule tant bien que mal, tout en s'offrant le privilège de les écraser sauvagement chez l'être drogué, car ce dernier incarne trop les vices que l'honnête homme ne veut, peu ou prou, discerner chez lui-même.

Qu'elle soit frénétique ou terne, la consommation lente du toxicomane allume instantanément l'angoisse (suivie d'un rejet affolé) de l'être «normal» brutalement confronté au visage mortifère d'une jeunesse qui lui impose le spectacle exacerbé de ses propres passions et appétits auto-destructeurs. Le drogué terrifie, car son visage double reflète bien plus les vices que les vertus de l'homme contemporain.

Par son outrance, le comportement individuel et social du toxicomane caricature en effet les travers, les corruptions d'aujourd'hui : appât illimité du gain, soif des pouvoirs les plus odieux, primauté du besoin d'avoir sur le désir d'être, volonté de puissance, manipulation d'autrui, dérision des valeurs humanistes millénaires, égocentrisme, égotisme, négligence ou rejet des valeurs morales fondatrices de la civilisation, mépris des droits d'autrui, inaccomplissement des relations d'amour, dédain ou méfiance à l'égard d'un engagement dans la spiritualité, vol et viol matériel et moral, soif de plaisirs immédiats, mensonges et palinodies sous le masque d'une incorruptible sincérité... Que mon lecteur s'examine et garde le courage de compléter cette liste de turpitudes!...

Et cependant, le drogué incarne aussi, avec la même véhémence silencieuse, et parfois presque en simultanéité avec le visage des vices, celui des espoirs mythiques de l'homme d'aujourd'hui: respect inconditionnel des droits et libertés d'autrui, soif de solidarité, besoin d'appartenance, volonté d'être et d'aimer, rêve d'une fraternité universelle, abolition des hiérarchies dégradantes, aspiration à une foi, ...

L'énumération est plus courte, car l'avoir ronge l'être. Il s'agit, pour survivre, que Prométhée demeure plus fort que son vautour. Malraux disait aussi: «Le vingt et unième siècle sera religieux ou ne sera pas».

L'homme d'aujourd'hui semble refuser le reflet démesurément grossi de ses vices et de ses vertus que lui offre le drogué: celui-ci, Narcisse malade et muet, recroquevillé dans la quête amère d'une jouissance toujours plus défunte, dénonce, par son silence même, la misère et la vacuité des relations humaines.

Or, si l'homme-qui-se-croit-normal se penchait sur ce drogué, s'il SE regardait en vérité, son auto-analyse lui conférerait (une fois décanté l'effroi de l'horrible constat) le courage de SE re-connaître, puis d'œuvrer à sa propre réalisation spirituelle, d'amplifier en lui et chez autrui l'être aux dépens de l'avoir.

J'ose espérer que mon lecteur se sera laissé porter par la trame morale, métaphysique de cette «Esquisse d'une psychothérapie»: s'il a perçu qu'écouter et aimer le toxicomane l'invite à ressusciter, en soi et en tout être, l'amour au cœur des cendres vaines, mon effort d'écriture se trouvera justifié.

Marguerite Yourcenar écrit: «Il n'existe aucun accommodement durable entre ceux qui cherchent, pèsent, disséquent et s'honorent d'être capables de penser demain autrement qu'aujourd'hui, et ceux qui croient ou affirment croire, et obligent sous peine de mort leurs semblables à en faire autant».

Malgré la richesse de l'argumentation de cette Esquisse, je crois qu'il n'y aura pas d'accommodement durable entre ceux qui pratiquent une approche compréhensive des drogués libres, et ceux qui, tels le Dr Wynen[1], préconisent leur enfermement. En avril 1983, à l'occasion d'une réunion bruxelloise de la Société d'éthique médicale, il recommanda que les toxicomanes fussent incarcérés; la moitié de la salle, essentiellement composée de médecins, l'applaudit.

Interrogé en novembre 1984 au sujet du problème de l'entretien de toxicomanie par des médecins, il confia: « Vous me posez là une fois de plus une question qui est en dehors de ma pratique et de ma compétence, mais personnellement je suis de plus en plus convaincu, pour avoir été mêlé directement à des ... disons: négociations politiques qui ont débouché sur des attitudes dans ce domaine, que la politique qui consiste à essayer de soigner ces malades avec leur assentiment et leur coopération, c'est un échec monumental. Car le toxicomane grave, n'est-ce pas, est un malade mental grave. Eh bien, le malade mental grave, ça peut aller jusqu'à la collocation (silence). Parce que pour déconditionner un malade, il faut des années: ce n'est pas en quelques mois qu'on guérit ces malades; il faut les colloquer parfois 5, 6, 7, ... 10 ans peut-être. Et peut-être qu'on ne les guérit jamais. Alors, si on ne les guérit jamais, eh bien, vous êtes obligé, par la définition même de la psychiatrie n'est-ce pas, de les mettre à l'abri d'eux-mêmes et de mettre la société à l'abri du danger que ces types représentent ».

... Du rôle policier que Wynen voudrait voir jouer à une certaine psychiatrie.

Le lecteur imaginera-t-il à quel point une décision médicale d'urgence — la collocation — pourrait engager 5 ou 10 ans de la vie d'un jeune homme, c'est-à-dire sa mort asilaire ?... La précipitation décisionnelle !

L'interviewer évoque les dispensaires étrangers « entretenant les toxicomanes en leur fournissant leurs doses » et souligne: « en tout cas, il semble maintenant que le Parquet ait pris une position assez carrée par rapport au problème ».

Wynen commente: « Mais c'est évident. Bien sûr! Et nous ne sommes pas étrangers à cette prise de position d'ailleurs... »[2].

L'aveu n'est-il pas suffisamment clair pour soupçonner que Wynen ait fait pression pour incarcérer ses confrères ?

Une telle « solution finale » pour les drogués et leurs médecins n'est-elle pas aux antipodes d'une authentique activité de médecin ? Sans compter le désastre humain, moral et le coût d'années de collocation[3] !

Quelle Némésis médicale (lire et relire Ivan Illich...) sanctionnera l'ambitieux désir de pouvoir d'André Wynen?

Cette démesure foisonne hélas en cette fin de siècle: génocides épars sur toute la planète, sur-armement effréné des super-puissances que ne peuvent masquer de lénifiants pseudo-engagements vers une paix mondiale, et ce tandis que les famines déciment l'humanité...

Or, ceux qui se droguent abolissent leur agressivité naturelle: ils s'auto-détruisent, s'auto-mutilent, s'auto-censurent, s'abrutissent et anéantissent ainsi une éventuelle combativité politique ou sociale; ils se «défoncent». Seule la situation du manque psycho-physique détermine exceptionnellement chez quelques-uns d'entre eux des gestes agressifs limités à l'égard des biens d'autrui. Pourquoi donc vouloir les enfermer tous?

L'impatience ne devient-elle pas la maîtresse folle des décisions inadéquates? Tandis que le drogué s'anéantit, lucide au fil des ans et s'illusionnant d'un improbable plaisir, les êtres dits «normaux» ne préparent-ils pas (avec moins de lucidité?) leur propre anéantissement par soif de pouvoir érigé au nom de valeurs de civilisation empoisonnées, corrompues?

D'assez puissantes flambées de néo-sagesse grecque sauront-elles embraser à temps les esprits pour limiter les passions d'une humanité à la dérive?

Le drogué qui s'annihile insidieusement ne caricature-t-il pas la planète désaimantée?

Drogués ou non, les hommes d'aujourd'hui ne traversent-ils pas une crise d'identité où les repères donneurs de sens salvateurs s'estompent, où les limites de l'humainement licite ou de l'illicite s'abolissent?

C'est alors, ô paradoxe, que le drogué incarne puis révèle l'impérieuse urgence: Société, fixe-toi la limite de ton auto-destruction, car j'ai perdu, moi, le sens des limites de la mienne. Société, ne succombe pas à mon aveuglement; ma mort prochaine est le prélude de la tienne. Mon mal est la caricature individuelle du désastre collectif futur. Sauve-moi et sauve-toi!

Témoin muet d'un siècle fou, le drogué interpelle: Homme, vois-tu combien ta soif d'avoir, de jouir et d'écraser précipite la décision des Parques? Tu espérais régner, tu vas crever. Tu espérais posséder autrui, celui-ci symétriquement t'annihile avec une ardeur aussi inextinguible que la tienne. Tu espérais te posséder toi-même, tu es possédé par ta passion de posséder et tu en crèves. Tout comme moi, drogué, qui espérais me connaître, être, être plus. J'ai tant cherché à être que j'ai été consumé par ma passion. Dévoré par moi-même, oublieux des limites de ma nature humaine.

Pas assez industrieux vis-à-vis de moi-même, j'ai choisi la voie trop hâtive du plaisir immédiat : j'ai permis à ma main d'injecter le poison du plaisir et de la mort dans mon sang. Il m'a fallu dix ans pour épuiser l'espoir de revivre l'immarcescible plaisir du premier jour. Aujourd'hui, veille de ma mort possible, j'ai peine à ressusciter. Aujourd'hui, veille de ta mort possible, ô homme, le spectacle de la désolation planétaire que tu as produite ne m'aide pas à ressusciter en mon cœur moribond l'amour parmi les cendres vaines. Vaines en toi, vaines en moi. Ne sais-tu pas encore que ma déchéance n'est que pâle reflet lunaire de la tienne, toute proche, juste aboutissement de tes soifs démentielles ?

Comment se peut-il que tu restes aveugle à ta passion ? Assoiffé de maîtrise sur l'humanité, tu as permis que le poison atomique te désintègre. Connais-toi toi-même, sinon ta folie te tuera. Si Hiroshima fut le prélude annonciateur de la fin des temps, veille à ce qu'il soit sans suite.

Moi, du moins, vois-tu, je n'ai détruit que mon corps, mon âme, mon esprit. Toi, par ta démesure inter-continentale, tu prépares la mort de tous.

Némésis, Némésis, au secours ! Fais-nous connaître nos limites ! Révèle-nous à nous-mêmes.

4 juillet 1985

NOTES

[1] Le Dr Wynen est depuis plus de vingt ans leader du syndicat médical majoritaire en Belgique. Il est chirurgien, il se prévaut d'être soutenu par quelque seize mille confrères...
[2] Cette interview a été publiée, remaniée, dans « *La gazette parallèle* », 1984, n° 75, décembre 1984.
[3] Baudour, J., « Economie sanitaire et planification de l'assistance psychiatrique », *in* « *La folie parmi nous* », numéro spécial de La Revue Nouvelle, octobre 1973.

Postface

1. Je ne prétends nulle part avoir raison.

J'ai exprimé dans cet essai l'expérience et les leçons d'une pratique. J'ai moi-même, contraint par le pouvoir de l'Ordre des Médecins, franchi une limite: coincé dans le dilemme héroïne - méthadone injectable, j'ai toléré que les toxicomanes «fous de piqûre» s'injectent des filtrats de comprimés. Je m'en suis expliqué plus haut.

Ma détention n'a pas ouvert en Belgique le débat public sur la drogue et les drogués. La société qui incite à une consommation toxicomaniaque effrénée d'alcool et de tabac vise à l'illusoire éradication d'une poignée d'héroïnomanes dont le destin ne menace guère qu'eux-mêmes. Peu d'hommes contesteront que la limitation des toxicomanies alcoolique et tabagique — si meurtrières soient-elles — n'aura guère lieu en raison des puissants intérêts commerciaux qui les sous-tendent... La société se nourrit de ses vices. Elle en mourra. Veille Némésis!

2. Le Juge Amores et ses assesseurs ont aussi franchi une limite. N'est-ce pas un inadmissible «précédent» dans l'histoire du droit pénal belge? Un médecin a été condamné à trois ans de prison (avec sursis) le 16 février 1984, au nom de règles déontologiques imprécises, dénuées de force de loi, et édictées, pour certaines, cinq ans après le début de sa pratique.

De surcroît, la forme a supplanté le fond :
- l'incarcération a brisé les lents remodèlements des esprits des patients ;
- l'entretien de toxicomanie est désormais l'irrespect de règles déontologiques érigées en jurisprudence pénale ;
- l'héroïne ronge la jeunesse, telle une peste clandestine, et l'accès des victimes aux soins est gravement compromis.

Quant à moi, je n'ai pas represcrit la méthadone, indispensable support d'une longue psychothérapie ambulatoire : en effet, tout drogué dérogeant aux règles instaurées par mon jugement, échappant ainsi à mon contrôle, me conduirait en prison... et pour trois ans ! Je ne payerai pas ce prix.

3. J'attends toujours des réponses des autorités silencieuses : Ordre des Médecins, Commission Médicale, Parquet, Ministre de la Justice. Quels désastres attendent-ils pour prendre position face à l'extension des toxicomanies ?

4. J'espère que cet essai aura contribué à faire comprendre et aimer les toxicomanes. Ils ont l'audace de révéler les cancers moraux de notre civilisation ; ils en sont les boucs émissaires inconscients. J'ai été leur otage. Mais il m'en a bien plus coûté d'être celui des institutions prétendument garantes de la santé et de la justice.

5. Je ne regrette rien.

6. Dès 1981, j'ai pressenti que les Pouvoirs trouveraient un alibi pour m'incarcérer.

7. Le Juge Amores et ses assesseurs ont franchi une autre limite : par précipitation décisionnelle, ils ont autorisé les Mutuelles belges à extorquer de l'argent au thérapeute. Cette condamnation supplémentaire va à l'encontre des authentiques intérêts des Mutuelles, c'est-à-dire, en dernier ressort, des citoyens.

8. Puisse cet essai, dût-il rester éphémère, contribuer à nourrir le dialogue de tous ceux qui ont charge d'âmes. Soit chacun de nous.

9. Que chaque homme, chaque groupe social, chaque nation parte en quête de ses limites et veuille tenter de les définir, puis de les respecter au nom de la vie de tous.

4 juillet 1985

Miscellanées 1986

1. Oserais-je écrire : « Monsieur Amores, mes patients meurent trop nombreux depuis que votre jugement a sanctionné ma pratique » ? Un chaque semestre, en moyenne. Françoise, Eric B., Madeleine, Eric D., Luc, ...

Un héroïnomane non assisté est en danger de mort. Pas un de ceux dont j'avais « entretenu la toxicomanie » à la méthadone n'était mort durant les cinquante premiers mois de ma pratique. Tous recouvraient lentement leur dignité, leur désir de vivre, de fonder un amour.

Parvenu à l'oméga de mon auto-analyse, je prononce mon acquittement pour avoir, selon votre jugement, prescrit « abusivement » de la méthadone si elle a pu sauver des vies humaines.

2. Je n'ai pas cessé d'être obstinément adversaire de l'usage de toute drogue. « Tu es un redoutable adversaire », est un juste compliment que m'ont adressé plusieurs patients. Les aider à vouloir vivre sans drogue est en effet resté le moteur principal de ma tâche de persuasion.

Si les hommes de cette fin de siècle surmontent la tentation de l'auto-destruction planétaire, ne sera-ce pas grâce à une suffisante volonté de survie ?

VOULOIR ne doit-il pas être l'objet premier de la sollicitude des éducateurs et dirigeants d'aujourd'hui et de demain ? Aider l'homme à exercer sa volonté, afin qu'il veuille respecter sa vie, toute vie.

3. Bruxelles, juin 1986. Issue d'un an de travaux préliminaires, une «journée d'étude» confronte magistrats, avocats et médecins quant à leurs approches des toxicomanes. Si le consommateur est délinquant aux yeux de la Justice, il est malade pour le médecin. La «récidive» d'un délit (loi de 1975) est «rechute» pour le thérapeute, pénible avatar d'une souffrance qui durera 10, ou 20, ou 30 ans, certes jamais punissable d'emprisonnement.

Modeste satisfaction: ma suggestion de dépénaliser le toxicomane malade sera retenue en fin de journée et étudiée en 1987.

4. Et le SIDA[1] ?

Je n'en diagnostiquai pas un seul cas de 1978 à 1983. Explications: ma recommandation permanente de l'usage unique d'une seringue stérile, l'extrême rareté de l'injection d'héroïne en groupe chez mes patients. Cette seringue, tant critiquée, tant redoutée, la voici préconisée ces toutes dernières années par les spécialistes les plus réputés, soucieux de prévenir le SIDA.

Ma «désobéissance» évitait-elle donc et la mort, et le SIDA?

5. Et la drogue en Europe?

Le 8 octobre 1985, le Parlement Européen mit sur pied une Commission d'enquête sur le problème de la drogue dans les douze pays de la Communauté Européenne. En novembre 1985, la Présidente de cette Commission adressa un questionnaire circonstancié à «plusieurs centaines de personnes et d'organismes, gouvernementaux ou non, travaillant dans les domaines de la lutte contre la drogue, de la prévention et de la réhabilitation».

Un dossier[2] rassemble les réponses — très diversement étoffées — des gouvernements suivants: Allemagne, Grèce, Espagne, France, Irlande, Luxembourg, Pays-Bas, Portugal, Royaume-Uni. Qui s'étonnera de l'absence de la Belgique?

J'avais pressenti cette carence et adressé à la Commission, dès janvier 1986, un document très élaboré de réponses au questionnaire. J'y précisais mon estimation de la gravité de l'abus des drogues en Belgique, les mesures de lutte contre la culture et la production de drogues illicites, les mesures légales de lutte contre le trafic international, mes conceptions en matière de traitement des toxicomanes et d'éducation sanitaire, mon avis sur la libéralisation du commerce de la drogue et sur l'action souhaitable de la Communauté Européenne.

J'eus l'occasion de discuter mon rapport avec la Présidente de la Commission, avec son rapporteur et avec Madame Simone Veil, aussi largement informée que concernée. Je me permis d'insister sur quelques recommandations issues de mon expérience et confirmées par la littérature mondiale. Vu que les toxicomanes avérés ne bénéficient qu'exceptionnellement du sevrage radical d'héroïne, il convient de leur assurer — dès qu'ils en formulent la demande — la dispensation contrôlée de la méthadone, seul moyen peu onéreux, suffisamment répandu en Europe, susceptible d'enrayer l'héroïnomanie occidentale (estimation 1985 : 1.200.000 malades dans les douze pays de la CEE).

Le rapporteur, Sir Jack Stewart-Clark, cependant impressionné «par les programmes de maintenance mis en œuvre par la ville d'Amsterdam [...] et la réussite des programmes à long terme engagés par l'hôpital Beth Israël de New York» (§ 203) conclut, bien malencontreusement selon moi : «à notre avis, l'utilisation de la méthadone ne saurait constituer une option thérapeutique valable» (§ 207)[3].

Cinq parlementaires européens féminins estiment que «les conclusions du rapport (70 pages) ne reflètent pas suffisamment la diversité du contenu des auditions»[4] et soutiennent une «opinion minoritaire» nettement plus avisée, engagée et progressiste. Ils soulignent les enjeux planétaires : les «activités de ces organisations multinationales criminelles qui produisent et commercialisent la drogue [...] portent une atteinte sans précédent à l'ordre social, international, communautaire et national, aux lois et même au système économique et financier du monde démocratique, à tel point que ces organisations semblent être désormais en mesure de contrôler la vie institutionnelle d'états entiers, surtout en Amérique Latine et en Extrême-Orient. Il est désormais évident à ce propos que, selon de nombreuses informations de sources officielles, le trafic conjoint des armes et de la drogue est protégé et utilisé par des pays totalitaires, ainsi que par certains autres régimes et de grandes organisations multinationales, dans le but de déstabiliser non seulement les pays du tiers monde, mais aussi les pays démocratiques»[5].

Ces mêmes parlementaires estiment indispensable «d'approfondir le débat sur le statut légal ou illégal des stupéfiants» sans que cela «ne signifie nullement que l'on s'orientera vers la solution de la légalisation. [...] La commission d'enquête, estimant que les fléaux les plus dangereux pour nos sociétés, ce sont les énormes profits du trafic clandestin de la drogue, qu'aucune mesure répressive dans aucun pays n'arrive à arrêter, propose qu'il soit étudié, au niveau européen, un projet de légalisation de la drogue en vue d'éradiquer le trafic clandestin, de stabiliser le marché de ces produits à un prix contrôlé, infiniment plus bas, de placer sous contrôle sanitaire les produits mis en vente, d'adopter en somme une politique anti-prohibitionniste [...][6].

Mais ces parlementaires sont conscients du fait que ces propositions soulèveront «d'énormes difficultés et un grand désarroi devant l'éventualité d'une modification de la législation».

Alors, en pratique, que faire dans l'immédiat ?

Tenter de casser l'offre d'héroïne illégale en saturant la demande des toxicomanes pharmaco-dépendants par la dispensation de la méthadone sous contrôle médical. «Casser le marché» et traiter simultanément les toxicomanes: peut-on imaginer un objectif opérationnel plus simple, plus humanitaire, plus pertinent, aussi peu coûteux, et susceptible de rencontrer les vœux de tous: ceux des malades, des familles, des médecins, des parlementaires, des hommes de toute la planète... à l'exception des trafiquants ?

Cette proposition trouvera aussi l'approbation des cliniciens, bien conscients des effets délétères de l'héroïne sur le psychisme de l'homme. Libéraliser l'héroïne briserait le marché, mais serait catastrophique.

6. A l'égard de la cocaïne, nulle thérapeutique médicale ne me paraît, hélas, à l'heure actuelle, capable d'entraver l'épidémie mondiale renaissante.

Février 1987

NOTES

[1] SIDA: Syndrome d'Immuno-Déficience Acquise.
[2] «La politique des états membres de la Communauté en matière de lutte contre la drogue», «*Dossiers de Recherche et Documentation du Parlement Européen*», 1986, série n° 9, 10 / 1986.
[3] Stewart-Clarck, Sir J., «Rapport fait au nom de la commission d'enquête sur le problème de la drogue dans les pays de la Communauté européenne», in «*Documents de séance du Parlement Européen 1986-1987*», 1986, série A, document A2 - 114/86, p. 60.
[4] Op. cit. (2), p. 74.
[5] Stewart-Clarck, Sir J., op. cit., p. 72.
[6] Op. cit. (1), p. 75.

Lettre ouverte au docteur Baudour

par Jean-Jacques DEGLON

Mon cher Confrère,

Grand merci d'avoir bien voulu m'adresser votre manuscrit «L'amour condamné, Esquisse d'une psychothérapie des toxicomanes», pour me permettre de préparer cette mise au point sur le traitement par la méthadone à la demande du Professeur Marc Richelle.

J'ai lu attentivement votre texte, avec, je dois l'avouer, un grand intérêt. Car, paragraphe après paragraphe, j'ai revécu 15 ans de luttes, de déceptions, de doutes, d'interrogations et de joies. De nombreuses pages, j'aurais pu les écrire moi-même à quelques virgules près. Vousmême, vous avez découvert bien des points communs dans mon livre. C'est dire que les réalités des héroïnomanes sont les mêmes à New York, à Hong Kong, à Bruxelles ou à Genève.

Quelques confrères, de par le monde, ont défriché le terrain de la toxicothérapie, en pionniers courageux, à un moment où nous ne savions que peu de choses sur les mécanismes physio-pathologiques des dépendances et sur les techniques de soins aux drogués. Vous faites partie de ceux-ci. Peu à peu, un certain nombre d'évidences ont surgi et tendent à s'imposer, avec toutes les nuances d'application qu'exige la diversité des toxicomanes.

A l'époque où vous avez accepté de vous occuper des sujets pharmaco-dépendants, pratiquement rien n'était défini en Belgique et vous avez dû, seul, vous débattre avec tous les problèmes médicaux, sociaux, affectifs, psychologiques, pharmacothérapiques et juridiques de ces patients.

On sent bien votre enthousiasme, votre générosité, votre désir de les aider tous, quelle que soit la gravité de leur atteinte physique et psychique.

Bien des gens comprennent mal cette vocation; mus par des réflexes défensifs qu'engendre souvent leur angoisse de la drogue, ils accordent plutôt leur faveur aux mesures répressives, aux traitements imposés et aux placements en institution spécialisée.

Pourquoi ce médecin s'occupe-t-il des drogués? Cette question, même les toxicomanes se la posent, eux qui ne voudraient pas d'eux-mêmes, trop culpabilisés par leur mauvaise image. Ils imaginent volontiers des romans, des drames personnels ou je ne sais quelle perversion.

Certaines personnes, plus réalistes, imaginent des gains considérables comme raison de l'intérêt pour les drogués. Si c'était le cas, cela finirait par se savoir et l'on trouverait enfin quelques médecins pour prendre en charge ces patients.

Votre incarcération m'apparaît comme le drame de l'incompréhension. Incompréhension réciproque favorisée par un manque d'information et de dialogue.

La méconnaissance des réelles propriétés de la méthadone reste générale. Il faut soi-même disposer d'une solide expérience clinique avec de tels traitements pour pouvoir abandonner les préjugés habituels. Le principal reste la confusion avec l'héroïne ou la morphine, confusion aggravée par les mass media.

Nous savons bien, vous et moi, ainsi que toutes les personnes vivant au contact des patients en traitement, que ces derniers ne se sentent pas «défoncés» s'ils prennent une dose correcte de méthadone par voie orale et s'ils n'abusent pas parallèlement d'autres substances psychotropes.

Ils se sentent normaux, plus ou moins bien dans leur peau et surtout ils ne présentent pas de signes d'euphorie ou de sédation. Leurs performances psycho-motrices, leurs réflexes, leur pouvoir d'attention et de concentration restent normaux. Cela est dû aux propriétés pharmacologiques particulières de ce produit (voir plus loin).

Le grand public, la plupart des magistrats et même bien des confrères inexpérimentés sont persuadés, au contraire, que les toxicomanes jouissent de la méthadone, comme ils le feraient avec la morphine ou l'héroïne.

Dès lors, c'est tout le problème du plaisir, de la peur de ce plaisir et de l'angoisse face à ce sentiment. Cette angoisse suscite de l'agressivité que certaines personnes expriment avec une rare violence face à ceux qui osent transgresser de si puissants interdits.

Pour ceux qui croient que l'on jouit de la méthadone, les médecins prescrivant cette «drogue» deviennent complices de ce plaisir et, à leur tour, font l'objet de projections agressives, quelle que soit la rigueur de leur pratique.

Alors vous, persuadé de votre bonne foi et de la valeur de votre action, persistant malgré les rappels à l'ordre de la Faculté à offrir aux héroïnomanes en traitement les ampoules de méthadone et parfois d'amphétamines qu'ils demandaient, quels sentiments avez-vous dû susciter au point de déchaîner contre vous tant de forces pour vous briser.

Dans toute cette histoire je vois plusieurs problèmes de fond que je serais heureux de pouvoir, un jour, débattre avec vous.

Le premier a trait à la personnalité des héroïnomanes.

Dans quelle mesure peut-on faire confiance à un toxicomane, comme on le ferait avec n'importe lequel de nos autres patients?

Trop de désillusions, de magouilles, de tricheries, d'arnaques, de mensonges, de vols, de falsifications d'ordonnances, même de la part de sujets auxquels on aurait donné le bon Dieu sans confession, nous ont forcé à limiter cette confiance.

Même de simples tranquillisants comme le Valium ou le Rohypnol sont revendus au marché noir 2 ou 3 francs suisses le comprimé. Une pilule de méthaqualone coûte actuellement 4 francs. Un comprimé de méthadone se vend souvent plus de 10 francs suisses. Le deal, le troc, l'arnaque, c'est toute la vie du toxicomane et il lui faut du temps pour y renoncer. C'est pourquoi les spécialistes ont fini par imposer de strictes règles d'administration sous contrôle des médicaments prescrits.

Je constate d'autre part que bien des toxicomanes cherchent inconsciemment des limites et attendent de leur thérapeute autant de compréhension que d'autorité et de sécurité, qualités qui ont souvent fait défaut à leur propre père.

Ils cherchent donc à se rassurer et testent les capacités de leur médecin à maintenir les règles du contrat thérapeutique et à limiter les magouilles. Ce sont alors de grossières provocations, les pires peaux de bananes. Si le thérapeute se laisse piéger, c'est toute l'envie des patients de s'identifier à une image paternelle rassurante et forte qui est compromise, et il en résulte une angoisse qui peut se transformer en agressivité et en mépris, source de plus graves transgressions.

Dans certains lieux de traitement, les drogués ont véritablement cassé la baraque. Dans bien des cas, par leur comportement agressif, terroriste, sadique ou pervers, ils ont poussé leur thérapeute à la dépression et au rejet définitif de tous soins aux toxicomanes.

Si, au contraire, le médecin sait s'imposer, ne cède pas aux provocations et maintient les exigences de base, il devient rapidement une «image paternelle idéale», source d'intense identification. Un véritable travail relationnel peut se développer sur ce terrain favorable et aboutir à de très bénéfiques résultats psychothérapiques.

Dans un groupe de toxicomanes il suffit de deux ou trois patients particulièrement fragiles pour que des attitudes thérapeutiques classiquement admises (comme l'écoute bienveillante ou la confiance) soient contre-indiquées.

Bouleversés par leurs pulsions toxicomaniaques, ces sujets ont perdu toute capacité de maîtrise intérieure. Ils ont besoin, pour compenser cette perte, de limites extérieures qui servent de garde-fou et de contenant. D'où la nécessité pour eux de règles précises, bien contrôlées, rassurantes, le temps d'une longue maturation.

Vous semblez penser que peu de vos patients auraient accepté notre contrat thérapeutique ou auraient pu le respecter.

L'expérience nous a démontré ces dernières années que plus nous étions sévères, cohérents et intransigeants dans l'application des règles de cure et plus nous avions de succès avec les cas les plus difficiles, en enregistrant un taux en nette diminution des abandons et des renvois.

Ces dernières années, nous totalisons moins de 10 % de patients que nous devons orienter vers d'autres formes de traitement, après avoir dû décider d'une interruption de cure en raison de leur incapacité à respecter notre contrat thérapeutique. Et il s'agit d'héroïnomanes gravement dépendants depuis des années, que nous avons pris en charge en raison de leur incapacité de se libérer des opiacés malgré diverses tentatives de sevrage.

Mieux, nous recevons des demandes de cure de sujets en traitement chez certains praticiens, qui voudraient venir chez nous pour bénéficier de cette rigueur et de contrôle stricts. «Mon médecin me fait trop confiance», nous disent-ils, «il ne m'impose pas d'analyses d'urine, il me donne des comprimés pour une semaine; je n'arrive pas à les prendre comme il faut, je suis trop faible, cela me dérègle et je dois reprendre de l'héroïne».

Nous avons pris l'option de favoriser la qualité des traitements de l'immense majorité des patients au prix du renvoi d'un ou deux sujets. Certains de ces derniers, pris en charge dans une institution chaleureuse et sécurisante, ont pu s'épanouir; d'autres, brusquement confrontés à un choix entre la vie et la mort, ont pu trouver en eux la force de s'engager dans une nouvelle voie plus bénéfique pour eux. Quelques-uns, par contre, ont fini par trouver la sécurité qu'ils recherchaient inconsciemment au sein de la prison, ou sont morts de leur appétence incontrôlable à user de drogues, de médicaments et d'alcool.

Pour ces cas, nous mesurons tragiquement les limites de notre toute-puissance, limites qu'il faut savoir accepter. Comme les chirurgiens de guerre qui ne peuvent bloquer toute leur équipe durant des heures pour tenter de sauver un cas désespéré qui risque de toute façon de mourir au petit matin, alors qu'ils pourraient sortir d'affaire de nombreux blessés moyennement touchés pendant ce temps.

Certes, l'arrêt du traitement peut avoir des conséquences dramatiques pour ceux qui n'acceptent pas d'être pris en charge dans un centre spécialisé. Mais la poursuite d'une prise régulière de méthadone associée à de nombreux abus peut aussi engendrer les pires complications avec l'inconvénient supplémentaire d'un discrédit de ces cures.

Que faire pour ces quelques patients incapables de respecter les exigences d'un contrat? Peut-être, à l'exemple des Hollandais, faudrait-il mettre sur pied un petit programme d'Etat, où la prescription de méthadone, administrée quotidiennement sous contrôle, serait accompagnée d'un très important soutien psycho-social, trop coûteux pour être possible en privé.

L'autre problème de fond, le seul qui semble nous séparer vraiment, c'est l'usage des seringues.

L'envie de la seringue s'estompe vite avec une prise orale suffisante de méthadone et l'immense majorité de nos patients n'ont jamais présenté de difficultés à renoncer tout de suite à l'usage des seringues.

Plus un héroïnomane insiste pour disposer d'ampoules injectables, plus on peut mettre en doute sa réelle volonté de quitter le milieu toxicomane, car il peut rester parfaitement stabilisé en prenant des doses orales.

La prescription d'ampoules de méthadone offre, à mon point de vue, bien plus d'inconvénients que d'avantages.

Tout l'intérêt de la méthadone réside dans sa longue durée d'action et dans son absence d'effets euphoriques. Or ces propriétés sont essentiellement liées à la prise orale. En effet, avalée, la méthadone est digérée en quelques heures. Avant de se retrouver dans le sang, elle doit obligatoirement passer par le foie. Or, cet organe, ainsi que d'autres, vont stocker environ 98 % de la méthadone en réserve.

Seuls, environ 2 % de la dose absorbée se retrouvent en permanence dans le sang et encore beaucoup moins dans le cerveau en raison de la difficulté de la méthadone à passer la barrière hémato-encéphalique. Le foie libère progressivement la méthadone durant 24 heures, au fur et à mesure de son élimination par les reins.

Cette très faible concentration de méthadone dans le cerveau explique que les sujets stabilisés ne ressentent aucun effet à une prise orale adaptée de ce produit et qu'ils ne la vivent pas comme une drogue.

On perd une grande partie de ces avantages en cas d'injection de méthadone, d'où, pour nous, la nécessité d'éviter toute prescription d'ampoules, et même de comprimés pouvant être injectés.

Seule l'administration de la méthadone diluée dans du sirop permet d'éviter le risque de l'injection.

D'autre part, il n'est pas possible de contrôler l'administration intraveineuse de la méthadone plusieurs fois par jour. Dès lors, on n'évite pas le marché noir des ampoules, leur stockage et le risque d'injections de doses trop fortes.

Si le risque de mort des patients en traitement reste minime en raison de leur forte tolérance aux opiacés, il en va tout autrement des autres jeunes tentés par la disponibilité des ampoules.

La voie intraveineuse, en permettant en quelques secondes une concentration maximale de méthadone, facilite l'overdose chez les sujets peu dépendants. En tout cas, elle favorise la persistance des réflexes toxicomaniaques.

D'autres raisons imposent actuellement le renoncement à toute injection, comme les impératifs de la santé publique. Le virus du SIDA se transmet actuellement à grande vitesse dans le milieu, principalement par la voie des seringues utilisées en commun.

Pratiquement maintenant les deux tiers des héroïnomanes actifs à Genève sont sero-positifs, c'est-à-dire porteurs d'anticorps contre le virus du SIDA.

La distribution de seringues stériles ne suffit pas à garantir la sécurité à ce niveau, lorsqu'on connaît l'insouciance des toxicomanes et leur besoin du «tout, tout de suite».

De même, pour le virus de l'hépatite B, très fréquent chez les drogués.

Sur le plan psychologique, favoriser l'usage des seringues représente un double message contradictoire. D'un côté, on affirme son opposition à la drogue et on insiste sur la nécessité d'en sortir, et d'un autre côté on prescrit une administration intraveineuse qui peut être vécue par le patient comme un encouragement, voire une complicité à sa jouissance.

Nous avons vu à quel point ce double message peut être mal vécu dans le public et susciter de terribles réactions. Vous êtes bien placé pour le savoir.

Indications et exigences des traitements par la méthadone

Si l'on veut résumer les indications et les exigences des traitements par la méthadone, il faut d'abord relever que ces prises en charge sont difficiles et controversées.

Leurs adversaires insistent avec raison sur les contraintes de la méthadone et sa dépendance aussi forte que celle des opiacés.

Il est obligatoire d'absorber quotidiennement une dose adaptée de méthadone, au risque, sinon, de vivre un état de manque particulièrement désagréable. Il n'est pas possible d'interrompre brutalement une prise de méthadone sans souffrir pendant plusieurs semaines de divers troubles physiques et psychiques. Le sevrage de la méthadone doit pouvoir s'effectuer très progressivement durant de nombreux mois, surtout pour les toxicomanes dépendants de longue date.

C'est dire l'importance de réserver ces traitements aux héroïnomanes gravement dépendants depuis plusieurs années et incapables de se libérer des opiacés.

Un consensus international fixe les indications suivantes aux prises en charge à la méthadone :
a) Plus de 20 ans,
b) Plus de deux ans d'une héroïnomanie quasi quotidienne,
c) Echec de plusieurs tentatives de sevrage.

Ces conditions ont pour but d'éviter la prescription de méthadone à de jeunes toxicomanes encore peu accoutumés et qui risquent de développer ainsi une dépendance plus grave et éprouver paradoxalement plus de peine à se libérer ultérieurement de la méthadone que des opiacés.

La méthadone, prise à doses adaptées, par voie orale, chez des sujets dépendants, ne provoque pas, on l'a vu, d'effet euphorique ou sédatif. Elle ne diminue pas les facultés de concentration, d'attention et de mémorisation, ni les réflexes. Elle permet un état normal en atténuant considérablement les pulsions pour l'héroïne, ce qui représente le premier but recherché.

La méthadone, même prise durant une très longue période, reste médicalement très bien tolérée et ne paraît pas toxique pour l'organisme.

Ses effets secondaires, visibles parfois à un haut dosage, sont peu importants et transitoires (constipation, transpiration, baisse de la libido).

Le but de ce traitement est de permettre aux héroïnomanes de quitter le milieu de la drogue, de se stabiliser sur le plan psycho-social, de retrouver un travail stable, des relations affectives normales, etc.

L'action antidépressive de la méthadone, associée à son pouvoir stabilisateur, permet à des sujets motivés un tel équilibre, surtout si une prise en charge psycho-sociale est effectuée conjointement.

Les patients, après un minimum de deux à trois ans de traitement, s'ils paraissent avoir retrouvé un bon équilibre et s'ils ont pu maintenir une abstinence durable, peuvent envisager avec de très bonnes chances de succès, un sevrage très lentement dégressif de la méthadone durant un à deux ans si possible.

Si en cours de sevrage ils perdent l'équilibre acquis et reprennent des opiacés, de l'alcool en abus ou des médicaments non prescrits, il importe de réajuster le dosage de méthadone pour leur permettre de retrouver un nouvel équilibre.

Certains patients, souffrant vraisemblablement de troubles psychiatriques sous-jacents, perdent leur bonne qualité de vie en dessous d'un certain dosage de méthadone. Si aucun médicament connu à l'heure actuelle ne leur permet de retrouver la même qualité de vie, il est raisonnable, dans ces cas-là, d'envisager des traitements à terme non défini, jusqu'au jour où nous disposerons de moyens tout aussi efficaces, mais moins contraignants.

«Primum non nocere» (en premier lieu ne pas nuire) reste un principe de base en médecine. Dans le domaine des traitements par la méthadone, cet adage prend tout son sens et justifie les dispositions prises par les instances médico-légales de pratiquement tous les pays.

Il faut éviter à tout prix un mauvais usage de la méthadone, particulièrement dangereux, on l'a vu, surtout pour des sujets peu dépendants.

L'administration sous contrôle de doses diluées dans du sirop permet d'éviter le développement d'un marché noir et les risques d'overdose.

Des contrôles d'urine réguliers, une ou deux fois par semaine si possible, doivent vérifier l'absence de prises de drogues ou de médicaments non prescrits conjointement au traitement.

A l'expérience, si on devait conseiller de jeunes collègues je pense qu'il vaudrait mieux ne pas prescrire de méthadone si on n'est pas sûr de pouvoir appliquer rigoureusement ces règles. Car des cures mal indiquées, mal conduites et mal contrôlées se révèlent très problématiques. Bon nombre de confrères en ont fait la cruelle expérience et se sont juré de ne plus jamais traiter de toxicomanes.

J'espère que cela n'est pas votre cas, Docteur Baudour, car je suis persuadé que, mieux organisé, entouré de quelques collaborateurs efficaces, avec une pratique plus rigoureuse qui évite les prescriptions intraveineuses et respecte les quelques règles de base communément admises, vous pourriez effectuer un très bon travail avec un meilleur taux de succès.

Bon courage.

Docteur Jean-Jacques Deglon

Lettre au docteur Baudour

par D. LUMINET

Mon cher Baudour,

I. En avant-propos

Tu dis dans ton introduction si sensible et personnelle à ton expérience de prise en charge des toxicomanes : « Rien de ce qui sera dit dans les pages qui suivent n'aurait pu être écrit si je ne m'étais placé en situation de *respectueuse écoute* de mes patients. Ce respect, je le dois certainement à mes maîtres en psychiatrie, Daniel Luminet dans les années 1960, à René Henny à Lausanne, et à mes lectures de Freud, Spitz, Winnicott, Nacht... Tous m'apprirent le respect du symptôme en tant que résultante des conflits intrapsychiques ». Tu ajoutes cependant, et c'est essentiel : « L'acharnement compulsif à s'injecter un opiacé puissant, énergisant, euphorisant, apaisant et dissipateur du manque est-il un *symptôme* ? ».

Si parmi d'autres plus illustres, certes, j'ai pu t'aider à cerner le symptôme *névrotique*, à en respecter l'écoute dans l'espoir de le soulager à terme par des interprétations adéquates s'inscrivant dans une relation duelle privilégiée, je ne puis me prononcer avec la même rigueur en ce qui concerne le comportement addictif en général, les toxicomanies lourdes plus particulièrement, faute d'une expérience clinique suffisante; il me paraît cependant que nous sommes plus proches ici du corps physiologique, du corps des « besoins », que du corps érogène, du corps du désir, à moins certes de conférer à l'Instinct de Mort une valeur heuristique davantage que didactique dans une topique qui continue de conférer aux pulsions de vie et à la créativité une place primordiale.

Tu rappelais très justement dans une lettre personnelle que tu m'adressais l'été dernier que « j'avais été fort intéressé par ton 'Esquisse d'une psychothérapie des toxicomanes'» — intéressé est peu dire, touché par ton enthousiasme thérapeutique, ta curiosité et ton don de toi, qualités essentielles au véritable psychiatre et que j'ai reconnues en toi dès tes années de formation, ému aussi de la profonde solitude dans laquelle les circonstances t'ont contraint à déployer ton art plus proche du sacerdoce que d'une médecine dite scientifique, celle qui reçoit d'ordinaire le soutien sinon la bénédiction des organes médicaux constitués.

Comme tu le soulignais dans la même lettre, je m'étais engagé à faire une revue bibliographique psychanalytique confrontant une certaine théorie du Moi à la clinique déroutante et souvent décevante de la toxicomanie; tu rappelais à juste titre, à ce propos, que « depuis les auto-observations de Freud sur la cocaïne il y a un siècle, les commentaires des psychanalystes me sont apparus bien minces, et peu éclairants surtout ».

Sans doute as-tu en grande partie raison d'exprimer ainsi ta déception; mon meilleur témoignage d'amitié et d'estime est de tenter d'en faire le point tel que les choses m'apparaissent aujourd'hui.

II. Freud et l'épisode cocaïne

L'« épisode cocaïne » est connu depuis la publication du livre de Jones sur la vie de Freud.

Résumons-le rapidement; c'est après la lecture d'un article décrivant l'effet de la cocaïne sur des soldats épuisés que Freud entreprend l'étude du produit avec l'espoir d'en tirer suffisamment de gloire pour se marier plus rapidement. Il l'expérimente sur lui-même, le prescrit dans un cas de sevrage morphinique et en recherche d'autres indications médicales. Au terme de ses recherches il publie son article « *De la coca* » en 1884.

En 1885, après l'apparition de cas de cocaïnomanies, il se verra accusé d'être à l'origine du troisième fléau de l'humanité, les deux premiers étant l'alcool et la morphine.

Pour s'en défendre, il écrira en 1887 dans «*Cocaïnomanie et cocaïnophobie*»: «J'ai moi-même pris le médicament (la cocaïne) pendant des mois et n'ai jamais vu la moindre trace d'un état comparable au morphinisme ou d'une accoutumance. Au contraire, plus souvent que je ne l'aurais voulu, j'ai éprouvé du dégoût pour le médicament»; ce qui fera dire à Jones dans sa biographie à propos de «l'épisode cocaïne»: «Aucune accoutumance ne provenait de l'absorption d'une drogue nocive mais elle était due à quelque particularité du patient... il (Freud) demeure perplexe en constatant que chez d'autres sujets la drogue aboutit à une accoutumance néfaste et finalement à une intoxication. Il en conclut que ces sujets avaient en eux quelques éléments morbides que lui-même ne possédait pas».

Freud continua à utiliser quelque temps la cocaïne lorsqu'il allait rendre visite à Martha ou quand il commença à suivre l'enseignement de Charcot, pour voir et entendre les hystériques, ce qui le guérit ainsi de son envie de consommer de la cocaïne.

III. Les textes classiques freudiens

Dans ses textes classiques sur les conduites addictives, la place nosographique de ces comportements particuliers est loin d'être résolue dans l'esprit de Freud.

C'est ainsi que dans «*Etiologie sexuelle des névroses*» (1898): «Le succès du traitement ne sera qu'apparent aussi longtemps que le médecin se contentera du sevrage *physique* de ses patients sans se préoccuper de la source d'où coule le besoin impératif pour la drogue. Habitude n'est qu'un mot sans aucune valeur explicative. Tous ceux qui ont eu l'occasion de prendre de la morphine, de la cocaïne, du chloral, pendant une période ne deviennent pas toxicomanes à ces mêmes produits. Une étude plus approfondie montre habituellement que ces narcotiques se proposent de servir directement ou indirectement de substitut à un manque de satisfaction sexuelle»... et dans les «*Trois Essais sur la théorie de la sexualité*» par la suite (1905), il suggère qu'une oralité constitutionnelle puisse jouer un rôle dans l'addiction; il écrit: «si cette sensibilité persiste, l'enfant sera plus tard un amateur de baisers... et devenu homme, il sera prédisposé à être buveur ou fumeur»...

IV. Vers des textes plus actuels

Une revue plus actuelle de la littérature analytique nous éclaire-t-elle davantage?

Selon l'a priori de Bergeret, «il s'agit d'une situation de dépendance qui repose sur des dispositions affectives profondes que le psychanalyste entend préciser». Le problème est néanmoins complexe; sommes-nous notamment en présence d'une seule structure psychopathologique ou bien plutôt de structures diverses: névrotique, psychotique et limites essentiellement; par ailleurs, pour chaque structure existe-t-il un point de vue topique, dynamique et économique spécifique?

Anna Freud nous met en garde d'emblée: «les analystes sont en permanence déçus par les états addictifs et ils cherchent à les expliquer avec les termes d'intérêt qui prévalent à une époque donnée»; elle fait allusion évidemment aux relations précoces mère-enfant et à la «symbiose» initiale reprise actuellement dans toutes ses implications psychopathologiques ultérieures possibles par Bleger pour ne citer qu'un auteur contemporain.

C'est ainsi que les études psychanalytiques de Freud à nos jours soulignent davantage les centres d'intérêt de la psychopathologie accessibles à la clinique psychanalytique qu'une préoccupation spécifique pour les toxicomanies en tant que telles; rappelons notamment que l'intérêt de Bergeret pour les états limites le conduira secondairement à une «écoute» particulière du toxicomane; le travail de Rosenfeld, en relation étroite avec des états maniaco-dépressifs atypiques lui permettra de décrire la toxicomanie en termes de «projection» de bons et de très mauvais éléments du Soi, comme par ailleurs de «morcellement du Moi».

Fain appliquera le concept de néo-besoins, suggéré par certaines pathologies psychosomatiques du nourrisson à la toxicomanie en général.

Oury écrira: «C'est comme si la drogue remplaçait d'une façon artificielle l'autre, ausi bien le grand Autre avec un grand A que l'autre, l'alter, en référence à certains modes de fonctionnement psychotiques qu'il connaît bien pour les avoir traités en milieu institutionnel durant de longues années.»

Winnicott enfin traitera de la toxicomanie en termes de pathologie de l'espace transitionnel, pathologie certes essentielle dans la perspective génétique mais totalement aspécifique pour appréhender la pathologie de l'adulte.

Comme l'écrit Bergeret, une approche «spécifique», par la méthode analytique, du sujet en état de dépendance, reste à élaborer tant du point de vue théorique que clinique et thérapeutique. Le point de vue psychanalytique se veut indépendant de la nature du produit toxique utilisé (nicotine, cannabis, morphine, héroïne, etc.) et ne correspond pas dès lors aux registres sous lesquels le comportement d'addiction est d'ordinaire écouté par le pharmacologue ou le sociologue.

Pour le psychanalyste, le comportement d'addiction (il s'agit selon nous bien davantage d'un comportement au sens large que d'un symptôme dans une perspective dynamique freudienne névrotique habituelle) ne peut être appréhendé le plus valablement que dans une *perspective économique* comme une tentative particulière de régulation d'un conflit entre :
- les exigences contradictoires de besoins (bien davantage que de désirs) impossibles à élaborer mentalement, et
- l'incapacité à satisfaire ces mêmes besoins autrement que dans le comportement.

La réduction du désir au besoin ne peut s'interpréter (secondairement) en termes *génétiques* et *structuraux* que par les hypothèses suivantes (et non spécifiques il va sans dire) et nécessairement complémentaires :
a) des déceptions précoces et répétées au niveau des relations primitives, mais aussi
b) une précarité des capacités d'élaboration fantasmatique chez des sujets surtout «dépressifs limites» (Bergeret) d'où la nécessité du passage à l'acte (à l'instar des psychosomatiques graves - cf. Marty) faute d'un imaginaire adéquat.

Par ailleurs, tous les auteurs insistent, à juste titre, sur la prépondérance chez les toxicomanes des besoins *auto-érotiques* par opposition aux «besoins» relationnels, comme par ailleurs sur la prépondérance des *besoins agressifs* par rapport aux besoins plus *libidinaux;* il en résulte des manifestations auto- et parfois hétéro-agressives violentes, souvent d'allure compulsive, sans possibilité de *satisfactions narcissiques* évidentes.

Ces considérations théoriques préalables soulignent à suffisance que le psychanalyste en tant que tel est souvent plus mal placé que tout autre psychothérapeute lors de la prise en charge initiale du toxicomane.

Tout psychothérapeute ne peut cependant intervenir valablement qu'au niveau de centres d'accueil de cure et de post-cure *polyvalents* et *pluridisciplinaires* (psychologues cliniciens, assistants sociaux, etc.).

La perspective initiale sera celle d'une alliance thérapeutique institutionnelle seule susceptible de mener dans les meilleurs des cas au déploiement d'un certain transfert individuel, voire d'une psychothérapie interprétative dépassant les ambitions d'un simple soutien.

V. Remarques psychanalytiques concernant ta pratique

Suite à ton expérience clinique, tu nous proposes une série de principes thérapeutiques qui ne cadrent que très partiellement avec l'approche psychanalytique théorique; je les résume brièvement:

1. *Soulager la souffrance physique et la détresse morale* — la souffrance existe certes à la base mais le propre de la toxicomanie n'est-il pas de substituer un comportement à un symptôme laissant peu de place à une souffrance psychique réelle source de demande, dès lors de motivation à la guérison.

2. *Rendre confiance au patient,* c'est-à-dire restaurer son estime de soi en «l'engageant à assumer peu à peu des responsabilités...», «tâche quasi religieuse» ajoutes-tu, qui prend jusqu'à un an pour les plus éprouvés; l'engagement mystique, la vocation rédemptrice apparaissant en filigrane.

3. *Respecter la personne - l'écoute*: «accepter de l'écouter, sans réserve, sans limite de temps (des années). L'aide offerte doit être garantie d'un long «accompagnement»; accompagner, c'est faire face avec le toxico à tout ce qui lui semble écrasant...».

Nous voici certes loin de l'écoute neutre et bienveillante mais structurée et structurante dont le cadre psychanalytique mais aussi psychothérapique habituel (durée limitée des entretiens, rythme des séances, interventions rares au profit d'interprétations dynamiques opportunes). Ecoute sans doute nécessaire dans un premier temps mais dont l'engagement même souligne à la fois les difficultés pratiques et les éléments contre-transférentiels inévitables, facilement repérables et utilisables, voire manipulables par le toxicomane averti.

4. *Respecter le rituel de l'injection* — Besoin vital, selon toi, le rituel de l'injection semble critiquable d'un point de vue pharmacologique (cf. Dr Deglon) et peu évident dans une perspective narcissique.

Il nous semble en outre que loin d'établir une relation de confiance authentique, la prescription d'ampoules injectables est susceptible d'entretenir une relation de dépendance passive agressive et de pervertir son évolution naturelle vers l'introjection d'images identificatoires distordues tant au niveau du Moi que du Sur-Moi : on passe du thérapeute neutre au thérapeute complice, manipulé, dévalorisé, tout en étant utilisé dans un passage à l'acte constant, répétitif, quasi banalisé.

Mais ne s'agit-il pas, à la limite, d'une relation de dépendance réciproque signant éventuellement des éléments contre-transférentiels peu explicites, voire de fonctionnement pervers occulte. Quant aux bénéfices du «regonflage narcissique» immédiat liés à l'utilisation de la forme injectable, une certaine équivoque se fait jour particulièrement. En effet, s'agit-il d'un *regonflage* temporaire et illusoire, à l'image même de l'objet troué dont l'hémorragie continue de toute manière à s'exprimer à bas bruit ou d'une *réparation* narcissique, d'un remodelage lent, délicat et souvent aléatoire mais d'autant plus nécessaire que des défauts, voire des distorsions précoces du Moi rendent tout étayage ultérieur fragile et toujours menacé.

VI. Pour conclure

Combien sont-ils les analystes qui peuvent jeter avec bonne conscience la première pierre au toxicomane ou au médecin qui assume la lourde tâche de l'accompagner ; n'avons-nous pas, nous analystes, tendance à tenir les comportements d'addiction en dehors de notre champ d'intervention et de laisser aux autres le soin de porter au grand jour les mécanismes qui nous interrogent. Tu as eu le courage de le faire seul, mon cher Baudour, te donnant tout entier à une tâche «impossible» mais nécessaire ; tes «maîtres», comme tu le disais si joliment, ne peuvent que t'en être reconnaissants.

Très amicalement,

Daniel LUMINET

Le toxicomane, le juge et le médecin

par Georges KELLENS

« L'opium agrandit ce qui n'a pas de bornes,
Allonge l'illimité,
Approfondit le temps, creuse la volupté,
Et de plaisirs noirs et mornes
Remplit l'âme au-delà de sa capacité. »

(Baudelaire, Le poison)

La méthadone ne crée pas de plaisir. Elle permet seulement de transcender les difficultés du sevrage de toxicomanes très dépendants des opiacés[1].

Mais son administration suppose le respect d'un certain nombre de règles qu'observerait « un praticien prudent et avisé soucieux de tenir compte des données médicales certaines et de l'état actuel de la science »[2].

Ne pas respecter ces règles est une faute dans l'exercice de la médecine, susceptible de fonder le délit d'entretien de toxicomanie, éventuellement aggravé par la mort du patient.

Par trop grand souci des autres, par un cœur excessif, le Docteur Baudour s'est surchargé, s'est épuisé, s'est laissé abuser.

C'est une faute d'être trop bon, en ne respectant pas les règles. Comme pour Gandhi, mais à un autre titre et à une autre échelle, le juge s'est levé, mais a condamné.

Le Docteur Baudour a vécu son procès, et sa détention préventive, comme une crucifixion. On peut le comprendre. La détention empêche toute préparation sérieuse de son procès. Elle isole dans le désespoir, sauf si on est un truand. Elle tue le respect de soi, et le regard des autres. La loi la réserve d'ailleurs, ne l'oublie-t-on pas parfois, au cas où, dans des circonstances graves et exceptionnelles, cette mesure est réclamée par l'intérêt de la sécurité publique.

Le jugement qui lui a été réservé est très soigneusement motivé. Il se termine par une condamnation de principe, à laquelle n'est pas liée une interdiction d'exercer la médecine. Le jugement est un encouragement à continuer, mais à n'être plus trop bon.

La drogue fait peur, et ce sentiment peut se justifier. Le juge a choisi plutôt la raison que la peur. Aura-t-il mis le Docteur Baudour à la raison, en lui permettant d'oublier la peur, d'avaler la rancune, de cicatriser les déchirements ?

Jacques Baudour a voulu croire en des déracinés. Ils ont exploité sa générosité. Ils lui ont mis des morts sur la conscience. Il doit s'en relever. Médecin, il est reconnu par son juge même. A fortiori par ses pairs[3].

Le jugement, publié au *Journal des Procès,* n'est pas la condamnation de la méthadone. Son auteur s'en explique longuement. Le jugement est le jugement d'une faute, d'un abus de la liberté thérapeutique, qui s'analyse selon une série de critères. La référence est faite à huit principes, longuement analysés :

1. nécessité d'un examen du patient avant toute prescription médicamenteuse ;
2. sauf cas exceptionnels justifiés, exclusion de la prescription en «injectable» ;
3. en cas de recours initial à l'«injectable», évolution vers la prise de médicaments substitutifs «per os» ;
4. exclusion de la prescription de médicaments de substitution sous une forme qui en permet la manipulation par le patient ;
5. prescription strictement limitée aux besoins personnels du patient ;
6. réévaluation constante de la prescription pour tendre au sevrage et à la guérison ;
7. prescription accordée dans le cadre d'un traitement d'ensemble médico-psycho-social ;
8. prescription excluant les mélanges médicamenteux[4].

Sur ces différents plans, une faute peut être induite. C'est là une jurisprudence constante[5]. Il faut respecter les règles de l'art, d'un art dangereux qui joue avec la vie, qui cherche à préserver la vie contre des puissances de mort.

Au nom de tous ces morts vivants, que vous avez voulu voir vivre, au nom de ces escrocs, qui croient ne pas pouvoir autrement vivre,

Monsieur Baudour, relevez-vous, si vous êtes encore terrassé. Le jugement des hommes vous a en définitive épargné, même si les barreaux vous ont, un temps, empêché de vivre.

Le respect vous accompagne, vous êtes crédible, même si certains de vos patients vous ont joué. Le danger serait que vos confrères, ceux d'entre eux qui voudraient s'occuper des plus possédés des malades, prennent peur en vous ayant vu mettre à la question, et que s'effondre ainsi tout un pan de l'intervention en faveur des toxicomanes. Il ne s'agit pas que la peur de la faute en définitive étouffe l'art de guérir.

Georges KELLENS

NOTES

[1] Voy. les travaux auxquels nous nous référions déjà dans notre étude, Une pierre d'achoppement de la répression: les drogues, in: *Les frontières de la répression*, Editions de l'Université de Bruxelles, 1972.
[2] Corr. Bruxelles, 22e ch., s.d., *Journal des Procès*, 2 mars 1984, p. 28.
[3] Sur l'aspect disciplinaire du problème, voy. Cass., 14 février 1985, *Journal des Tribunaux*, 1985, p. 448.
[4] Jugement cité à la note 2.
[5] Voy. Decourrière, A., Questions relatives à l'usage, à la détention et au trafic des stupéfiants et problèmes liés au traitement des toxicomanes, *Revue de droit pénal et de criminologie*, 1985, pp. 625-646; du même auteur, note sur: Le délit d'entretien de toxicomanie, Tentative de définition, indépendance des jugements prononcés en cause des Docteurs Z. et B., précédant le texte du jugement cité à la note 2, *ibid.*, pp. 23-24; Van Drooghenbroeck, P., Le délit d'entretien de toxicomanie, *Journal des Tribunaux*, 1973, pp. 189-192. Brosens, W., La législation belge sur les stupéfiants, in: van Dijk, J., *et al.*, éd., *Criminal Law in action*, Arnhem, Gouda Quint, 1986; Toussaint, Ph., Billet, in *Journal des Procès*, 12 décembre 1986, p. 8.

Annexe 1

Les impasses médicales, légales et judiciaires du traitement des toxicomanes

> «Le jour où le crime se pare des dépouilles de l'innocence, par un curieux renversement qui est propre à notre temps, c'est l'innocence qui est sommée de fournir ses justifications».
>
> (Albert Camus)
> L'homme révolté[1]

Il va s'agir, dans mon procès à propos du traitement des toxicomanes, de définir si je suis coupable ou non d'entretien de toxicomanie.

La loi de 1975, pour tenter de cerner l'infraction, substitue à la notion de «prescriptions sans nécessité» celle de prescriptions «abusives», ce dernier terme n'étant pas plus circonscrit. L'arbitraire de la définition du caractère «abusif» en devient dès lors flagrant, et livré à l'évaluation plus arbitraire encore du médecin-expert ou du juge. Les références de ces deux derniers sont limitées à leur connaissance parcellaire de la thérapeutique des toxicomanes, connaissances livresques, appréciations a priori sans fondements, jugements moraux inspirés de l'air du temps, quand il ne s'agit pas, plus simplement, d'une immense répulsion couplée à une peur incoercible, face à la personne humaine qui ose s'injecter une «drogue».

La partialité, l'égarement intellectuel et l'ignorance contaminent même l'esprit d'experts de réputation internationale tels que le docteur Claude Olievenstein. Dans un avis adressé le 11 septembre 1979 à la Commission Médicale du Brabant, il affirme que «la méthadone est un produit *toxique* entraînant une dépendance réelle, que seul son maniement par une équipe avertie, avec une contrainte régulière et la vérification des urines, peut en limiter les *dégâts* et qu'autrement *on ne fait que transformer un toxicomane illégal en infirme médical légal*»[2].

Qu'il suffise de citer Kreek (dès 1972) et Dole (dès 1976) qui concluent qu'après de nombreuses observations portant sur plus de dix ans d'usage régulier de doses parfois élevées de méthadone, aucune toxicité ni aucun effet secondaire sérieux ne peuvent être imputés à la méthadone elle-même (extrait de Deglon, p. 33, «Le traitement à long terme des héroïnomanes par la méthadone», Genève, 1982).

Par ailleurs, le même Deglon (p. 201) interroge 64 patients en traitement depuis plus de deux ans: «Sous méthadone, te sens-tu un invalide médico-légal?»

Leur réponse est :
- pour 78 %, pas du tout
- pour 19 %, un peu
- pour 3 %, assez.

Le témoignage de patients traités invalide la formule lapidaire d'Olievenstein (qui ose se prononcer sans disposer d'une pratique personnelle exhaustive de la thérapeutique à la méthadone).

Revenons à l'examen des termes de la loi.

1. D'abord, *la notion ancienne de prescriptions « sans nécessité »* (loi du 24 février 1921).

C'est à ce niveau que s'articulent le mieux la jurisprudence et les impératifs de la pratique thérapeutique. Je cite M. le procureur général de le Court dans une mercuriale de septembre 1953 : « Il importe, avec les plus hautes autorités médicales, d'admettre — proclamer même — la liberté de prescription du médecin et de reconnaître son droit d'administrer des stupéfiants non seulement aux incurables et à tous malades qui en auraient légitimement besoin, *mais même à ceux qu'on ne pourrait en priver sans danger* ». (Je souligne).

Je poursuis la citation d'un extrait du même texte : « Le délit d'entretien de toxicomanie » (P. Van Drooghenbroek, J.T. 1973) : « Il faut, en définitive, comme le constatait le Dr P.O. Wolf dans une communication au Bulletin de l'organisation d'hygiène des Nations Unies (1945-1946), « s'en rapporter à la conscience professionnelle et au jugement du médecin qui, *seul,* est à même de décider des circonstances où il est *recommandable ou indispensable de prescrire des opiacés* ». (Je souligne).

Voilà deux avis pondérés, nets, l'un jurisprudentiel, l'autre médical, qui me paraissent devoir rester d'application en *1983,* et plus tard. J'explique pourquoi.

Le comportement quotidien du sujet pharmaco-dépendant s'enracine, s'auto-entretient dans l'angoisse permanente d'être en « manque » (de drogue), de retrouver sa « normalité ». C'est-à-dire, pour le drogué, d'assurer un état psychique qui ne l'équilibre que si son cerveau est adéquatement imprégné de son opiacé privilégié. L'état de « manque » se caractérise par un tableau physique (tremblements, diarrhée, larmoiement, transpiration exagérée, mydriase, augmentation de la tension artérielle et de la fréquence cardiaque, douleurs musculaires, osseuses ou articulaires, ...) mais aussi par un tableau psychique plus ou moins sévère : angoisse, détresse morale intense, accablement, prostration, ou agitation, irritabilité, susceptibilité, impulsivité agressive, voire état délirant. Ce manque est psychiquement et physiquement si mal toléré que le toxicomane piégé par sa pharmaco-dépendance court éperdu à la recherche immédiate d'une injection salvatrice. La panique aidant, il en vient à des gestes impulsifs qu'il ne commet jamais lorsqu'il est « normal » : braquage de pharmacie, agressions à main armée pour dévaliser quelqu'un et acheter d'urgence sa drogue, parfois gestes suicidaires ou surdose, éventuellement mortelle, provoquée par la perte du sens de l'évaluation du risque d'injection d'une substance non connue. Dans cette urgence, une dose adéquate d'opiacé ou de méthadone normalise rapidement ce tableau physique et psychique catastrophique, et évite le grabuge social.

A long terme, depuis 1965, des centaines d'études justifient la psychothérapie prolongée assortie d'une prescription de méthadone pendant des années.

Méthadone et psychothérapie de soutien intensive sont complémentaires et indispensables l'une à l'autre, afin de restaurer *lentement* la santé physique et mentale du toxicomane avéré, santé dégradée par les années d'héroïnomanie, par l'immanquable dépression profonde du drogué, par l'isolement et le rejet social où sa marginalité l'a confiné, par l'incapacité *à la longue* d'assumer une activité sociale quelconque, par les séquelles physiques invalidant son état de santé général.

Lentement, dis-je, car la preuve est faite des très grandes difficultés physiques et mentales qu'éprouve le toxicomane *trop brusquement sevré* d'assumer les responsabilités quotidiennes de la vie. La méthadone maintient le toxicomane apte à vivre, à travailler. Sa suppression brutale le laisse démuni, déprimé, sans travail, seul, inadapté à la vie quotidienne pendant de nombreux mois. Il est illusoire, socialement parlant, d'imaginer leur offrir *à tous* une vie institutionnelle d'un à deux ans pour leur permettre de se refaire une santé physique, morale et mentale qui les rende — *peut-être* — capables d'affronter les stress de la vie sociale.

Par contre, le soutien psychothérapique intensif, les conseils, les soins médicaux, couplés à la prescription de méthadone, permettent, après un travail d'au moins *dix-huit mois,* mais parfois de trois à cinq ans, d'assurer une lente réadaptation psychique et sociale du toxicomane dit «lourd». De multiples études (citées par Deglon) confirment la nécessité de ne pratiquer le sevrage de méthadone que lorsque le patient a atteint une qualité de vie satisfaisante, définie par trois critères: autonomie financière et sociale, équilibre affectif, indépendance à l'égard des drogues.

Les sevrages rapides (prison, «Patriarche», hôpital général ou psychiatrique) non suivis de séjour institutionnel protecteur, aboutissent presque toujours à la catastrophe: rechute immédiate dans l'héroïne, et parfois mort par surdose, le toxicomane s'injectant une dose exagérée, autrefois bien tolérée par ses neurones accoutumés à des doses élevées. Et la fugue hors des institutions thérapeutiques est quotidienne, tant le drogué reste, *des années durant,* victime de l'impérieux besoin d'une injection qu'il a longuement vécue comme salvatrice de son «manque».

Ainsi peut se définir selon moi, la *nécessité* médicale d'assurer le traitement prolongé des toxicomanes. Les statistiques démontrent constamment le taux élevé de décès des héroïnomanes non traités, le taux intermédiaire de décès des patients qui abandonnent ou sont renvoyés des traitements à la méthadone, le taux le plus bas étant celui de ceux qui peuvent poursuivre leur traitement jusqu'à son terme, en fonction des critères cités plus haut.

Ainsi est analysée la *nécessité*, en urgence *et* à long terme, de l'administration de la méthadone. Qu'on veuille bien relire les lignes du procureur général de le Court et du Dr Wolf.

2. La notion de substances psychotropes prescrites «abusivement» (loi du 9 juillet 1975).

C'est la caractéristique première du comportement toxicomaniaque que d'*abuser* quotidiennement de la *quantité* de drogues, «stupéfiants» et/ou autres psychotropes, calmants ou excitants.

Tout clinicien expérimenté connaît les innombrables manœuvres des drogués pour obtenir, aussi longtemps que possible, des prescriptions élevées de médicaments de substitution: exagération de la quantité quotidienne d'héroïne injectée, exagération de la durée de la pharmaco-dépendance, prétextes de désarrois psychiques (vrais ou simulés), mensonges, falsification d'ordonnances, pseudo-perte du produit, événements stressants de la vie exagérément grossis. Il appartient au clinicien d'écouter, de comprendre, d'évaluer, de discerner le vrai du faux, de soupeser la vraie souffrance psychique et d'adapter la posologie de la méthadone à l'état clinique hebdomadaire ou quotidien de son patient. La labilité émotionnelle, la faiblesse de caractère, la paresse, l'inertie sociale, la vulnérabilité extrême aux stress affectifs (perte d'un être cher, perte d'un travail, conflits de couple, rupture avec les parents, rupture redoutée du contrat thérapeutique, etc...) sont autant de facteurs qu'il convient de tenter de maîtriser par une relation d'aide très chaleureuse, compréhensive mais ferme, et par un appoint judicieux de méthadone, dont les propriétés antidépressives sont notoires.

Dès lors, la «cure dégressive» à la méthadone qui hante les esprits des milieux judiciaires et médicaux, doit être considérée comme un mythe néfaste à une authentique thérapeutique. Sans compter le *fait* biochimique qu'une dose minimale (de l'ordre de 40 mg/jour) de méthadone reste *indispensable,* la molécule agissant à l'instar des neuro-hormones que sont les endorphines de l'homme sain. Indispensable aussi longtemps que l'état psychique, physique et social du patient n'a pas été restauré au point de permettre le sevrage de méthadone en *accord* avec le thérapeute.

Il faut avoir vécu, souffert l'affrontement quotidien aux drogués, leurs demandes harcelantes pour imaginer judicieuse la délivrance d'une ordonnance de stupéfiants sous menaces de coups, sous les coups, sous la menace du revolver en rue. Les chantages à l'argent sont tout aussi odieux. Anecdote: un patient scandaleusement crapuleux, manipulateur, psychopathe notoire, mis à la porte par moi revendiquait de la méthadone en me promettant qu'il me *réglerait* 1.500 F par consultation. Refusé. Que les censeurs médicaux ou judiciaires s'imprègnent de la situation vécue par les praticiens avant de décréter leurs prescriptions abusives, sur base d'un relevé arithmétique de centimètres cubes ou de milligrammes, qui ne tient même pas compte du nombre de patients traités.

Et que les censeurs tentent d'imaginer aussi l'énergie morale, la patience, la ferveur, la persévérance, la compétence technique et — disons le mot — l'amour nécessaires pour résister aux innombrables tromperies, manœuvres, vols, mensonges, promesses non tenues (règlement d'honoraires, par exemple). Résister, surmonter, dépasser, et accepter de restaurer une relation de confiance cent fois ébréchée, confiance sans laquelle personne ne guérit.

Le rôle des instances médicales de contrôle en Brabant

1. Le Conseil de l'Ordre des Médecins du Brabant francophone

De 1973 à 1983, ce Conseil a émis des directives de traitement de plus en plus limitatives de la liberté thérapeutique de sorte qu'à l'heure actuelle « le médecin isolé prenant en charge les drogués apparaît comme un otage pris entre l'extrême difficulté du traitement et les rigueurs de la loi » (Circulaire de l'Ordre du 27 décembre 1982), mais encore bien plus promptement comme un otage du Conseil de l'Ordre lui-même. Car en effet « l'expérience acquise, au cours de ces dernières années, permet à l'Ordre de dire qu'il y a abus de la liberté thérapeutique lorsqu'un médecin insuffisamment informé de la thérapeutique des drogués, assume en isolé leur traitement » (2°, même circulaire).

« Ayant constaté l'aggravation de la situation, malgré les nombreuses mises en garde antérieures, l'Ordre est décidé à réprimer, avec la plus grande énergie, tout abus de liberté thérapeutique en ce domaine » (3°, même circulaire).

Le Conseil du Brabant, dont je reste membre, m'excusera de ne pas évoquer ici tous les textes successifs depuis la brochure de 1973, plus littéraire que technique, jusqu'aux dernières « règles impératives » édictées par la circulaire du 24 février 1983. Ce serait fastidieux pour le lecteur non médecin. Qu'il me suffise de résumer les conséquences de ces édits successifs.

Tout médecin isolé peut être traduit disciplinairement devant le Conseil de l'Ordre (pour « abus » défini ci-dessus).

Tout médecin isolé qui n'aura pas « veillé à ce que le médicament soit consommé ou administré sous sa surveillance » pourra être traduit devant le Conseil, et encourir une peine de suspension de sa pratique.

Il faut savoir que, dès avant mon élection (avril 1979) au Conseil du Brabant, j'avais sollicité de son Président la réouverture des travaux de la Commission de la drogue afin d'examiner, de manière aussi exhaustive que possible, tous les problèmes médicaux, sociaux, judiciaires de l'assistance aux toxicomanes belges. Malgré mes demandes écrites réitérées de 1979 à 1982, cette Commission ne s'est réunie à la fin de 1982 que sous la pression du Parquet, alerté par la méthadone vendue au marché noir (mini-trafic dont l'importance quantitative n'a jamais été estimée à ma connaissance; et dont l'étranger nous confirme qu'elle ne crée pas un nombre statistiquement significatif de *nouveaux* toxicomanes).

Or, il faut que l'opinion publique sache ceci. Je n'ai pas cessé depuis 1978 de réclamer à l'Ordre, à la Commission Médicale Provinciale, et par l'intermédiaire des média (presse, radio, TV) la mise sur pied de dispensaires où la méthadone soit délivrée sous contrôle médical. Faute que les autorités judiciaires *et* médicales aient marqué leur accord sur ce point et financé ce dispositif universellement admis, les médecins actuellement confrontés à la souffrance quotidienne des drogués sont traduits disciplinairement devant le Conseil, judiciairement devant les Tribunaux, et incarcérés, cette fois sous l'inculpation d'«entretien de toxicomanie».

J'ai cependant signalé oralement depuis 1979, à répétition, et par écrit le 28 mars 1983 que «l'application *stricte* de la circulaire du 27 décembre 1982 n'était guère réalisable à brève échéance: ni les patients, ni les pharmaciens, ni les médecins ne sont capables d'organiser du jour au lendemain le contrôle quotidien de la prise orale de stupéfiants». Lettre recommandée, sans réponse en octobre 1983.

Jusqu'en 1982, 7 à 800 toxicomanes ont pu être traités à Bruxelles par des généralistes ou spécialistes. L'Ordre n'apparaît pas du tout conscient du fait que les médecins menacés par les sanctions disciplinaires, pénales (jusqu'à l'incarcération) ne se risquent plus à prendre les toxicomanes (déjà si peu curables!) en traitement et les condamne ainsi AUTOMATIQUEMENT à recourir à la dépendance de l'héroïne ou autres drogues du marché illégal.

Je dis, en un mot, que l'Ordre, cependant éclairé, n'a pas assumé à temps sa mission de santé publique. Au contraire, ses directives coercitives ont depuis 1979 gravement dissuadé le corps médical belge d'accorder intérêt, secours et traitements médicaux aux drogués.

Et de se couvrir encore du masque de la légitimité, de l'honorabilité: «l'Ordre insiste sur la nécessité de sortir les drogués de la clandestinité» (toujours la circulaire du 27 décembre 1982).

Selon moi, l'Ordre n'a pas cessé d'ériger en «normes déontologiques» des directives limitatives de la liberté thérapeutique, alors que les avantages et inconvénients de ma pratique (et de celle de mes confrères) n'ont pas fait l'objet d'évaluations épidémiologiques rigoureuses. Cette exigence scientifique fondamentale, pour laquelle je resterai intransigeant, n'a toujours pas été rencontrée par le Conseil de l'Ordre. Je la requiers dans ma lettre recommandée du 28 mars 1983, qui reste sans réponse, malgré de multiples rappels.

2. La Commission Médicale Provinciale du Brabant

Le rôle de cette Commission est bien plus pernicieux encore. En effet, l'une des missions de son Président est de dénoncer:

a) au Parquet, les dossiers des médecins dont les prescriptions seraient jugées «abusives» (voir plus haut), ou qui ne respecteraient pas les directives du Conseil de l'Ordre;
b) à l'Ordre, les médecins qui auraient «abusivement» prescrit, afin que l'Ordre puisse les sanctionner disciplinairement.

Personnellement (ma pratique a débuté en juillet 1978 à l'égard des toxicomanes; je suis psychiatre depuis 1968) cette Commission ne m'a convoqué qu'une fois officiellement le 30 novembre 1978, après que mon dossier eut été adressé au Parquet une semaine plus tôt. Depuis 1979, je n'ai pas cessé de faire l'objet de plaintes diffamatoires de la part de son Président auprès du Conseil du Brabant, d'où des instructions disciplinaires à répétition.

Par une circulaire du 30 octobre 1982, la même Commission met en garde le corps médical du Brabant à l'égard de la prescription de la méthadone injectable. Ma réponse, datée du 30 novembre 1982, réclamant audience et insistant à nouveau sur la nécessité de création d'un ou plusieurs dispensaires spécialisés n'a trouvé encore aucun écho.

Ensuite, toujours légitimée par la santé des malades, la vilenie devient plus perfide. En effet, le 26 avril 1983, — *sans en aviser le corps médical* — la même Commission adresse un document de deux pages au Procureur du Roi. Il concerne le fait que les toxicomanes s'injectent, après les avoir dissous, les comprimés prescrits, fait interprété comme un «détournement» des consignes du Conseil de l'Ordre. Je cite le document: «Cette pratique est, sur le plan médical, des plus dangereuses et peut avoir des conséquences dramatiques, voire fatales pour les utilisateurs» (...). «La Commission Médicale condamne formellement cette pratique. Elle met en garde les autorités responsables sur les conséquences qu'entraînerait toute attitude laxiste en ce domaine».

Et voici la Commission, policière, invitant le Juge d'Instruction à incarcérer le médecin dont le patient a cédé à son vice incoercible: l'injection de comprimés filtrés.

Voilà exactement pourquoi, en octobre 1983, je suis incarcéré à la prison de Forest. Pour un *RISQUE* de décès de patients qui vont très bien et travaillent.

Cet épisode, dans le cadre de ce que certains ont appelé ma vocation — ou ma croisade — d'aide aux toxicomanes, succède à la suspension, par lettre solennelle et urgente du 14 février 1983, de la méthadone injectable «sous peine de sanctions disciplinaires très lourdes» (Conseil de l'Ordre).

Les «experts» de la Commission, et ceux mandés par le Juge d'Instruction, n'ont pas notion — apparemment — de faits cliniques quotidiens. Ils invoquent des septicémies, endocardites et décès à partir de l'analyse de populations *sélectionnées* de toxicomanes, très vraisemblablement hospitaliers.

Or, c'est un merveilleux et constant étonnement du praticien des héroïnomanes que de constater :

1. L'extraordinaire résistance biologique de l'homme à des années d'injection de drogues multiples, sans séquelles somatiques graves (mis à part des altérations dentaires, la pathologie hépatique et quelques très rares endocardites);

2. Dès l'amorce du traitement médical, l'amélioration rapide de l'état mental et physique sous méthadone (injectée ou orale), la rareté des infections cutanées, l'incidence très basse des endocardites (deux cas sur 306 patients traités de juillet 1978 à juillet 1983, endocardites contractées alors que ces deux patients n'étaient plus sous mon contrôle hebdomadaire);

3. Je n'ai eu à déplorer aucun décès entre juillet 1978 et septembre 1982, quelque deux cents patients ayant été ainsi, en *début* de traitement du moins, autorisés par moi à s'injecter de la méthadone pure. Ce procédé apaise parfaitement le double besoin : celui de la piqûre, celui du manque de méthadone substitutive de l'héroïne. Cette technique, dans le cadre d'une confiance perpétuellement renouvelée, m'a permis de sauver la vie de nombreux héroïnomanes. Des dizaines de statistiques attestent en effet leur haut risque de décès, ou d'effondrement physique, mental ou social, lorsqu'ils n'ont pas la chance de bénéficier d'un programme de méthadone à long terme.

En conclusion, je suis incarcéré en raison de l'interprétation dramatisante, abusive, que fait un juge d'instruction de deux textes rédigés par cinq «experts» insuffisamment informés. Même Olievenstein profère de sottes erreurs. Faut-il pardonner aux experts? Non. Car les documents issus de leur incompétence relative servent d'alibi à la décision d'emprisonnement de celui qui guérit.

Conséquences? Quelque 80 toxicomanes livrés à eux-mêmes, à leur angoisse, à leur solitude, à leur pharmaco-dépendance, à leur manque, à leur chômage, à leurs problèmes de couple, à la désespérance de subir l'avortement d'une longue psychothérapie de soutien. A qui s'adresseront-ils? Découragés depuis trois-quatre ans, les praticiens ne se risqueront pas à prescrire... et à suivre en prison le rédacteur de ces lignes.

Les deux minces équipes spécialisées à Bruxelles hospitaliseront d'urgence quelques patients en manque, non motivés, non préparés à «guérir» d'urgence. Et puis? Les hôpitaux pratiqueront la traditionnelle et insuffisante injection de Valium. Et puis? La plupart des patients, comme la littérature mondiale le décrit, retourneront à l'héroïne et à son inéluctable délinquance. Et puis?

Que conclure?

a) L'Ordre des Médecins et la Commission Médicale du Brabant non seulement sanctionnent disciplinairement les rares praticiens engagés mais encore favorisent leur incarcération.

b) Si je suis condamné (ainsi que les trois médecins qui m'ont précédé, et ceux qui me suivront), ce sera la faillite en ce pays du dispositif *internationalement recommandé* de traitement à long terme des héroïnomanes par la méthadone. Les quelque trois à cinq mille héroïnomanes bruxellois actuellement sans soins mettront un à *trois ans* (ce dernier chiffre est cité par Deglon dans l'analyse de sa population traitée à la méthadone à Genève de 1978 à 1982)[3] à *se décider* à entreprendre un traitement quelconque, après divers échecs de tentatives de sevrage hospitalier ou carcéral ou «patriarcal». Mais entre temps, les drogués bruxellois auront, comme partout dans le monde, revendu une partie de leur poudre à des débutants, afin d'assurer leur indispensable approvisionnement quotidien (4-6-8-10 mille francs/jour). La délinquance refleurira, et le coût social de la toxicomanie aux drogues dures va croître de manière vertigineuse (coût des incarcérations, des procès, des actes délinquants eux-mêmes).

c) Qui prescrira encore un stupéfiant de substitution à un drogué implorant, vu le risque permanent de poursuites disciplinaires ou d'incarcération?

d) D'URGENCE, si la Belgique ne veut pas prendre une position de régression par rapport à la majorité des nations, il s'impose de créer à Bruxelles, et dans les grandes villes, sous la responsabilfité de médecins TRÈS compétents, ayant fait leurs preuves, capables de supporter des années durant des traitements peu gratifiants, DES DISPENSAIRES SPECIALISÉS pour la prise en charge des grands toxicomanes.
Cette mesure seule peut enrayer l'héroïnomanie dans ce pays, où elle reprend de plus belle depuis 1983. Les dispositifs de soins actuels sont très notoirement insuffisants et ne s'adressent qu'aux *très* rares toxicomanes vraiment motivés à quitter la drogue et son épouvantable milieu.

e) «Comme la répression se montre impuissante à enrayer un véritable trafic de fourmis, la meilleure possibilité de faire diminuer l'offre de drogue et de casser ainsi ce cercle vicieux — décrit sous b) — consiste à stabiliser médicalement une partie de trafiquants-consommateurs en permettant aux héroïnomanes motivés de quitter ce milieu»[4].

Docteur Jacques BAUDOUR
Psychothérapeute
Prison de Forest, le 23 octobre 1983

NOTES

[1] Camus, A., op. cit.
[2] C'est l'auteur qui souligne.
[3] Deglon, J.-J., op. cit.
[4] Deglon, J.-J., op. cit.

Annexe 2

Lettre ouverte au Parquet du Procureur du Roi

Prison de Forest, le 3 décembre 1983

Monsieur le Procureur du Roi
Palais de Justice - Extension
Rue des Quatre-Bras 13
1000 Bruxelles

Monsieur le Procureur du Roi,

1. Par deux fois, depuis mon arrestation, le 7 novembre et le 2 décembre, le Parquet a interjeté appel à la décision de levée du mandat d'arrêt décerné le 7 octobre.

Le 15 novembre, la Chambre des mises en accusation devait réexaminer ma requête de mise en liberté, tandis que l'appel interjeté le 7 novembre par le Parquet n'était pas explicitement motivé.

Or, la Chambre des mises justifia son refus de me libérer notamment par le fait que j'avais remis à l'un de mes patients une prescription médicale destinée à son conjoint! (qui n'avait pu se rendre à ma consultation en raison de son travail).

Le 2 décembre dernier, j'ai remis à Monsieur le Président de la 22ᵉ chambre du Tribunal un document écrit et rédigé en accord avec mes avocats, par lequel je m'engageais solennellement à ne prescrire aucun stupéfiant ou produit de substitution jusqu'à la fin de mon procès.

Je pose une question qui attend une réponse précise: quel risque pour la santé publique ferait courir ma mise en liberté?

2. J'assume depuis 1978 le traitement approfondi, intensif, quotidien des toxicomanes les plus sévères. Depuis mars 1979, j'ai pris conscience progressivement d'éléments de la politique du Parquet: il m'apparaît que son action est essentiellement répressive à l'égard de deux groupes de personnes indûment assimilées dans une délinquance commune: les toxicomanes «consommateurs» dont la maladie précède la délinquance et leurs médecins «prescripteurs».

Avant que les premiers aient pu bénéficier d'une prise en charge médicale, la ligne de conduite du Parquet me semble avoir été : les traquer en raison de leur usage de stupéfiants illégaux et d'héroïne.

En ce temps-là, les toxicomanes ne dénonçaient pratiquement jamais leurs fournisseurs, par crainte de représailles et d'interruption brutale de leur approvisionnement. Depuis 5 ans, vu qu'un nombre élevé de toxicomanes (7 à 800) ont, de manière épisodique ou assidue, recouru aux soins médicaux, les services du Parquet, à la recherche de patients qui pratiqueraient un mini-trafic de stupéfiants prescrits, ne trouvent évidemment à sa source que le (ou les) médecin(s) prescripteur(s), identifié dès lors à une fonction de dealer, et non de thérapeute.

En 1982, le Parquet, alerté par la Commission médicale provinciale et de nombreuses arrestations de toxicomanes en cours de stabilisation, s'est alarmé d'une néo-délinquance et en a averti l'Ordre des Médecins. Celui-ci, malgré mes avertissements répétés depuis 1979, a précipité la faillite de centaines de traitements conduits, avec plus ou moins de compétence, par quelque 25 à 30 praticiens isolés, ceux-ci ne pouvant en effet pas assurer, du jour au lendemain, le contrôle de la délivrance orale quotidienne des stupéfiants prescrits. Il semble que 5 médecins bruxellois seulement aient eu le courage de continuer d'assumer en 1983 leurs responsabilités thérapeutiques, conscients du fait que l'interruption brutale des traitements précipitait sur-le-champ les patients dans l'héroïnomanie et sa maxi-délinquance.

Je crois avoir le droit d'interpréter que l'Ordre des Médecins, préservant son honorabilité par la circulaire du 27-12-1982, n'a pas assumé à temps sa mission de santé publique : alarmé par les instances judiciaires, je crois pouvoir dire qu'il a choisi — afin d'interrompre «le marché noir des drogues sur ordonnance» — de suivre les orientations du Parquet au détriment de la sauvegarde des droits des toxicomanes et de leurs thérapeutes.

J'avais cependant, au préalable, mis l'Ordre en garde et l'avais ensuite avisé, dans une lettre du 28-3-1983 (restée sans réponse) des conséquences désastreuses qui résulteraient de l'application de sa circulaire du 27-12-1982.

Ces conséquences sont particulièrement évidentes en cette fin d'année 1983 : nombreuses arrestations de toxicomanes et trafiquants, multiples grosses prises d'héroïne dénotant la recrudescence de la consommation, braquages de pharmacies, cambriolage d'un dépôt pharmaceutique à Marcinelle, etc.

Il est démontré par de très nombreuses enquêtes européennes et américaines que les arrêts intempestifs des traitements à la méthadone (renvois, abandons, arrêts volontaires prématurés) précipitent 70 à 75 % des patients dans l'héroïne (voir les propres observations de Deglon, et les études de Dole, Stimmel, etc. citées par lui dans son ouvrage : «Le traitement à long terme des héroïnomanes par la méthadone», Genève, 1982).

Ceci est l'analyse des faits.

3. La mission première du Parquet ne doit-elle pas être de veiller d'abord à l'ordre public?

Une donnée fondamentale de l'épidémiologie universelle de l'héroïnomanie doit rester claire à l'esprit : la majorité des toxicomanes restera toujours clandestine, improductive et délinquante, aussi longtemps que les traitements médicaux (rendus praticables par la méthadone) n'auront pas assuré leur réadaptation psychique, physique, sociale et professionnelle. Ceci résume des centaines d'études effectuées aux U.S.A. et en Europe de 1964 à nos jours.

Par ailleurs, il est communément admis, en Occident, que les services policiers spécialisés n'interceptent qu'un dixième des drogues du trafic international.

Enfin, l'incarcération des toxicomanes traités, redevenus «de force» héroïnomanes, n'écrémera qu'une infime minorité de drogués urbains. Et sans «succès». En effet, dès 1973, Vaillant (cité par Deglon) mentionnait 3 % seulement de «succès» sur 363 incarcérations de moins de 9 mois (Vaillant parle de «succès» si le patient présente plus d'un an d'abstinence après son emprisonnement). Sans compter le coût prohibitif de la prison (quelque 2.000 francs par jour à Bruxelles en 1983), pour un résultat quasi nul, une désadaptation sociale garantie et d'immenses problèmes de réinsertion sociale.

Mon procès offre l'occasion de l'ouverture d'un débat franc sur la politique de santé à l'égard des toxicomanes et sur la mission de protection sociale du Parquet face à l'épidémie d'héroïnomanie qui déferle sur le pays depuis le début de 1983.

4. Il est légitime que l'action concrète du Parquet aboutisse au respect de la loi du 9 juillet 1975 dans la mesure où celle-ci vise à enrayer le gros trafic international. Mais, à mon sens, son action ne peut porter atteinte aux efforts couplés des patients et de leurs médecins. Ces derniers guérissent lentement les drogués des pièges psychologiques, des dommages mentaux, des désastres familiaux et socio-professionnels causés par l'héroïne.

Il appartient aux tribunaux et aux instances médicales judicieusement «éclairés», de se prononcer sur les impasses légales, médicales et judiciaires du traitement des toxicomanes[1] afin d'y déceler les intentions et les résultats thérapeutiques, au-delà du mercantilisme facile de certains praticiens égarés.

Il s'agit d'évaluer si les praticiens seraient coupables du délit «d'entretien de toxicomanie» en fonction de prescriptions médicales estimées «abusives» (loi du 9 juillet 1975); en un mot, si les intentions et les résultats thérapeutiques à long terme apportent la preuve d'une authentique amélioration, voire d'une guérison de patients réputés incurables.

Le Tribunal, à mon sens, doit tenir compte du fait clinique essentiel que représente l'acharnement du toxicomane à maintenir, et plus souvent à augmenter, la dose de médicament substitutif par lequel il s'efforce d'entretenir l'équilibre précaire de sa toxicomanie pendant des années, voire des décennies.

Ce n'est qu'au terme d'une longue psychothérapie ayant conduit le patient à assumer à nouveau des responsabilités face à lui-même, à ses proches et à la société que le renoncement à l'usage de médicaments de substitution vécus comme protecteurs, et non comme «drogue», devient possible.

Ce que j'ai décrit dans les points 1 à 3 de ma lettre ouverte peut se résumer en point 4 comme suit. Il m'apparaît que, sous couvert d'une interprétation restrictive du délit d'entretien de toxicomanie, le Parquet s'est écarté de sa mission première: la protection du citoyen et de l'ordre social.

Si aujourd'hui il interjette appel, pour la deuxième fois, de ma mise en liberté, c'est moi qui l'interpelle, ici et maintenant au nom de sa mission fondamentale.

Si mon action thérapeutique est momentanément entravée, ma pensée, elle, ne mourra pas dans une cellule de la prison de Forest.

Dr. J. BAUDOUR
Psychothérapeute
Ancien assistant à l'Ecole de
Santé Publique de l'U.L.B.

---

[1] En annexe, les «Impasses médicales, légales et judiciaires du traitement des toxicomanes» (J. Baudour - octobre 1983).

Annexe 3

Lettre ouverte à Monsieur le Vice-Premier Ministre et Ministre de la Justice

Bruxelles, le 10 décembre 1983
Prison de Forest

Monsieur J. GOL
Vice-Premier Ministre et
Ministre de la Justice
Cabinet du Ministre
Place Poelaert, 3
1000 Bruxelles

Monsieur le Vice-Premier Ministre,
Monsieur le Ministre de la Justice,

D'après les medias et mon information personnelle issue d'une connaissance approfondie du milieu des toxicomanes depuis 1978, notre pays vit depuis le début de 1983 une sévère recrudescence de l'héroïnomanie. Plus spécialement depuis mon arrestation, le 7 octobre 1983, une flambée de trafic d'héroïne et de grabuges sociaux se développe.

A travers les barreaux, sont au moins venus à ma connaissance les faits graves suivants:
- saisie de 4 kg d'héroïne à Ixelles en octobre;
- 4 cambriolages de pharmacies en Brabant;
- un généraliste assassiné le 5 novembre (il n'est pas improbable qu'il s'agisse d'un assassinat[1] perpétré par des toxicomanes en manque);
- un cambriolage d'un important dépôt pharmaceutique à Marcinelle: bilan évalué à 148.000 francs, de médicaments stupéfiants volés;
- 1er décembre: démantèlement d'un gros trafic d'héroïne à Bruxelles-Est — 15 arrestations.

J'offre, dans les lignes qui suivent, la compréhension et les remèdes d'une situation catastrophique qui ne peut laisser personne indifférent. Je m'explique.

Mon arrestation coïncide avec l'arrêt presque total de la prescription de tout stupéfiant de substitution à Bruxelles, de méthadone en particulier. Le Parquet aggrave ainsi une situation médico-sociale déjà très précaire depuis le premier janvier 1983 : en effet, la plupart des médecins qui stabilisaient les héroïnomanes et leur inéluctable délinquance ont alors cessé d'assurer leurs responsabilités médicales, par crainte de sanctions disciplinaires du Conseil du Brabant.

Les toxicomanes *libres,* qui restent pharmaco-dépendants durant 5, 10, 15, 20 ans et plus, sont incapables d'abstinence sans un long soutien socio- et psychothérapique intensif assorti d'une prescription précise de méthadone, substance dénuée de toxicité. Privés de soins, les trois quarts d'entre eux recourent dès lors immédiatement à l'héroïne illégale.

Le pays vit une situation où la balance méthadone-héroïne s'est tout à fait déséquilibrée en 1983 au profit de l'héroïne.

Il faut comprendre que les minces structures médico-sociales spécialisées à Bruxelles (Infor-Drogues, Enaden, Solbosch, Projet LAMA) ne recueillent absolument pas l'adhésion des héroïnomanes qui continuent à vivre — non traités — dans la clandestinité, l'immense majorité d'entre eux n'envisageant pas le sevrage brusque ou/et la vie en institution.

Bref, les traitements médicaux ambulatoires s'effondrent. Les médecins sont incarcérés. L'héroïnomanie reflambe donc de plus belle.

Les toxicomanes vont de plus en plus se cloîtrer, être invisibles et in-incarcérables, et multiplier leurs mini-trafics, afin d'assurer leur auto-subsistance quotidienne. Vu qu'ils ne sont pas motivés à la désintoxication parce qu'ils savent les sevrages hospitaliers inefficaces, l'offre d'héroïne va croître proportionnellement à leur demande insatiable. Leur «prosélytisme» créera, en progression géométrique, de très nombreux nouveaux héroïnomanes.

Si l'on ne rétablit pas promptement la possibilité de pouvoir les accueillir en traitement prolongé à la méthadone, servant de support à une psychothérapie approfondie qui analyse la dépendance et la guérit lentement, on assistera dans le pays à un gâchis épouvantable, à des actes délinquants considérables, à des décès accrus.

J'estime que le Parquet (notamment à Liège, Gand et Bruxelles) a extrêmement mal compris la politique médicale d'assistance aux toxicomanes en poursuivant les praticiens du chef d'entretien de toxicomanie et en incarcérant les médecins prescripteurs. Les Etats-Unis ont démontré que la présence de méthadone «au marché noir» ne crée pas un nombre statistiquement significatif de nouveaux toxicomanes.

Je lance un cri d'alarme par la voie des medias puisque je suis contraint de me taire depuis deux mois à la Prison de Forest, de laquelle le Procureur du Roi refuse de me libérer.

Il s'agit bien, au lieu de polémiquer sur «l'entretien de toxicomanie» et sur la méthadone orale ou injectable, de réévaluer d'urgence la gravité des problèmes de santé publique auxquels le pays est aujourd'hui confronté.

Cette situation belge reproduit catastrophiquement celle qui s'est déjà présentée aux U.S.A. dans les années 1970 : la fermeture de «dispensaires à la méthadone» réintroduit immédiatement le trafic d'héroïne illégale.

Incarcérer les médecins, c'est condamner les toxicomanes à rechuter dans l'héroïnomanie, sur-le-champ.

Exemple personnel : parmi les 75 patients que je traitais le 1er octobre 1983, 24 d'entre eux ont répondu à un questionnaire d'évaluation de leur situation, après un mois d'errances et de vaines démarches. Il a suffi de mon arrestation pour que 15 patients sur 24 avouent la reprise d'héroïne et d'autres stupéfiants qui leur ont coûté jusqu'à 20.000 francs par personne, jusqu'à ce qu'ils aient pu momentanément, pour certains d'entre eux, trouver une «solution de dépannage» (qui n'agrée pas la majorité, en raison de la perte brutale de leur soutien psychothérapique privilégié), à savoir de la méthadone orale distribuée au Centre LAMA. Ceci concerne environ 15 patients. Dix autres ont été ou sont incarcérés; une jeune femme incarcérée a ensuite «décroché» à l'hôpital, ainsi que 7 autres patients. Huit à dix autres ont réussi à convaincre un médecin isolé de les prendre en charge «en urgence». Des quelque quarante patients restants, il n'y a pas de nouvelles. Il y a lieu de présumer, comme dans toute interruption de programme à la méthadone, qu'environ 75 % d'entre eux ont rechuté dans l'héroïne, vu la quasi-impossibilité de se procurer aujourd'hui de la méthadone à Bruxelles.

Ce dernier pourcentage reflète aussi, à mon avis, le sort de quelque 6 à 700 patients «abandonnés» par les médecins depuis janvier 1983, suite à la circulaire du 27 décembre 1982 du Conseil de l'Ordre du Brabant, se préparant à poursuivre «avec la plus grande énergie» tous les médecins prescripteurs travaillant en «isolés».

Selon moi, la Belgique fait un immense faux pas.

J'appelle, du fond de ma cellule, les pouvoirs publics à réévaluer d'urgence la progression d'une épidémie de drogues «dures» qu'on ne pourrait enrayer, à mon sens, que par la distribution contrôlée de méthadone par des thérapeutes expérimentés et désireux de la réaliser. Et non par le seul centre LAMA, jeune équipe débutante, et qui exécute à contre-cœur cette tâche thérapeutique, qui est cependant d'une très haute portée sociale dans la perspective de la protection de la santé des individus et de l'ordre public.

De la prison de Forest, je lance un appel aux autorités judiciaires et sanitaires afin qu'elles prennent les mesures nécessaires pour examiner et traiter les FAITS actuels à la lumière d'une compréhension qui tienne compte du cours naturel — universellement démontré — de l'héroïnomanie-maladie.

Il s'agit donc, en résumé, de faire entendre au Parquet les conséquences d'un grave malentendu : sous l'objectif légal de sanctionner « l'entretien de toxicomanie », le fait de limiter, voire de suspendre l'administration de la méthadone aux sujets pharmaco-dépendants avérés entraîne automatiquement une recrudescence de la demande (et de l'offre) d'héroïne, avec son immanquable cortège d'actes délinquants très coûteux aux citoyens et à la société.

Je prie très instamment Monsieur le Ministre de la Justice d'interroger MM. les Procureurs Généraux sur la politique qu'ils suivent en matière de traitement des toxicomanes.

Il faut ajouter que les statistiques américaines révèlent le très faible pourcentage de sujets abstinents après des hospitalisations brèves (2,5 %) ou des incarcérations allant jusqu'à 9 mois (3 %). Ces deux « solutions » n'endigueront donc pas du tout l'épidémie héroïnomaniaque actuelle en Belgique.

Qu'il soit clair que mon propos n'est pas de dénoncer les carences des institutions médicales ou judiciaires, mais bien de leur recommander d'instaurer d'urgence la mise en place d'un remède palliatif[2] qui a fait ses preuves dans le monde entier.

Si mon action thérapeutique est entravée, ma pensée, elle, ne mourra pas dans une cellule de la prison de Forest.

Je vous prie d'agréer, Monsieur le Vice-Premier Ministre et Ministre de la Justice, l'expression de ma considération distinguée.

Docteur Jacques BAUDOUR
Psychothérapeute
Ancien assistant à l'Ecole de Santé
Publique de l'Université Libre de Bruxelles

NOTES

[1] Le médecin — on l'a appris depuis — n'a pas été assassiné par un toxicomane, mais par le père d'un patient suicidé.
[2] En annexe : « Les Impasses médicales, légales et judiciaires du traitement des toxicomanes » (octobre 1983).

Annexe 4

A propos de la détention préventive
Manifeste du 12 décembre 1983

Bruxelles, le 12 décembre 1983
Prison de Forest

Nous soussignés, Jacques BAUDOUR et Paul VANDERHOEVEN, en notre nom personnel et au nom de nos compagnons emprisonnés sous le régime de la détention préventive à la Maison d'Arrêt de Forest, assumons la responsabilité des lignes suivantes dont nous prions la presse belge d'assurer la diffusion.

La Loi qui réglemente la détention préventive date de 1874. Elle a été modifiée en 1973. Cette Loi donne le pouvoir absolu au Juge d'Instruction d'arrêter immédiatement tout citoyen libre, sous le prétexte de « circonstances graves et exceptionnelles touchant à l'Ordre social et à la Sécurité Publique ».

Il faut remarquer que le même Juge d'Instruction dispose d'une liberté absolue d'interprétation de cette Loi et ne doit de justification à personne, si ce n'est à sa conscience.

En ce qui nous concerne, Jacques BAUDOUR et Paul VANDERHOEVEN, notre détention n'est motivée aucunement par ce type de circonstances.

La décision de décerner un mandat d'arrêt nous est apparue motivée, dans l'esprit du Juge, par une présomption infamante, bientôt suivie de conviction de notre culpabilité, et non par la preuve formelle de faits délictueux.

La détention préventive est vécue par nous tous comme une odieuse privation de liberté à durée indéterminée, pendant laquelle le Juge d'Instruction réalisera, à son gré, une enquête destinée à confirmer sa conviction personnelle de notre culpabilité.

Or, il arrive que la présomption de culpabilité, éventuellement devenue conviction, ne soit fondée que sur le crédit accordé à la seule parole de personnes délatrices qui sont, elles, coupables de délits dont elles cherchent à nous faire endosser la responsabilité.

Le choc psychologique de l'emprisonnement, d'autant plus intense qu'il est vécu comme injustifié, et l'absence d'accès de notre avocat (si avocat il y a) au dossier, rendent illusoire, scandaleuse, inutile, démoralisante et absurde la comparution en Chambre du Conseil après 5 jours de détention : la confirmation du mandat d'arrêt est de règle, voire décidée d'avance.

A partir du 5e jour, il est insensé que la détention préventive dure au moins 28 jours et que l'avocat n'ait accès au dossier que dans les 48 heures qui précèdent la deuxième comparution en Chambre du Conseil. Les éventuelles comparutions intermédiaires en Chambre des Mises en Accusation (entre le 5e et le 28e jour) sont complètement invalidées quant aux droits de la défense, plus spécialement quant au droit cependant fondamental de réaliser en pratique une *instruction contradictoire* qui permettrait d'apporter la preuve de l'innocence du détenu.

De plus, en prison, les semaines et les mois de privation de liberté, d'humiliations, de vexations, vécues par certains dans des conditions ignobles de promiscuité, d'hygiène insatisfaisante et parfois assorties de sanctions intolérables (coups, mise en cellule nue ou au préau couvert, c'est-à-dire en cage, isolement complet d'autres détenus, etc.) altèrent gravement le moral de tous, jusqu'à pousser certains d'entre nous à des gestes suicidaires.

Innocents ou coupables, ces conditions pénitentiaires en détention préventive sont INTOLÉRABLES.

Nous avons tous connu des prolongations inadmissibles de la durée de notre détention préventive indûment justifiée par «les besoins de l'Instruction».

Celle-ci nous apparaît livrée au bon vouloir des Juges d'Instruction, comme notre sort carcéral quotidien l'est à celui des surveillants et du Directeur de Forest. Durant des semaines ou des mois, l'instruction qui nous concerne dérive complètement du motif du mandat d'arrêt.

L'arbitraire est ainsi maître et fou, masqué d'une part par un inaccessible règlement carcéral, et d'autre part par le rythme implacable du déroulement de la procédure judiciaire.

Nous avons tous vécu l'absurdité de la décision du Parquet qui interjette appel après une décision de la Chambre du Conseil favorable et dûment motivée.

Nous nous insurgeons contre cet abus de pouvoir d'autant plus que le Parquet ne motive pas son appel.

Si la Chambre du Conseil ordonne la main-levée du mandat d'arrêt, il est absurde que le Parquet (dont parfois le représentant ne nous a même pas adressé la parole) nous accable d'un nouveau soupçon de culpabilité dénué de tout fondement.

Nous nous insurgeons tous contre certains attendus des arrêts de la Chambre des Mises en Accusation par lesquels sans aucune preuve par les faits, nous sommes injustement considérés comme un danger public.

En résumé, le citoyen en détention préventive est victime d'une injustice concertée par les différentes instances du système judiciaire et sanctionnée par le système pénitentiaire.

Durant les mois de détention, des désastres peuvent survenir à l'extérieur des murs en raison de l'interruption brutale de nos responsabilités familiales, professionnelles et sociales. L'extrême restriction du temps et des conditions de contact avec les proches est gravement dommageable à la santé psychique de tous.

La vie carcérale ampute totalement l'activité professionnelle dont dépend parfois la survie quotidienne de dizaines de personnes.

Pour tous les motifs énumérés ci-dessus, nous revendiquons instamment et sans délais, car l'urgence est quotidienne, un examen critique des institutions et la mise sur pied de réformes visant les points suivants:
1. La loi sur la détention préventive.
2. Les pouvoirs du Parquet.
3. La notion de «circonstances graves et exceptionnelles touchant à l'Ordre social et à la Sécurité Publique».
4. Les droits de la défense.
5. Les pouvoirs du Juge d'Instruction.
6. Les pouvoirs des Chambres (Chambre du Conseil, Chambre des Mises en Accusation) et les pouvoirs de la Cour de Cassation.
7. La présomption d'innocence et la présomption de culpabilité, et leurs implications dans la vie pratique carcérale et leurs répercussions sur les attitudes des magistrats et dans le libellé de leurs arrêts.

Dans un premier temps, nous faisons appel à des avocats et magistrats concernés pour mettre sur pied une Commission d'Enquête publique sur la détention préventive.

Dans une deuxième temps, nous exigeons la mise sur pied de Commissions incluant des représentants des pouvoirs législatif, exécutif et judiciaire, ainsi que des avocats et des citoyens ayant subi l'épreuve de la détention préventive, des délégués d'entre nous, en l'occurrence Jacques BAUDOUR et Paul VANDERHOEVEN.

Jacques BAUDOUR et Paul VANDERHOEVEN

Annexe 5

Pétition destinée aux membres du Conseil de l'Ordre des Médecins du Brabant francophone

Bruxelles, le 1er octobre 1984

Nous soussignés, médecins, estimons de notre devoir confraternel d'adresser au Conseil de l'Ordre du Brabant francophone notre prise de position à l'égard de Jacques BAUDOUR, psychiatre, élu membre du Conseil en 1979, et condamné le 16 février 1984 par le Tribunal correctionnel de Bruxelles.

Nous jugeons non fondé le grief lui adressé par le Président du Conseil dans sa lettre du 16-7-1984.

Nous estimons que le fait d'avoir encouru une condamnation de trois ans d'emprisonnement assortis d'un sursis de trois ans, ne constitue pas, en son cas, un manque au «respect des règles de la déontologie médicale et au maintien de l'honneur, de la dignité et de la discrétion des membres de l'Ordre».

Nous estimons en outre que sa condamnation motivée par «des faits commis dans l'exercice de sa profession de médecin» ne témoigne pas d'un «comportement incompatible avec une juste appréciation de ses devoirs de médecin».

Nous nous rallions au texte du jugement du Tribunal qui, le 16 février 1984, reconnaissait sa «compétence incontestable» et estimait «ne pas devoir prononcer une interdiction du droit de professer à charge de Jacques BAUDOUR».

Sans prendre position quant à la valeur des méthodes thérapeutiques pratiquées par notre confrère, nous soulignons notre désaccord concernant le fait que sa pratique de psychiatre engagé depuis 1978 dans la thérapeutique des toxicomanes puisse être rétrospectivement sanctionnée pour la non-observance stricte de règles déontologiques imposées aux médecins du Brabant le 27-12-1982, et érigées in extremis en critères d'abus de prescription de stupéfiants par le jugement du 16-2-1984.

Nous estimons que la sanction pénale ne doit pas, dans son cas, être doublée d'une sanction disciplinaire.

Nous considérons enfin que les 113 jours de détention préventive qu'il a subie lui ont déjà infligé de fait une suspension plus que suffisante de sa pratique professionnelle.

Table des matières

AVANT-PROPOS. Marc Richelle 7
AVERTISSEMENT de l'auteur 9
PAROLE DE DAVID 11
CHAPITRE 1: LE TUMULTE DES DEBUTS 17
CHAPITRE 2: L'AURORE THÉRAPEUTIQUE 29
CHAPITRE 3: LE RÉVEIL DES OISEAUX 41
CHAPITRE 4: LE TOXICOMANE ET LA MORT 59
CHAPITRE 5: LES AMOURS CONDAMNÉES 67
CHAPITRE 6: LES DEMÊLÉS AVEC L'ORDRE DES MÉDECINS .. 95
CHAPITRE 7: LA PRISON ET LE PROCÈS 109
CHAPITRE 8: LE JUGEMENT 175
CHAPITRE 9: LES ISSUES DES IMPASSES 199
CHAPITRE 10: ÉPHÉMÈRE ÉPILOGUE 221
POSTFACE 227
MISCELLANÉES 1986 229
Lettre ouverte au Dr Baudour, Dr J.J. Deglon 233
Lettre à J. Baudour, Prof. D. Luminet 243
Le Toxicomane, le Juge et le Médecin, Prof. G. Kellens ... 251

ANNEXES
1. Les Impasses médicales, légales et judiciaires du traitement des toxicomanes 255
2. Lettre ouverte au Parquet du Procureur du Roi (3-12-1983) . 264
3. Lettre ouverte au Ministre de la Justice (10-12-1983) 268
4. Manifeste du 12 décembre 1983. A propos de la détention préventive 272
5. Octobre 1984. Pétition au Conseil de l'Ordre du Brabant (document non remis au Conseil) 275

BIBLIOGRAPHIE 277

Bibliographie

BAUDOUR, J., «Economie sanitaire et planification de l'assistance psychiatrique» in «La folie parmi nous», numéro spécial de La Revue Nouvelle, octobre 1973.

BAUDOUR, J., «Le respect de la personnalité de l'enfant» in Ça sert à quoi les crèches?, Bruxelles, Commission Française de la Culture de l'Agglomération de Bruxelles, 1977.

CAMUS, A., Théâtre, récits, nouvelles, Paris, Gallimard, Bibliothèque de la Pléiade, 1962.

CAMUS, A., Essais, Paris, Gallimard, bibliothèque de la Pléiade, 1965.

CHAR, R., Œuvres complètes, Paris, Gallimard, bibliothèque de la Pléiade, 1983.

DE VISSCHER, P. et JACOB, A., «Une communauté de toxicomanes: le Patriarche. Approche psychosociale» in «Les cahiers de psychologie sociale», 1986, cahier n° 31 / juillet 1986, Liège.

DECOURRIERE, A., «La sanction légale de l'usage des drogues» in «La revue nouvelle», septembre 1983.

DEGLON, J.-J., Le traitement à long terme des héroïnomanes par la méthadone, Genève, Médecine et Hygiène, 1982.

DUYCKAERTS, F., Conscience et prise de conscience, Bruxelles, Dessart et Mardaga, coll. Psychologie et Sciences humaines, 1974.

FOUCAULT, M., Surveiller et punir, Paris, Gallimard, bibliothèque des Histoires, 1975.

FREUD, S., Trauer und Melancholie (Deuil et mélancolie), trad. fr. in «Revue fr. Psychanal.», 1936, «9», n° 1, 102-116.

FROMM, E., Avoir ou être, Paris, Robert Laffont, 1978.

LACARRIERE, J., Sourates, Paris, Fayard, 1982.

NACHT, S., Le masochisme, 3ᵉ éd., Paris, Payot, 1965.

OLIEVENSTEIN, C., Destin du toxicomane, Paris, Fayard, coll. Le temps des sciences, 1983.

«La politique des états membres de la Communauté en matière de lutte contre la drogue», «Dossiers de recherche et documentation du Parlement Européen», 1986, série n° 9, 10/1986.

POUCET, T., « Les toxicomanes lourds en manque de médecins » in *Actualité-Santé*, juillet-août 1983.

« Les problèmes de la drogue dans leur contexte socio-cuturel » in *Cahiers de santé publique de l'Organisation Mondiale de la Santé*, 1982, cahier n° 73, chap. 4, p. 114-126.

SPINOZA, B., *Ethique,* traduction de Raoul LANTZENBERG, Paris, Flammarion, 1908.

SPITZ, R., *De la naissance à la parole,* Paris, Presses Universitaires de France, bibliothèque de Psychanalyse, 1973.

STEWART-CLARK, Sir J., « Rapport fait au nom de la commission d'enquête sur le problème de la drogue dans les pays de la Communauté Européenne sur les résultats de l'enquête » in *Documents de séance du Parlement Européen 1986-1987*», 1986, série A, document A2-114/86.

STIMSON, G.V. et OGBORNE, A.C., « Survey of addicts prescribed heroïn at London clinics » in *Lancet*, 1970, I, pp. 1163-1166.

STIMSON, G.V., OPPENHEIMER, E. et THORLEY, A., « Seven year follow-up of heroïn addicts; drug use and outcome » in *Brit. med. J.*, 1978, *1*, pp. 1190-1192.

THIBON, G., *Destin de l'homme,* [s. l.], 1941.

TORGA, M., *En franchise intérieure,* Paris, Aubier Montaigne, 1982.

« Wynen: au moment voulu, moi je presserai sur le bouton... »: propos recueillis par Marc Impe in *La gazette parallèle*, 1984, n° 75, décembre 1984.

PSYCHOLOGIE ET SCIENCES HUMAINES
collection publiée sous la direction de MARC RICHELLE

1 Dr Paul Chauchard: LA MAITRISE DE SOI, 9ᵉ éd.
5 François Duyckaerts: LA FORMATION DU LIEN SEXUEL, 9ᵉ éd.
7 Paul-A. Osterrieth: FAIRE DES ADULTES, 16ᵉ éd.
9 Daniel Widlöcher: L'INTERPRETATION DES DESSINS D'ENFANTS, 9ᵉ éd.
11 Berthe Reymond-Rivier: LE DEVELOPPEMENT SOCIAL DE L'ENFANT ET DE L'ADOLESCENT, 9ᵉ éd.
12 Maurice Dongier: NEVROSES ET TROUBLES PSYCHOSOMATIQUES, 7ᵉ éd.
15 Roger Mucchielli: INTRODUCTION A LA PSYCHOLOGIE STRUCTURALE, 3ᵉ éd.
16 Claude Köhler: JEUNES DEFICIENTS MENTAUX, 4ᵉ éd.
21 Dr P. Geissmann et Dr R. Durand: LES METHODES DE RELAXATION, 4ᵉ éd.
22 H. T. Klinkhamer-Steketée: PSYCHOTHERAPIE PAR LE JEU, 3ᵉ éd.
23 Louis Corman: L'EXAMEN PSYCHOLOGIQUE D'UN ENFANT, 3ᵉ éd.
24 Marc Richelle: POURQUOI LES PSYCHOLOGUES?, 6ᵉ éd.
25 Lucien Israel: LE MEDECIN FACE AU MALADE, 5ᵉ éd.
26 Francine Robaye-Geelen: L'ENFANT AU CERVEAU BLESSE, 2ᵉ éd.
27 B.F. Skinner: LA REVOLUTION SCIENTIFIQUE DE L'ENSEIGNEMENT, 3ᵉ éd.
28 Colette Durieu: LA REEDUCATION DES APHASIQUES
29 J.C. Ruwet: ETHOLOGIE: BIOLOGIE DU COMPORTEMENT, 3ᵉ éd.
30 Eugénie De Keyser: ART ET MESURE DE L'ESPACE
32 Ernest Natalis: CARREFOURS PSYCHOPEDAGOGIQUES
33 E. Hartmann: BIOLOGIE DU REVE
34 Georges Bastin: DICTIONNAIRE DE LA PSYCHOLOGIE SEXUELLE
35 Louis Corman: PSYCHO-PATHOLOGIE DE LA RIVALITE FRATERNELLE
36 Dr G. Varenne: L'ABUS DES DROGUES
37 Christian Debuyst, Julienne Joos: L'ENFANT ET L'ADOLESCENT VOLEURS
38 B.-F. Skinner: L'ANALYSE EXPERIMENTALE DU COMPORTEMENT, 2ᵉ éd.
39 D.J. West: HOMOSEXUALITE
40 R. Droz et M. Rahmy: LIRE PIAGET, 3ᵉ éd.
41 José M.R. Delgado: LE CONDITIONNEMENT DU CERVEAU ET LA LIBERTE DE L'ESPRIT
42 Denis Szabo, Denis Gagné, Alice Parizeau: L'ADOLESCENT ET LA SOCIETE, 2ᵉ éd.
43 Pierre Oléron: LANGAGE ET DEVELOPPEMENT MENTAL, 2ᵉ éd.
44 Roger Mucchielli: ANALYSE EXISTENTIELLE ET PSYCHOTHERAPIE PHENOMENO-STRUCTURALE
45 Gertrud L. Wyatt: LA RELATION MERE-ENFANT ET L'ACQUISITION DU LANGAGE, 2ᵉ éd.
46 Dr Etienne De Greeff: AMOUR ET CRIMES D'AMOUR
47 Louis Corman: L'EDUCATION ECLAIREE PAR LA PSYCHANALYSE
48 Jean-Claude Benoit et Mario Berta: L'ACTIVATION PSYCHOTHERAPIQUE
49 T. Ayllon et N. Azrin: TRAITEMENT COMPORTEMENTAL EN INSTITUTION PSYCHIATRIQUE

50 G. Rucquoy: LA CONSULTATION CONJUGALE
51 R. Titone: LE BILINGUISME PRECOCE
52 G. Kellens: BANQUEROUTE ET BANQUEROUTIERS
53 François Duyckaerts: CONSCIENCE ET PRISE DE CONSCIENCE
54 Jacques Launay, Jacques Levine et Gilbert Maurey: LE REVE EVEILLE-DIRIGE ET L'INCONSCIENT
55 Alain Lieury: LA MEMOIRE
56 Louis Corman: NARCISSISME ET FRUSTRATION D'AMOUR
57 E. Hartmann: LES FONCTIONS DU SOMMEIL
58 Jean-Marie Paisse: L'UNIVERS SYMBOLIQUE DE L'ENFANT ARRIERE MENTAL
59 Jacques Van Rillaer: L'AGRESSIVITE HUMAINE
60 Georges Mounin: LINGUISTIQUE ET TRADUCTION
61 Jérôme Kagan: COMPRENDRE L'ENFANT
62 Michael S. Gazzaniga: LE CERVEAU DEDOUBLE
63 Paul Cazayus: L'APHASIE
64 X. Seron, J.L. Lambert, M. Van der Linden: LA MODIFICATION DU COMPORTEMENT
65 W. Huber: INTRODUCTION A LA PSYCHOLOGIE DE LA PERSONNALITE, 2e éd.
66 Emile Meurice: PSYCHIATRIE ET VIE SOCIALE
67 J. Château, H. Gratiot-Alphandéry, R. Doron et P. Cazayus: LES GRANDES PSYCHOLOGIES MODERNES
68 P. Sifnéos: PSYCHOTHERAPIE BREVE ET CRISE EMOTIONNELLE
69 Marc Richelle: B.F. SKINNER OU LE PERIL BEHAVIORISTE
70 J.P. Bronckart: THEORIES DU LANGAGE
71 Anika Lemaire: JACQUES LACAN, 2e éd. revue et augmentée
72 J.L. Lambert: INTRODUCTION A L'ARRIERATION MENTALE
73 T.G.R. Bower: DEVELOPPEMENT PSYCHOLOGIQUE DE LA PREMIERE ENFANCE
74 J. Rondal: LANGAGE ET EDUCATION
75 Sheila Kitzinger: PREPARER A L'ACCOUCHEMENT
76 Ovide Fontaine: INTRODUCTION AUX THERAPIES COMPORTEMENTALES
77 Jacques-Philippe Leyens: PSYCHOLOGIE SOCIALE, 2e éd.
78 Jean Rondal: VOTRE ENFANT APPREND A PARLER
79 Michel Legrand: LE TEST DE SZONDI
80 H.J. Eysenck: LA NEVROSE ET VOUS
81 Albert Demaret: ETHOLOGIE ET PSYCHIATRIE
82 Jean-Luc Lambert et Jean A. Rondal: LE MONGOLISME
83 Albert Bandura: L'APPRENTISSAGE SOCIAL
84 Xavier Seron: APHASIE ET NEUROPSYCHOLOGIE
85 Roger Rondeau: LES GROUPES EN CRISE?
86 J. Danset-Léger: L'ENFANT ET LES IMAGES DE LA LITTERATURE ENFANTINE
87 Herbert S. Terrace: NIM, UN CHIMPANZE QUI A APPRIS LE LANGAGE GESTUEL
88 Roger Gilbert: BON POUR ENSEIGNER?
89 Wing, Cooper et Sartorius: GUIDE POUR UN EXAMEN PSYCHIATRIQUE
90 Jean Costermans: PSYCHOLOGIE DU LANGAGE
91 Françoise Macar: LE TEMPS, PERSPECTIVES PSYCHOPHYSIOLOGIQUES
92 Jacques Van Rillaer: LES ILLUSIONS DE LA PSYCHANALYSE, 2e éd.

93 Alain Lieury : LES PROCEDES MNEMOTECHNIQUES
94 Georges Thinès : PHENOMENOLOGIE ET SCIENCE DU COMPORTEMENT
95 Rudolph Schaffer : COMPORTEMENT MATERNEL
96 Daniel Stern : MERE ET ENFANT, LES PREMIERES RELATIONS
97 R. Kempe & C. Kempe : L'ENFANCE TORTUREE
98 Jean-Luc Lambert : ENSEIGNEMENT SPECIAL ET HANDICAP MENTAL
99 Jean Morval : INTRODUCTION A LA PSYCHOLOGIE DE L'ENVIRONNEMENT
100 Pierre Oleron et al. : SAVOIRS ET SAVOIR-FAIRE PSYCHOLOGIQUES CHEZ L'ENFANT
101 Bernard I. Murstein : STYLES DE VIE INTIME
102 Rondal/Lambert/Chipman : PSYCHOLINGUISTIQUE ET HANDICAP MENTAL
103 Brédart/Rondal : L'ANALYSE DU LANGAGE CHEZ L'ENFANT
104 David Malan : PSYCHODYNAMIQUE ET PSYCHOTHERAPIE INDIVIDUELLE
105 Philippe Muller : WAGNER PAR SES REVES
106 John Eccles : LE MYSTERE HUMAIN
107 Xavier Seron : REEDUQUER LE CERVEAU
108 Moreau/Richelle : L'ACQUISITION DU LANGAGE
109 Georges Nizard : ANALYSE TRANSACTIONNELLE ET SOIN INFIRMIER
110 Howard Gardner : GRIBOUILLAGES ET DESSINS D'ENFANTS, LEUR SIGNIFICATION
111 Wilson/Otto : LA FEMME MODERNE ET L'ALCOOL
112 Edwards : DESSINER GRACE AU CERVEAU DROIT
113 Rondal : L'INTERACTION ADULTE-ENFANT
114 Blancheteau : L'APPRENTISSAGE CHEZ L'ANIMAL
115 Boutin : FORMATION ET DEVELOPPEMENTS
116 Húsen : L'ECOLE EN QUESTION
117 Ferrero/Besse : L'ENFANT ET SES COMPLEXES
118 R. Bruyer : LE VISAGE ET L'EXPRESSION FACIALE
119 J.P. Leyens : SOMMES-NOUS TOUS DES PSYCHOLOGUES ?
120 J. Château : L'INTELLIGENCE OU LES INTELLIGENCES ?
121 M. Claes : L'EXPERIENCE ADOLESCENTE
122 J. Hayes et P. Nutman : COMPRENDRE LES CHOMEURS
123 S. Sturdivant : LES FEMMES ET LA PSYCHOTHERAPIE
124 A. Pomerleau et G. Malcuit : L'ENFANT ET SON ENVIRONNEMENT
125 A. Van Hout et X. Seron : L'APHASIE DE L'ENFANT
126 A. Vergote : RELIGION, FOI, INCROYANCE
127 Sivadon/Fernandez-Zoïla : TEMPS DE TRAVAIL, TEMPS DE VIVRE
128 Born : JEUNES DEVIANTS OU DELINQUANTS JUVENILES ?
129 Hamers/Blanc : BILINGUALITE ET BILINGUISME
130 Legrand : PSYCHANALYSE, SCIENCE, SOCIETE
131 Le Camus : PRATIQUES PSYCHOMOTRICES
132 Lars Fredén : ASPECTS PSYCHOSOCIAUX DE LA DEPRESSION
133 Mount : LA FAMILLE SUBVERSIVE
134 Magerotte : MANUEL D'EDUCATION COMPORTEMENTALE CLINIQUE
135 Dailly / Moscato : LATERALISATION ET LATERALITE CHEZ L'ENFANT
136 Bonnet / Tamine-Gardes : QUAND L'ENFANT PARLE DU LANGAGE
137 Bruyer : LES SCIENCES HUMAINES ET LES DROITS DE L'HOMME
138 Taulelle : L'ENFANT A LA RENCONTRE DU LANGAGE
139 de Boucaud : PSYCHOLOGIE DE L'ENFANT ASTHMATIQUE

140 Duruz: NARCISSE EN QUETE DE SOI
141 Feyereisen / de Lannoy: PSYCHOLOGIE DU GESTE
142 Florin et Al.: LE LANGAGE A L'ECOLE MATERNELLE
143 Debuyst: MODELE ETHOLOGIQUE ET CRIMINOLOGIE
144 Ashton / Stepney: FUMER
145 Winkel et Al.: L'IMAGE DE LA FEMME DANS LES LIVRES SCOLAIRES
146 Bideaud / Richelle: PSYCHOLOGIE DEVELOPPEMENTALE
147 Schmid-Kitsikis: THEORIE CLINIQUE ET FONCTIONNEMENT MENTAL
148 Guggenbühl / Craig: POUVOIR ET RELATION D'AIDE
149 Rondal: LANGAGE ET COMMUNICATION CHEZ LES HANDICAPES MENTAUX
150 Moscato et Al.: FONCTIONNEMENT COGNITIF ET INDIVIDUALITE
151 Château: L'HUMANISATION OU LES PREMIERS PAS DES VALEURS HUMAINES
152 Avery / Litwack: NEE TROP TOT
153 Rondal: LE DEVELOPPEMENT DU LANGAGE CHEZ L'ENFANT TRISOMIQUE 21
154 Kellens: QU'AS-TU FAIT DE TON FRERE?
155 Rondal / Henrot: LE LANGAGE DES SIGNES
156 Lafontaine: LE PARTI PRIS DES MOTS
157 Bonnet / Hoc / Tiberghien: AUTOMATIQUE, INTELLIGENCE ARTIFICIELLE ET PSYCHOLOGIE
158 Giovannini et al.: PSYCHOLOGIE ET SANTE
159 Wilmotte et al.: LE SUICIDE
160 Giurgea: L'HERITAGE DE PAVLOV
161 Ionescu: MANUEL D'INTERVENTION EN DEFICIENCE MENTALE
163 Pieraut-Le Bonniec: CONNAITRE ET LE DIRE
164 Huber: PSYCHOLOGIE CLINIQUE AUJOURD'HUI
165 Rondal et al.: PROBLEMES DE PSYCHOLINGUISTIQUE

Hors collection

Paisse : PSYCHOPEDAGOGIE DE LA LUCIDITE
Paisse : ESSENCE DU PLATONISME
Collectif : SYSTEME AMDP
Boulangé/Lambert : LES AUTRES, L'EXPRESSION ARTISTIQUE CHEZ LES HANDICAPES MENTAUX

Manuels et Traités

2 Thinès : PSYCHOLOGIE DES ANIMAUX
3 Paulus : LA FONCTION SYMBOLIQUE ET LE LANGAGE
4 Richelle : L'ACQUISITION DU LANGAGE
5 Paulus : REFLEXES-EMOTIONS-INSTINCTS
Droz-Richelle : MANUEL DE PSYCHOLOGIE
Hurtig-Rondal : MANUEL DE PSYCHOLOGIE DE L'ENFANT (Tome 1)
Hurtig-Rondal : MANUEL DE PSYCHOLOGIE DE L'ENFANT (Tome 2)
Hurtig-Rondal : MANUEL DE PSYCHOLOGIE DE L'ENFANT (Tome 3)
Rondal-Seron : LES TROUBLES DU LANGAGE (DIAGNOSTIC ET REEDUCATION)
Fontaine/Cottraux/Ladouceur : CLINIQUES DE THERAPIE COMPORTEMENTALE